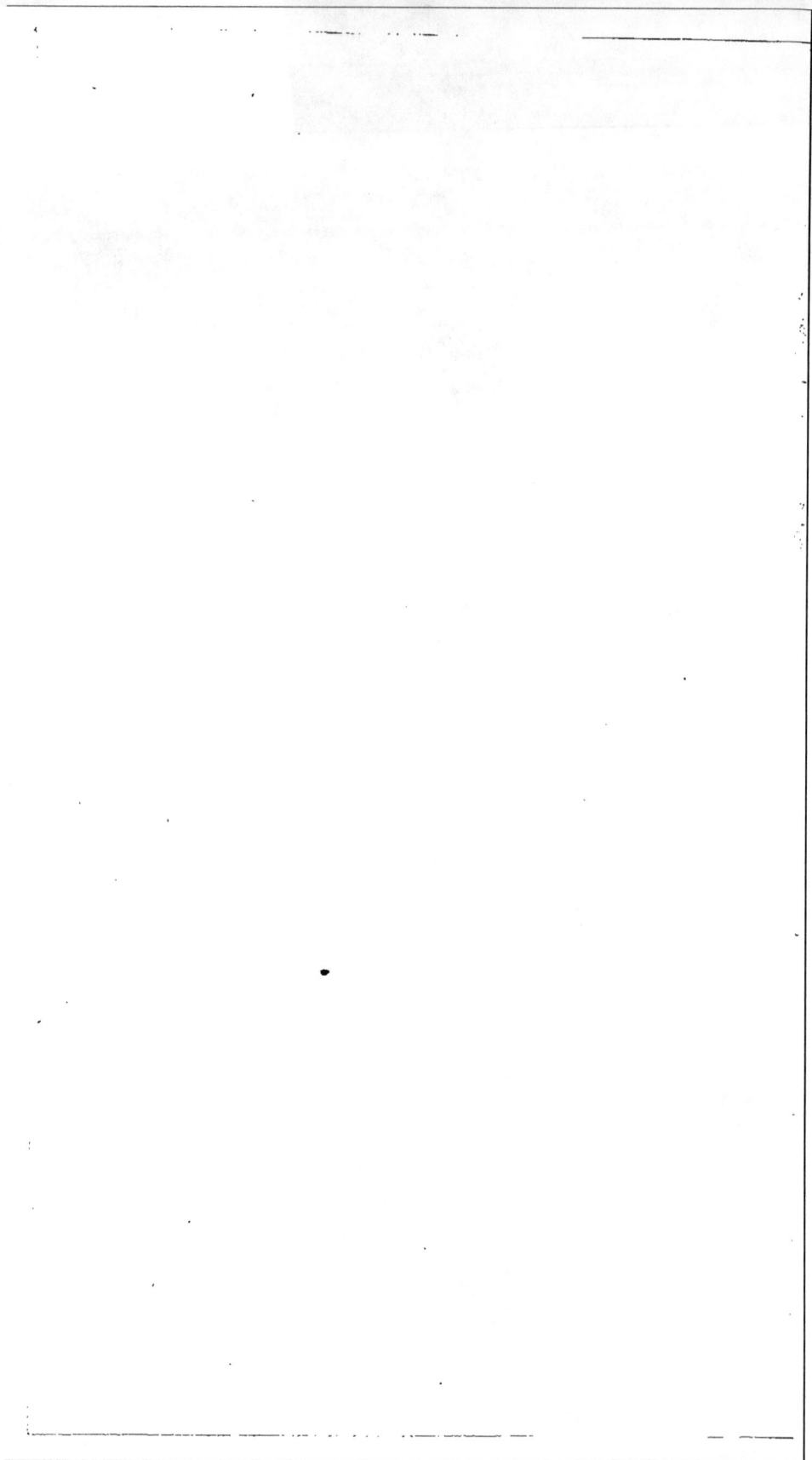

LE LIVRE

DES NATIONS

OU

TRAITÉ PHILOSOPHIQUE, THÉORIQUE ET PRATIQUE

DES

DROITS D'AUTEUR ET D'INVENTEUR,

EN MATIÈRE

DE LITTÉRATURE, DE SCIENCES, D'ARTS ET D'INDUSTRIE.

(Examen approfondi de la nouvelle loi sur les brevets
d'invention.)

La qualité d'auteur ou d'inventeur
est une propriété qui prend ses titres
dans l'intelligence, et les fait sceller
par la publicité.

PAR

N.-M. LE SENNE,

AVOCAT, DOCTEUR EN DROIT.

———

PARIS.

AUGUSTE DURAND, LIBRAIRE, RUE DES GRÉS-SORBONNE, 3.

B. WARÉE AINÉ,

Libraire de la Cour royale et de l'ordre des avocats,

place Dauphine, 29.

——

1845

PARIS. — Imprimerie de LACOUR et comp.,
rue St-Hyacinthe-St-Michel, 33.

AVERTISSEMENT.

Mon but, en publiant cet ouvrage, est de répondre à l'un des besoins de notre époque, si brillante par son industrie, si fertile dans ses découvertes, si remarquable et si puissante par ses productions dans les sciences, les lettres et les arts. Je dis *besoin*, car les œuvres de l'esprit humain, dans leur marche rapide et progressive, offrent chaque jour au législateur et au jurisconsulte un nouveau sujet de méditation; et c'est à ceux qui par leur position sociale et la nature de leurs études peuvent tous les jours s'aider des lumières de l'expérience, à réunir leurs efforts à ceux de leurs devanciers pour commenter et éclaircir quelques unes de ces questions de haute portée et d'utilité publique, si nombreuses et souvent si ardues qu'elles semblent former une branche spéciale de la science du droit, et sur lesquelles il reste tant à dire.

Les difficultés nombreuses que j'avais vues s'élever dans la pratique touchant les droits d'auteur et d'inventeur, et sur lesquelles j'ai souvent été appelé à émettre mon **opinion**, m'avaient depuis longtemps inspiré le désir de travailler sérieusement cette matière.

Je me suis efforcé de donner à ce travail toute l'extension que comporte le sujet. Je me suis attaché à développer avec soin, dans tous leurs détails, les points qui m'ont paru d'une utilité générale et quelquefois universelle. J'ai cherché à ramener toutes les questions vers un centre commun, à quelques principes fondamentaux et généraux, embrassant dans un même cercle les intérêts, non seulement de la France, mais des autres nations. Mes nouvelles recherches m'ont plus que jamais convaincu que les questions de cette nature appartiennent moins au droit privé d'une nation qu'au droit des gens.

Du reste dans la science du droit on n'invente rien, on ne peut que découvrir les rapports rationnels qui lient, soit les hommes entre eux, soit les hommes et les choses, et en constater l'existence avec plus ou moins d'exactitude. Aussi ai-je moins que personne la prétention d'avoir innové dans cette matière : j'ai mis à profit les travaux des auteurs qui m'ont précédé; et si je me suis abstenu de citer leurs noms, soit pour approuver, soit pour combattre leurs opinions, c'est à cause de l'exiguité du cadre que je m'étais tracé, et des circonstances sous l'influence desquelles j'écrivais.

J'espère que le public me saura quelque gré de mes efforts, et voudra bien accueillir avec indulgence l'essai au moins consciencieux d'un auteur, qui ne veut, en écrivant, que se mettre au niveau du progrès de sa nation, et l'éclairer dans cette voie intellectuelle où elle a su prendre la première place.

LE SENNE.

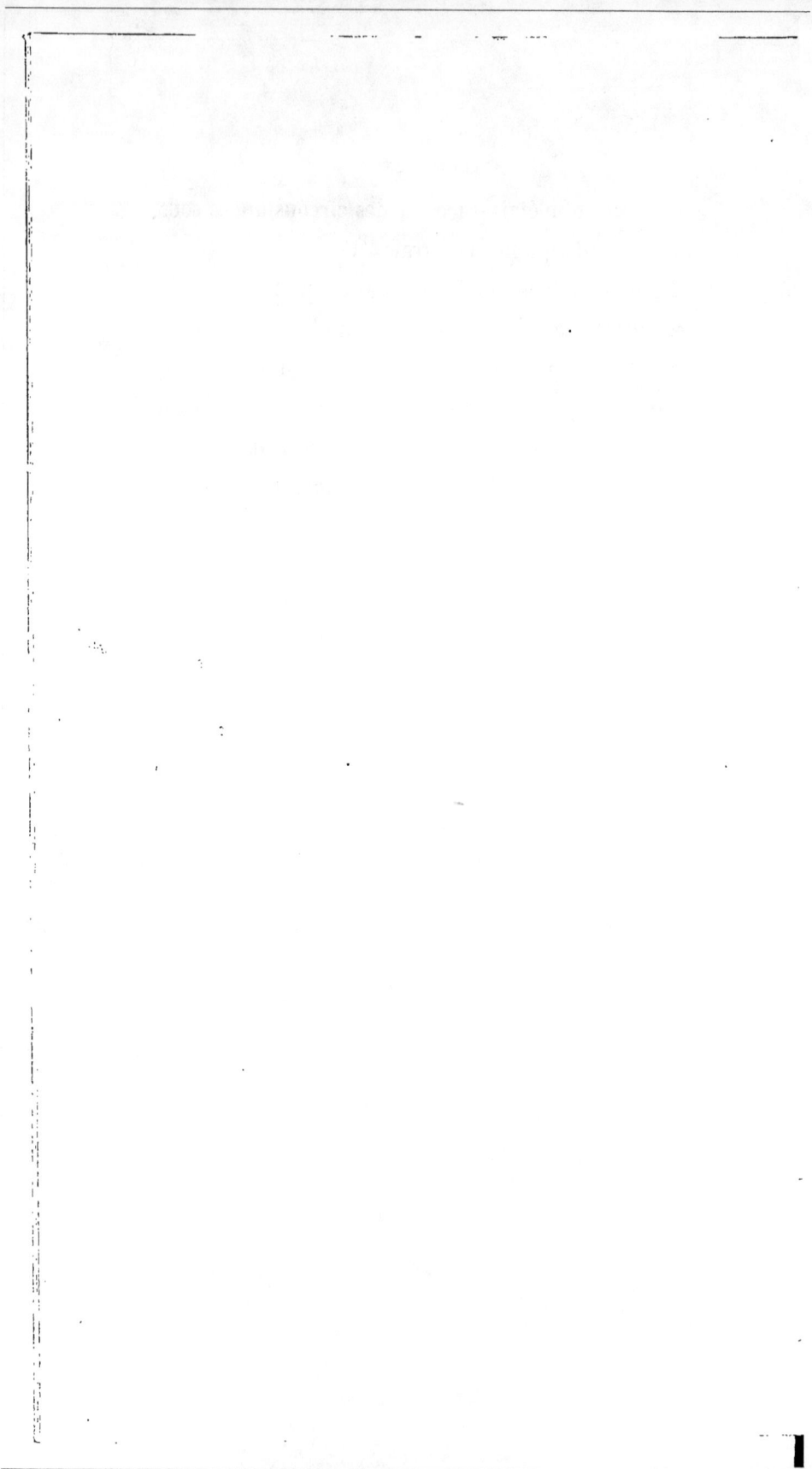

LE LIVRE

DES NATIONS.

Placée à la tête des nations modernes, il était réservé à la France d'assurer à la pensée sa liberté et son indépendance, d'émanciper le travail et l'industrie, et de garantir aux auteurs de productions de l'intelligence les fruits de leur conception, en les plaçant sous l'égide d'une loi tout à la fois puissante, ferme et égale pour tous. Nous avons à constater comment le législateur a rempli cette noble mission.

Nous bornerons notre étude à l'examen des droits civils qui sont garantis par la législation actuelle aux auteurs et aux inventeurs, à raison des produits de leur intelligence appliquée à la littérature, aux sciences, aux arts et à l'industrie, sans nous occuper de la liberté de manifester extérieurement sa pensée. Mais il n'est pas sans utilité d'éclairer par quelques notions historiques cette importante question, qui se lie intimement aux progrès de la société et a toujours marché avec elle.

En théorie comme en pratique, cette matière se divise en deux branches : l'une, concernant l'industrie, traite des brevets d'invention ; l'autre prend vulgairement le nom de propriété littéraire, et est relative aux lettres, aux sciences et aux arts. Nous verrons cependant qu'il existe entre elles plus d'un point de contact.

Ce travail sera divisé en trois parties. La première sera consacrée à tracer l'esquisse historique des droits d'auteur et d'inventeur, en parcourant rapidement, dans un premier chapitre, la législation ancienne, dans un deuxième la législation moderne.

Dans la seconde partie, nous exposerons la théorie des droits d'auteur et d'inventeur.

Dans la troisième, nous rechercherons quel est l'état actuel de la législation en vigueur, et quels avantages elle assure aux auteurs et aux inventeurs. Cette partie sera subdivisée en six chapitres qui nous serviront :

Le premier à constater l'étendue de ces droits et quand ils sont violés ;

Le deuxième à reconnaître les ouvrages qui peuvent faire l'objet de ces droits ;

Le troisième à en déterminer la nature juridique ;

Le quatrième à reconnaître les personnes auxquelles ils peuvent appartenir ;

Le cinquième à exposer les moyens de sanction ;

Nous examinerons enfin, dans le dernier chapitre, quand et comment ces droits et ces moyens s'éteignent.

PREMIÈRE PARTIE.

—

ESQUISSE HISTORIQUE DES DROITS D'AUTEUR ET D'INVENTEUR.

Les rapports qui unissent ces deux droits sont nombreux ; car si l'industrie est fille de la science elle est sœur des beaux-arts, si la littérature est rivale des beaux-arts, l'une et l'autre sont le flambeau de l'intelligence, tous sont des sources de progrès qui s'attirent et se vivifient mutuellement. Cette intimité nous engage à les comprendre dans une même partie en la divisant en chapitres et sections.

CHAPITRE PREMIER.

—

LÉGISLATION ANCIENNE.

SECTION PREMIÈRE.

Commerce des manuscrits, des livres et des compositions musicales. Priviléges de librairie.

C'est en vain qu'on cherche dans les législations anciennes des traces d'un droit exclusif qui ait été accordé aux auteurs pour la reproduction de leurs ouvrages par le moyen des copies ; mais il n'est pas douteux que la liberté absolue de manifester sa pensée y fut réprimée par les dispositions générales des lois pénales.

Tant que l'imprimerie resta cachée, le commerce des manuscrits fut exercé par les copistes avec la même liberté que les autres branches d'industrie. Chez les Romains, ces copistes étaient ou les auteurs eux-mêmes ou des agents de ces auteurs; le plus souvent c'étaient des esclaves façonnés à ce travail; il y avait aussi des bibliopoles.

Le christianisme, en venant éclairer le monde, donna naissance à un grand nombre d'écrits qui alimentèrent considérablement le commerce des manuscrits.

Puis, plusieurs siècles s'écoulèrent dans les ténèbres d'une profonde barbarie, pendant lesquels ce commerce dut souffrir vivement, jusqu'à la fin du huitième siècle, où quelques germes de civilisation commencèrent à réapparaître. Alors l'instruction et spécialement l'art de l'écriture reçurent de grands encouragements, qui, pendant les cinq siècles suivants, furent suivis de succès lents mais progressifs, de sorte qu'à la fin du treizième siècle il y avait à Paris un personnel immense employé aux manuscrits.

Le nombre des clercs-libraires, ainsi appelés à cause de leur science, s'accrut encore dans le quatorzième siècle. Ils formaient alors avec les copistes et les enlumineurs un corps de librairie, qui était soumis à la juridiction de l'Université, et jouissait des mêmes prérogatives que cette institution nouvellement fondée. Les ouvrages, qui entraient dans le commerce, étaient corrigés par l'Université qui en tarifait le prix; mais ils n'étaient aucunement soumis à une approbation préalable.

Tout à coup la découverte de l'imprimerie vint changer la face des choses. Ce rapide moyen de reproduction, en diminuant le commerce des manuscrits, lui substitua peu à peu le commerce des livres. Celui-ci trouva un aliment inépuisable dans la réforme qui, en pleine insurrection, menaçait alors d'envahir le monde entier; et, ce qu'il y a de plus remarquable, c'est que cette découverte fit naître la pensée d'un droit privatif au profit de l'auteur, pour la reproduction de son ouvrage.

L'imprimerie, d'abord tracassée par l'autorité publique, fut secondée par l'Université, et bientôt elle fut protégée par Louis XI qui attira en France les imprimeurs des nations voisines, en les récompensant avec largesse. Ensuite, cette invention, qui, suivant l'expression de Louis XII, semblait plus divine qu'humaine, jouit d'une liberté complète, jusque sous ce prince qui étendit les prérogatives du corps de la librairie.

A la renaissance des lettres l'imprimerie brilla d'un nouvel éclat. François Ier accorda une protection ouverte aux belles-lettres; néanmoins le corps de la librairie ne put échapper à la loi commune qui fit de ce siècle un siècle de monopoles : il eut aussi sa ligne de démarcation bien tranchée, dans laquelle fut restreinte sa liberté; c'est à ce prix que lui furent octroyés les priviléges de librairie, tant il est vrai que l'esprit de libéralité de tous les gouvernements est le même.

En effet, vers le commencement du seizième siècle, l'influence croissante de la littérature portant ombrage au pouvoir royal, celui-ci conçut la pensée de la faire passer sous sa subordination. Alors apparut timidement la censure qui s'introduisit dans la législation sous la forme d'approbations, en même temps que les droits d'auteur cherchaient à percer sous la forme de priviléges. C'est à partir de cette époque qu'on voit se dessiner de plus en plus avec le même pinceau, mais avec des couleurs différentes, ces deux institutions, qui finissent par n'avoir plus de commun que leur source.

Nous ne suivrons point l'institution de la censure dans ses vicissitudes; ce serait nous écarter du but de nos études. Attachons-nous à la marche des priviléges; parcourons-la rapidement sans nous arrêter à chacun des nombreux textes législatifs dont est semé ce sujet.

Nous venons de voir qu'au prix de sa liberté le corps de la librairie acquit des priviléges : c'étaient des concessions individuelles du droit exclusif de publier un ouvrage, octroyées par faveur, à la différence des approbations, qui étaient des actes de police, des entraves à la liberté de la presse. Cette faveur avait pour objet de protéger l'art naissant de l'imprimerie et le commerce des livres contre la concurrence; elle tendait surtout à récompenser et encourager les auteurs des travaux admirables qui marquèrent les premiers pas de l'imprimerie. Toutefois, tant que l'auteur d'un ouvrage était vivant, ses droits étaient protégés, aucun privilége n'était délivré à son préjudice; et, comme il ne lui était pas permis de vendre lui-même son livre, il ne pouvait utiliser le privilége, qui lui était quelquefois accordé, qu'en le cédant à un libraire. Les réimpressions frauduleuses étaient sévèrement réprimées.

Il y avait des priviléges généraux et des priviléges spéciaux, des priviléges perpétuels et des priviléges temporaires; il y avait aussi des prolongations de priviléges. Souvent leur délivrance engendra des différends entre le pouvoir royal et le pouvoir judiciaire. Il s'agissait, au fond, d'une question d'intérêt entre les auteurs et la corporation des libraires, ou entre les libraires individuellement. Après de longs débats, qui exercèrent le conseil d'État et les parlements, un réglement de police de 1618 laissa dans le domaine public les livres anciens, et restreignit les prolongations de priviléges. Mais ces dispositions, favorables à la libre concurrence, n'eurent qu'une courte durée : la faculté de publier librement les anciens livres disparut; et, en fait, pour publier toute espèce de livres, il fallut obtenir des priviléges du pouvoir royal; c'est ce qui fut consacré par un nouveau réglement du 20 décembre 1649.

Un autre réglement de 1686 modifia le précédent en reconnaissant qu'il y avait des livres qui pouvaient, sans privilége, être publiés par tous les libraires.

Enfin, un réglement rendu le 21 février 1723 concentra les priviléges entre les mains des libraires de la capitale, et excita ainsi les justes plaintes des libraires des provinces. Il consolida, en outre, l'action du gouvernement sur la délivrance des priviléges, en transportant du parlement au conseil privé le jugement souverain de toutes les contestations touchant la matière.

Jusqu'alors toutes les lois gardaient le silence sur la question des droits d'auteur; mais, à partir de ce moment, cette question occupa sérieusement les jurisconsultes et les publicistes. De nombreux mémoires furent répandus et entretinrent une vive et longue polémique qui se termina par deux arrêts du conseil, rendus le 30 août 1777. Ces arrêts consacraient, en quelque sorte, le droit de propriété en la personne des auteurs, non pas comme un droit spontané existant par lui-même, mais comme une émanation du pouvoir royal. C'était bien encore le système des priviléges, mais plus libéral et plus uniforme : aucun livre nouveau ne pouvait être im-

primé sans privilége; mais, lorsque l'auteur obtenait lui-
même ce privilége, il le transmettait à perpétuité à ses
héritiers; à moins qu'il ne l'eût cédé à un libraire, cas
dans lequel il s'éteignait à la mort de l'auteur. Il lui
était aussi permis de vendre chez lui son ouvrage. Une
prolongation de privilége pouvait être accordée, et lors
de l'extinction complète du privilége l'ouvrage tombait
dans le domaine public. Enfin, la sanction pénale contre
les contrefacteurs était très sévère.

Dans tous les temps, les ouvrages concernant la religion ont, à raison de leur influence, appelé particulièrement l'attention des gouvernements : ils réclament une
surveillance spéciale. D'abord, cette surveillance appartenait aux évêques; ils la conservèrent toujours sur les
livres d'église usuels , en veillant ainsi au maintien des
doctrines religieuses par une censure toute spirituelle,
tandis que le pouvoir royal avait l'autorité temporelle.
La surveillance des autres ouvrages passa entièrement
des évêques au pouvoir royal, comme l'indique un arrêt
du conseil, du 18 avril 1586. Cependant, on admit plus
tard l'intermédiaire des évêques, pour permettre ou
refuser, dans leur diocèse, l'usage de tous les livres de
religion usuels ou non usuels. Une lutte très vive s'é-
tant engagée au commencement du dix-huitième siècle,
elle finit par une transaction , d'après laquelle les évêques purent faire imprimer sans permission les livres
de religion dont ils étaient les auteurs.

On sait aussi que, dans tous les temps et chez presque
tous les peuples civilisés, les œuvres dramatiques ont
occupé la première place parmi les productions de l'esprit humain; or, il n'est aucune nation, tant ancienne
que moderne, chez laquelle le génie de l'homme ait
brillé d'un plus vif éclat dans ce genre de composition,

que chez la nation française : les chefs-d'œuvre de nos illustres auteurs dramatiques ont pris place dans les plus belles pages de nos annales. Cette production méritait une protection particulière; aussi accorda-t-on à ces auteurs des priviléges qui, vu la nature du sujet, différaient en plusieurs points des priviléges accordés aux autres écrivains. On peut à cet égard, consulter notamment deux déclarations royales du 16 avril 1641 et du 23 juin 1673, deux réglements du 23 décembre 1757 et du 1er juillet 1766. Puis, ces priviléges furent transformés en un droit perpétuel par les deux arrêts du conseil, du 30 août 1777, dont les termes étaient généraux. Ces dispositions furent suivies de deux réglements, l'un du 19 mars 1784, et l'autre du 28 mars 1789.

SECTION DEUXIÈME.

Commerce des marchandises. — Corporations, maîtrises, jurandes, priviléges et réglements.

Aussi haut qu'on remonte dans l'histoire des peuples, on y rencontre le commerce et l'industrie, tantôt en honneur, tantôt en défaveur; tantôt émules, tantôt rivaux; tantôt maîtres, tantôt esclaves; mais on les voit toujours exercer réciproquement l'un sur l'autre une influence qui varie suivant le caprice des mœurs ou l'inconstance des législations.

A Rome, où le travail était le partage des plébéiens et plus encore des esclaves, l'agriculture et la navigation échappèrent seules au mépris qui pesait sur les entreprises industrielles et commerciales; mais peu à peu les conquêtes des plébéiens sur les patriciens, l'émancipation des esclaves, l'accroissement de la population et du territoire, joint à cela le secours du christianisme, et bien d'autres causes, firent prendre au commerce et à l'industrie un rang plus élevé dans la société.

La France naissante se trouva, à l'exemple des peuplades germaniques, divisée en corporations ou communautés, et l'esprit d'association s'y développa de plus en plus à mesure qu'on avança dans le moyen-âge. En traversant cette longue période, nous voyons les marchands et les artisans, réunis en corps de maîtrises, former des corporations, d'abord en se plaçant sous la protection des seigneurs, plus tard en faisant alliance avec la royauté contre ces mêmes seigneurs, mais toujours en aliénant plus ou moins leur liberté; tellement que les seigneurs et les rois étaient devenus les dispensateurs arbitraires du travail de leurs vassaux ou sujets.

Ces communautés, qui semblaient d'abord ne s'être formées que pour mieux assurer la protection et la défense des classes industrielles et commerciales, ne tardèrent pas à rédiger des statuts qu'elles firent approuver par l'autorité publique. L'esprit de monopole, qui présidait à cette rédaction, était d'exclure du droit d'exercer la profession quiconque n'était pas membre de la corporation; d'astreindre ceux qui y étaient agrégés aux strictes limites de cette profession; de restreindre infiniment le nombre des maîtres en rendant la maîtrise presque inabordable par la longueur de l'apprentissage et l'exigence des jurés; en un mot, d'en faire en quelque sorte un patrimoine de famille.

Tournant tous leurs efforts vers ce but, les corporations firent rendre par la puissance publique des réglements nombreux, qui organisaient l'ordre et le service intérieurs des manufactures et des fabriques, créaient des juridictions et une police spéciales, et enchaînaient étroitement les travailleurs.

Chacune de ces communautés avait donc un caractère multiple : c'était tout à la fois pour ses membres un instrument de monopole et un refuge contre la violence, pour la puissance publique un instrument de police et une ressource fiscale; c'était en somme autant d'entraves à la libre émancipation de l'industrie.

Aussi cette classification de toutes les professions en corporations jalouses étouffait-elle les plus belles inventions à leur naissance; ou bien elle forçait les inventeurs à s'exiler avec leur découverte, quand ils n'étaient pas assez heureux pour trouver un abri dans les priviléges, qui étaient un affranchissement passager octroyé par la faveur ou moyennant finance. C'est ainsi que la France, cette patrie adoptive des arts et de l'industrie, a vu fuir loin d'elle bien des inventions, qui n'y sont quelquefois rentrées que longtemps après.

Le seizième siècle ouvrit à notre droit commercial une ère nouvelle de progrès : la juridiction consulaire des commerçants se généralisa, et l'ordonnance de Blois de 1579 voulut que l'élection seule fît les jurés de métiers.

Mais, par un édit de 1581, l'institution des corps d'arts et métiers fut étendue par tout le royaume; et ces dispositions furent encore aggravées par l'édit du mois d'avril 1597, qui assujettit tous les marchands à la même loi que les artisans. Par suite d'un autre édit de 1673, qui insistait sur l'exécution générale des édits de 1581 et de 1597, pour toutes les branches d'industrie, on institua partout des jurandes, et l'on établit des droits et taxes sur toutes les professions.

Un édit de 1691 érigea en titres d'offices héréditaires les maîtrises des corps de marchands et les jurandes des arts et métiers, qui auparavant étaient des fonctions électives. Ce trafic incessant grossit considérablement les revenus du fisc en grevant d'avantage les consommateurs: la France ne fut plus qu'un vaste réseau couvert de corporations, jurandes, maîtrises, priviléges et offices vénaux.

Ce régime exorbitant, qui prenait pour devise : tout ce qui n'est pas permis est défendu, ne pouvait se prolonger plus longtemps; les inventeurs et les auteurs, faisant cause commune, demandaient hautement justice pour les produits de l'intelligence.

D'abord, la propriété des dessins pour étoffes fut reconnue pour les fabriques de Lyon, par deux édits de 1737 et 1744. Puis, une déclaration royale du 24 décembre 1762 restreignit en général les priviléges à quinze années, en introduisant quelques améliorations dans cette partie de la législation.

Le mémorable édit de 1776, rendu sur la proposition de Turgot, supprima les jurandes et maîtrises. Mais cette réforme, qui eût été un acte de bonne politique et de grande sagesse si elle eût été précédée de quelques précautions transitoires, se trouva aux prises avec la masse des intérêts privés ; elle ne put soutenir la lutte : cet édit fut rapporté par un autre du mois d'août 1776, qui introduisit quelques améliorations et remédia à quelques uns des abus précédents, mais qui eut le tort de venir après celui de Turgot.

Les anciens corps d'arts et métiers de la ville de Lyon furent réorganisés par un édit du mois de janvier 1777, lequel fut suivi de plusieurs autres qui réorganisèrent aussi les communautés dans le ressort de quelques parlements.

Cependant des lettres-patentes du 5 mai 1779 avancèrent beaucoup l'affranchissement de l'industrie, en proclamant pour les fabricants et les manufacturiers la libre faculté de suivre, dans la fabrication de leurs étoffes, telles dimensions et combinaisons que bon leur semblerait.

Enfin, un arrêt du conseil, du 14 juillet 1787 assura pour quinze ans à tous les fabricants d'étoffes du royaume la jouissance exclusive des dessins qu'ils auraient composés ou fait composer.

Ici s'arrête la législation ancienne sur les droits d'auteur et les droits d'inventeur.

Nous touchons à une époque qui va ouvrir une ère nouvelle à la liberté de la pensée et de l'exécution : le monde a enfin compris que le progrès seul est la mère du bien, la source où la société se forme, se fortifie et s'ennoblit, qu'il est l'élément vital du genre humain, le feu sacré qui l'anime.

CHAPITRE II.

LÉGISLATION MODERNE.

Lorsque la révolution française éclata, il n'y eut qu'un cri pour proclamer la liberté de la presse, de l'industrie et du commerce ; et cette généreuse pensée fut réalisée dans la nuit du 4 août 1789. On cessa de délivrer des privilèges par suite de l'abolition qui en fut prononcée par la constitution du 3 septembre 1791, et les droits d'auteur et d'inventeur se trouvèrent ainsi remis en question. La solution ne se fit pas longtemps attendre ; elle fut considérée comme une mesure d'urgence, puisqu'au milieu de la tourmente politique l'assemblée nationale en fit l'objet de plusieurs lois particulières ; elle a posé la base de notre législation moderne, en prenant pour point de départ cette règle de la loi naturelle qui veut que chacun ait la libre jouissance de ce qui lui appartient.

Droits d'auteur.

La Convention nationale, par un décret du 19 - 24 juillet 1793, a reconnu aux auteurs d'écrits en tout genre, compositeurs de musique, peintres, dessinateurs et aux auteurs de toute autre production de l'esprit ou du génie qui appartient aux beaux-arts, le droit exclusif pendant leur vie, de vendre, faire vendre et distribuer leurs ouvrages, et d'en céder la propriété. Ce décret ajoute que les héritiers d'un auteur auront la propriété exclusive de son ouvrage pendant dix ans.

Une loi du 10 fructidor an IV (27 août 1796) a maintenu l'application de ce décret aux ouvrages adoptés comme livres élémentaires, lors même qu'il s'agit d'ouvrages récompensés dans un concours public.

Et, pour engager les propriétaires et détenteurs d'ouvrages posthumes à les rendre publics, un décret impérial du 1er germinal an XIII (22 mars 1805) a déclaré applicables à ces ouvrages les lois précédentes sur la propriété exclusive des auteurs et sur sa durée.

Le décret du 19 juillet 1793 a été gravement modifié par un décret impérial du 5 février 1810, qui est un réglement sur l'imprimerie et la librairie, et qui porte, art. 39, que : « Le droit de propriété est garanti à l'au- « teur et à sa veuve pendant leur vie, si les conventions « matrimoniales de celle-ci lui en donnent le droit, et à « leurs enfants pendant vingt ans. »

La liberté des théâtres fut la conséquence de la disparition de tous priviléges. Elle fût décrétée par l'Assemblée constituante dans une loi du 13-19 janvier 1791, qui détermina ainsi les droits d'auteur sur les ouvrages dramatiques : « Art. 2 : Les ouvrages des auteurs morts « depuis cinq ans et plus sont une propriété publique, « et pourront, nonobstant tous anciens priviléges qui sont « abolis, être représentés sur tous les théâtres indistinc- « tement. — Art. 3: Les ouvrages des auteurs vivants « ne pourront être représentés sur aucun théâtre public « dans toute l'étendue de la France, sans le consente- « ment formel et par écrit des auteurs, sous peine de « confiscation du profit total au profit des auteurs. »

Ces dispositions furent confirmées par une autre loi décrétée par l'Assemblée législative le 19 juillet - 6 août 1791, qui eut pour objet d'expliquer qu'elles s'appliquaient même aux ouvrages représentés avant le 13 janvier 1791, et que les conventions entre les auteurs et les entrepreneurs de spectacles étaient parfaitement libres. Elles furent modifiées par une loi du 30 août 1792, qui détruisait au fond cette dernière loi. Mais à son tour la loi de 1792 fut rapportée formellement par la Convention nationale, dans un décret du 1er septembre 1793, qui déclara les deux lois de 1791 et le décret du 19 juillet 1793 applicables dans toutes leurs dispositions aux ouvrages dramatiques.

Un décret impérial du 8 janvier 1806 reconnaît aux propriétaires d'ouvrages dramatiques posthumes les mêmes droits qu'à l'auteur, conformément au décret du 1er germinal an XIII.

Cet état de choses a été gravement modifié par un décret du 29 juillet 1807, qui est un attentat au principe de la liberté théâtrale, et froisse les droits des auteurs dramatiques, car il a limité le nombre des théâtres de Paris, ordonné la fermeture des autres théâtres, et approuvé un réglement ministériel du 25 avril 1807, qui, en exécution d'un décret du 25 avril 1806, avait arrêté d'avance les répertoires des théâtres autorisés tant à Paris qu'en province. En outre, la part d'auteur dans le produit des recettes théâtrales a été fixée par un décret du 15 octobre 1812.

Un avis du conseil d'Etat, approuvé le 23 août 1811, décidait que le décret du 5 février 1810 n'avait rien innové quant aux droits des auteurs dramatiques. Mais une loi du 3 août 1844 décide que les veuves et les enfants de ces auteurs auront à l'avenir le droit d'autoriser la représentation de leurs ouvrages et d'en conférer la jouissance pendant vingt ans conformément aux dispositions de ce décret.

Les priviléges et les approbations pour la publication des livres de piété disparurent aussi pendant la révolution, et leur impression ne fut soumise à aucun contrôle. Mais le concordat publié en 1801, en décidant que les archevêques veilleraient au maintien de la foi et de la discipline dans leur diocèse respectif, reconnaissait implicitement que c'était à eux à surveiller les livres d'église; aussi, le 7 germinal an XIII (29 mars 1805) intervint un décret impérial portant que les livres d'église, les heures, les prières ne pourront être imprimés ou réimprimés que d'après la permission donnée par les évêques diocésains, que la contrefaçon sera poursuivie conformément à la loi du 19 juillet 1793, et que l'autorisation de l'évêque sera imprimée en tête de l'ouvrage.

Pour prévenir les dangers et les inconvénients qui pourraient résulter, pour le service de l'administration, de la liberté illimitée de publier les ouvrages et documents politiques, un décret impérial du 20 février 1809 a déclaré propriété de l'Etat les manuscrits des bibliothèques et autres établissements publics, soit qu'ils existent dans les dépôts, soit qu'ils en aient été soustraits, et il a défendu de les imprimer et publier sans autorisation.

Un autre décret du 6 juillet 1810 a aussi fait défense à toutes personnes d'imprimer et débiter les sénatus-consultes, codes, lois et réglements d'administration publique, avant leur publication par la voie du bulletin officiel, afin d'empêcher la circulation d'éditions fautives et dangereuses émises prématurément par la spéculation.

SECTION DEUXIÈME.

Droits d'inventeur.

La constitution de 1791 s'exprime ainsi : « Il n'y a « plus ni jurandes, ni corporations de professions, arts « et métiers. »

Déjà une loi du 7 janvier 1791 avait reconnu un droit de propriété temporaire au profit des auteurs de toute découverte ou nouvelle invention dans tous les genres d'industrie. Les détails d'exécution de cette loi furent réglés par une autre loi du 25 mai 1791. Puis, successivement, quelques modifications furent apportées à ces lois par deux autres du 12 septembre et du 25 décembre 1792, un arrêté du gouvernement du 5 vendémiaire an IX, un décret impérial du 25 novembre 1806, un du 25 janvier 1807, et un acte du gouvernement du 13 août 1810 non inséré au Bulletin des lois.

Puis une loi du 5 juillet 1844, longuement élaborée,

2

a abrogé textuellement toutes les lois et dispositions précédentes ; elle seule règle donc aujourd'hui la matière ;
l'article 1er est ainsi conçu : « Toute nouvelle découverte
« ou invention dans tous les genres d'industrie confère
« à son auteur, sous les conditions et pour le temps ci-
« après déterminés, le droit exclusif d'exploiter à son
« profit ladite découverte ou invention. Ce droit est con-
« staté par des titres délivrés par le gouvernement sous
« le nom de *brevets d'invention*. Art. 4. La durée des
« brevets sera de cinq, dix ou quinze ans. »

Une loi du **18** mars 1806 établit un conseil de prud'-
hommes à Lyon , et autorisa l'établissement d'un semblable conseil dans les autres villes de fabrique, par un
réglement d'administration publique délibéré en conseil
d'État. L'article 14 porte que le conseil des prud'hommes est chargé des mesures conservatrices de la propriété des dessins ; et l'art. 18 qu'en déposant son
échantillon le fabricant déclarera s'il entend se réserver
la propriété exclusive pendant une, trois ou cinq années
ou à perpétuité. Leurs attributions ont été étendues
par un décret impérial du **11** juin 1810, qui contient
un réglement général sur les conseils de prud'hommes.
Et une ordonnance royale du **29** août 1825, usant de
la faculté laissée au gouvernement par la loi de 1806,
a autorisé le dépôt des dessins aux greffes des tribunaux
de commerce pour les fabriques qui seraient hors du
ressort d'un conseil de prud'hommes.

Une loi du **23** nivose an IX et un arrêté du **7** germinal an X reconnurent, pour quelques branches d'industrie, la propriété exclusive de la marque à celui qui le
premier en ferait le dépôt conformément au mode qu'ils
prescrivaient. — Une protection uniforme fut étendue
sur toutes les branches d'industrie par un décret du **22**

germinal an XI, qui portait des peines sévères contre la contrefaçon. Ce décret fut modifié par un autre du 5 septembre 1810, spécial à un genre d'industrie, puis par une loi du 4 août 1824, qui est applicable à toutes les branches d'industrie, et modifie aussi tant la loi de l'an IX que quatre décrets particuliers, l'un du 25 juillet 1810, un autre du 18 septembre 1811, deux du 22 décembre 1812, et deux ordonnances royales aussi particulières du 8 août 1816 et du 26 mai 1819.

Enfin, les diverses dispositions rapportées dans ce deuxième chapitre ont été confirmées et même augmentées par le Code pénal, promulgué en 1810, dans les art. 425, jusques et y compris l'art. 429.

DEUXIÈME PARTIE.

—

THÉORIE DES DROITS D'AUTEUR ET D'INVENTEUR.

Jetons un coup-d'œil sur cette importante question qui a occupé et occupe encore tant de grands esprits parmi les législateurs, les philosophes, les jurisconsultes, les économistes et les publicistes.

On est d'accord que les auteurs et les inventeurs ont le droit de tirer parti des produits de leur intelligence. Tout le monde convient qu'ils en sont à peu près les maîtres absolus tant qu'ils ne les ont pas mis au jour, qu'ils peuvent même les détruire. Mais on discute encore aujourd'hui sur la nature et l'étendue de leur droit après la manifestation externe de ces produits, à savoir si c'est un droit de propriété ou un droit rémunératoire. Cette question nous oblige à remonter aux principes fondamentaux de la propriété en général.

La propriété, d'après la définition universellement admise, est le droit de disposer d'une chose d'une manière absolue ; et le même sentiment universel lui reconnaît trois caractères essentiels : la jouissance exclusive du possesseur, l'inviolabilité de la possession et la perpétuité par transmission de cette possession.

Est-elle de droit naturel ou de droit positif ? Chacune de ces deux opinions compte de nombreux partisans : pour moi, je me range du côté de ceux qui pensent que son établissement repose sur le droit naturel, qu'elle est née avec le genre humain avant toute loi sociale ou positive.

En effet, l'Être-suprême en créant l'espèce humaine l'a fait naître avec des besoins matériels qui se renouvellent sans cesse, et il lui a fait un devoir de veiller à sa conservation : aussi a-t-il donné à l'homme la nature inintelligente pour qu'il la fît servir à ses besoins ; il la lui a livrée brute et inculte, et il lui a donné en même temps la liberté et l'activité pour la féconder. L'homme a donc un droit naturel aux choses nécessaires à sa conservation, et il exerce ce droit par l'occupation et le travail.

La matière étant destinée à pourvoir aux besoins de l'homme, on conçoit que chacun dans les premiers temps ait pu légitimement et sans obstacle s'approprier les richesses mobilières indispensables à son existence, et occuper exclusivement une portion du sol non moins indispensable à son abri ; qu'à côté de celle-ci il ait pris possession d'une autre portion du sol, en lui demandant par ses soins et ses fatigues les fruits nécessaires à sa famille ; qu'il ait successivement conservé cette possession et retiré de nouveaux fruits ; que par son travail persévérant il en ait fait, en quelque sorte, une **création nouvelle**, une œuvre à lui ; et que la longue possession et le long usage, en légitimant de plus en plus son droit d'appropriation, l'aient rendu transmissible à perpétuité.

De même aussi, en créant l'homme pour la société, Dieu a voulu nécessairement que l'ordre régnât parmi ses membres ; il a donc voulu que chacun respectât le droit d'autrui, ses moyens, sa condition d'existence, c'est-à-dire l'occupation du champ inculte et vacant dont il a pris possession, qu'il défriche, et qui, s'il était possédé par tous, ne pourrait être cultivé utilement. Or, il faut à celui qui cultive : liberté, sécurité et fixité ; autrement le travail serait sans objet et sans ordre, on ne connaîtrait d'autre loi que celle de la force brutale, la sociabilité n'existerait pas, la vie serait impossible. De là les associations qui se sont formées de bonne heure pour prévenir les envahissements et se protéger réciproquement contre les agressions.

Est-il besoin de citer les nombreux passages de l'Écriture sainte qui sont conformes à cette vérité, et cette disposition de la déclaration des droits de l'homme : « Le but de toute association politique est la conserva- « tion des droits naturels et imprescriptibles de l'homme; « ces droits sont : la liberté, la *propriété*, la sûreté et la « résistance à l'oppression. »

Ainsi, les titres de légitimité de la propriété sont la nécessité et le travail. Loin d'avoir été instituée par les lois civiles, c'est elle qui a fondé les sociétés humaines. Inhérente à la nature de l'homme, elle a précédé toute loi sociale ; les législateurs n'ont fait que reconnaître et consacrer un droit préexistant, le définir, en déterminer les caractères, et lui assurer la protection des lois; mais, en restreignant ses limites, ils l'ont, en quelque sorte, soumise au joug, et lui ont imprimé une physionomie et un caractère civils.

La deuxième opinion, qui assigne à la propriété une origine toute civile, se subdivise en deux nuances :

Les uns, prenant un terme moyen, admettent que la terre est appropriable en proportion seulement des besoins de chaque individu. Mais cette opinion, qui sourit au premier coup d'œil, est impraticable parmi une grande collection d'individus, à cause de l'impossibilité de déterminer la mesure des besoins de chacun, qui se

renouvellent sans cesse avec une variété infinie ; c'est à
peine si elle conviendrait à une petite communauté telle
qu'une famille.

Les autres disent que la terre a été donnée aux hommes
à des titres égaux, et qu'aucun d'eux n'a pu, sans usurpation, s'en approprier une partie. C'est nier positivement que la sociabilité soit de l'essence des hommes,
qu'ils aient été mis sur la terre pour y vivre paisiblement et non dans une lutte continuelle, que la terre
soit destinée à produire du froment et non des ronces ;
c'est vouloir en faire un désert perpétuel : car qui voudra l'arroser de ses sueurs pour la fertiliser, s'il n'a l'assurance que lui ou ses enfants pourront moissonner,
s'il craint qu'une loi nouvelle vienne demain détruire
les promesses de la loi d'aujourd'hui ? Et cependant
qui n'avouerait pas que, si une moitié du territoire de
la France était délaissée sans culture par ses possesseurs
actuels, ces possesseurs n'exécutant pas la condition attachée à la donation qui leur a été faite, n'usant pas de
la terre d'après sa destination primitive, la possession
devrait leur en être enlevée à jamais, et être répartie
dans des mains plus laborieuses et plus dignes ?

C'est ainsi que s'explique comment s'est opéré, sous
l'action de la justice divine, le partage de la nature intelligente qui a été donnée au genre humain pour la
faire servir à ses besoins.

Nous voyons par ces développements que l'appropriation exclusive repose sur la nécessité accompagnée
de l'utilité et de la justice ; d'où ressort la conséquence
qu'en l'absence de l'une de ces conditions cette appropriation est prohibée par la loi naturelle, qu'elle serait
illégitime. Il se peut donc qu'il y ait des choses inappro-
priables, ce sont celles dont chacun peut avoir la jouis-

sance pleine et complète sans porter aucun préjudice à la jouissance d'autrui, ainsi de l'air, de l'eau, de la lumière, qui sont du domaine de tous.

Les productions de l'intelligence sont-elles susceptibles d'appropriation exclusive? Nous avons vu que le producteur les fait siennes tant qu'il les garde pour lui sans les mettre au jour. Or, le doute ne peut naître qu'après la mise en circulation. Alors il faut, je crois, distinguer entre l'élément spirituel, soit poésie, soit combinaison mécanique, et l'élément matériel, soit livre, soit métal, qui a reçu l'empreinte spirituelle. Sans aucun doute l'élément matériel est appropriable, car sa jouissance entraîne avec elle les trois conditions de nécessité, utilité et justice. Mais il en est autrement de la pensée, elle résiste par son essence à toute appropriation exclusive, car les intelligences qui sont frappées par l'émission externe de cette pensée sont pénétrées par le fait seul de cette émission, indépendamment de la volonté du penseur. Où est d'ailleurs la nécessité de cette appropriation? Lorsque par la lecture le contenu intellectuel d'un livre est passé dans mon esprit, que ma mémoire l'y a gravé, je possède la pensée de l'auteur aussi fortement que lui, j'ai aussi bien que lui la faculté naturelle d'en jouir, d'en goûter le charme; désormais mon aptitude à la reproduire physiquement est aussi puissante que la sienne; et cependant je ne lui nuis pas, je ne lui cause aucun préjudice. Où en est l'utilité? L'appropriation exclusive serait au contraire nuisible, car plus la pensée se répand, plus la société marche vers le progrès qui est son but final. Et, puisque la limitation de la pensée n'est pas utile, il en résulte qu'elle serait injuste. Donc l'élément spirituel n'est pas susceptible d'appropriation exclusive, pas plus que la faculté

naturelle de le représenter sous une forme matérielle. Cette faculté devenue générale est indélébile ;
elle peut seulement être entravée par une loi positive.

Mais la propriété n'est pas seule respectable, le travail
aussi réclame une sanction ; si l'une a de justes titres à
l'inviolabilité, l'autre a droit à un juste salaire. Aussi
avons-nous reconnu aux auteurs et aux inventeurs des
droits sur les produits de leur intelligence. La vérité est
qu'en lui communiquant sa pensée, l'auteur ou l'inventeur rend un service à la société, et qu'il doit en recevoir une récompense proportionnée à l'utilité qu'il lui
procure.

Reste à savoir comment on fixera cette récompense ?

Trois moyens principaux se présentent. Le premier
consisterait dans une récompense nationale ; le second
dans une redevance fixe ou dans une somme d'argent
une fois payée ; mais les difficultés insurmontables de
leur exécution, qui serait entourée d'incertitude et d'arbitraire, obligent à y renoncer.

Le troisième moyen, qui est seul admissible, consiste
à attribuer à l'auteur ou à l'inventeur un droit sur chaque exemplaire de son ouvrage ; c'est une sorte d'impôt
qui peut se prélever de deux manières : ou en permettant à toute personne la libre reproduction, moyennant
rétribution à l'auteur ou à l'inventeur, ou bien en accordant à l'auteur le privilége exclusif de la publication.
Ici encore, l'impossibilité d'une fixation régulière,
jointe à la difficulté de la perception, écarte bien vite ce
mode de rétribution en nous laissant en face du privilége exclusif.

Toute difficulté n'est pas encore aplanie : concédera-
t-on un privilége perpétuel ou un privilége temporaire ?

En accordant à l'auteur ou à l'inventeur et à ses ayants-cause le droit exclusif et perpétuel de reproduction, on arriverait par une voie détournée à des effets identiques avec ceux que produirait plus directement le droit de propriété ; ces effets sont non moins dangereux que nombreux, ils proclament hautement le rejet de la perpétuité du monopole, de même qu'ils proclameraient le rejet de la propriété, s'il n'y avait pas une raison encore plus péremptoire pour la repousser.

Voici en quels termes s'exprimait Napoléon dans le sein du conseil d'Etat, à la séance du 2 septembre 1808 :

« La perpétuité de la propriété dans les familles des « auteurs aurait des inconvénients.

« Une propriété littéraire est une propriété incorpo-« relle qui, se trouvant dans la suite des temps et par « le cours des successions divisée entre une multitude « d'individus, finirait en quelque sorte par ne plus exis-« ter pour personne ; car comment un grand nombre « de propriétaires, souvent éloignés les uns des autres, « et qui, après quelques générations, se connaissent à « peine, pourraient-ils s'entendre et contribuer pour « réimprimer l'ouvrage de leur auteur commun ? Ce-« pendant, s'ils n'y parviennent pas, et qu'eux seuls « aient le droit de le publier, les meilleurs livres dis-« paraîtront insensiblement de la circulation.

« Il y aurait un autre inconvénient non moins grave : « le progrès des lumières serait arrêté, puisqu'il ne se-« rait plus permis ni de commenter ni d'annoter les « ouvrages ; les gloses, les notes, les commentaires ne « pourraient être séparés d'un texte qu'on n'aurait pas « la liberté d'imprimer.

« D'ailleurs, un ouvrage a produit à l'auteur et à « ses héritiers tout le bénéfice qu'ils peuvent naturelle-

« ment en attendre , lorsque le premier a eu le droit
« exclusif de le vendre pendant toute sa vie, et les autres
« pendant les dix ans qui suivent sa mort. Cependant ,
« si l'on veut favoriser davantage encore la veuve et
« les héritiers, qu'on porte leur propriété à vingt ans. »

On peut encore signaler d'autres inconvénients, ainsi
le renchérissement de l'ouvrage, le ralentissement dans
la propagation des idées, la multiplication des contrefaçons, et par dessus tout sa destruction possible, non
seulement à cause de la rareté des copies, occasionnée
par l'élévation du prix, mais encore par suite des calculs
de la spéculation, de la concurrence, d'une rivalité d'auteur ou de la jalousie d'un parti assez puissant pour
acheter l'anéantissement de l'ouvrage, anéantissement
qu'il n'est cependant plus permis de désirer, pas même
à l'auteur ni à l'inventeur, puisque cet ouvrage appartient à l'humanité et à la civilisation.

La réputation de l'auteur pourrait aussi en souffrir.
Si du moins il emportait avec lui l'assurance que son
œuvre ne sortira pas de sa famille, ce serait une riante
compensation ; mais, pour cela, il faudrait que toute
aliénation fût interdite et à lui et à ses héritiers à perpétuité, et une telle prohibition serait entourée de tant d'inconvénients qu'elle est moralement impossible.

Tous ces inconvénients et ces dangers, en justifiant
le rejet de la propriété et de la perpétuité du privilége,
ne laissent pas moins subsister au profit de l'auteur ou
de l'inventeur un droit à une rémunération proportionnée au service qu'il rend à la société , et il est de toute
justice de lui payer cette dette, quelque forte qu'elle
puisse être. Je crois même apercevoir que c'est ce sentiment du juste qui entraîne spontanément quelques esprits à concéder à l'auteur ou à l'inventeur la perpé-

tuité de l'exploitation, soit sous le nom de propriété, soit sous le nom de privilége, parce qu'en apparence l'auteur ou l'inventeur a droit à l'équivalent de tous les profits pécuniaires que l'exploitation perpétuelle est susceptible de produire; mais cette raison est captieuse, car ici surgissent des considérations d'un nouvel ordre qui viennent amoindrir le droit de l'auteur ou de l'inventeur, et restreindre la mesure de la récompense qui lui est due. Ne peut-on pas dire, en effet, que si l'auteur ou l'inventeur est l'artisan de l'ouvrage, s'il est, pour ainsi dire, le moule dans lequel cet ouvrage a pris sa forme spirituelle, il n'en est pas pour cela le créateur ou du moins le seul créateur? Ce qui est vrai, c'est qu'il a exercé ses facultés intellectuelles, qu'il a appliqué leur activité à des idées plus ou moins médiates qu'il a puisées dans le commerce des hommes, l'éducation, les lectures, dans l'échange inévitable entre les idées des individus, en un mot au foyer commun de toutes les intelligences. Mais a-t-il produit une création nouvelle? Non, il n'a fait qu'élaborer ces idées, leur donner un tour plus poli, plus puissant et plus original; puis, en leur rendant la liberté, il acquitte une partie de sa dette, il les restitue à la mère commune, il les reverse, pour m'exprimer ainsi, dans cet océan intellectuel toujours béant pour reprendre ce qu'il ne fait que prêter.

Cette démonstration prouve clairement que l'auteur ou l'inventeur contracte aussi une dette envers la société, qu'il lui doit un tribut de reconnaissance qui grossit et se légitime davantage, selon qu'il en reçoit plus de protection et qu'il recueille plus de gloire, qu'il n'a pas seul des droits sur son ouvrage, que la société, le genre humain tout entier, a aussi les siens qui dérivent nécessairement de sa nature intelligente, qui apparaissent ou-

vertement lors de la mise en circulation , et qui consistent désormais à avoir la jouissance intellectuelle de cet
ouvrage et à en empêcher l'anéantissement. C'est ce qu'il
importait de constater ici.

Nous restons ainsi en présence d'un privilége temporaire qui est le seul mode de paiement praticable.

L'équité exige que ce privilége soit accordé à l'auteur
pendant toute sa vie, car en publiant son ouvrage il a
engagé sa réputation, quelquefois même sa conscience ;
il a assumé sur sa personne une responsabilité plus ou
moins grave selon la nature de sa production ; il doit
donc conserver, pour modifier son ouvrage, une liberté
égale à celle qui a présidé à sa conception et à sa manifestation externe. L'équité réclame aussi en faveur des
héritiers et surtout des descendants de l'auteur une
concession temporaire qui leur soit profitable. Mais elle
ne serait pas encore satisfaite si l'auteur n'était pas mis
à même de faire exploiter avantageusement son privilége par autrui, car il ne pourra pas toujours l'exploiter lui-même; aussi, pour ne pas éloigner les spéculateurs, il paraît indispensable de concéder à l'auteur le
droit d'en disposer librement, même pour un certain
nombre d'années après sa mort.

Quant à l'inventeur, la plupart de ces raisons n'existent pas ou se présentent avec moins de force : il n'y a
pas pour lui cas de conscience à mettre au jour sa découverte ; sa responsabilité est bien limitée ; sa réputation est faiblement intéréssée aux modifications que
pourra subir l'objet de son invention; il n'y a guère
pour lui qu'une question d'intérêt pécuniaire : aussi l'é-
quité sera satisfaite quand l'inventeur aura été mis à
même de réaliser cet intérêt.

Au résumé la pensée, l'élément spirituel , étant essentiellement inappropriable, est aussi essentiellement inexpropriable; les auteurs et les inventeurs ayant un droit acquis à une récompense, il doit intervenir un pacte entre eux et la société. Telle est la double consé-quence qui découle des démonstrations précédentes.

Constatons maintenant, en la rapprochant de la législation positive de la France, comment le législateur moderne a compris cette théorie.

TROISIÈME PARTIE.

ÉTAT ACTUEL DE LA LÉGISLATION EN VIGUEUR SUR LES DROITS D'AUTEUR ET D'INVENTEUR.

1. Nous avons vu que le système de privilége perpétuel prévalut dans les réglements du 30 août 1777; mais ce système était né non viable. Celui d'un privilége temporaire a obtenu une plus grande faveur dans notre législation tant ancienne que moderne; tellement qu'il est aujourd'hui le droit commun et uniforme de la France, si l'on en excepte les dessins de fabrique pour lesquels un droit peut être conféré à perpétuité.

L'opinion dominante lors de la Révolution française était si bien celle d'un droit de propriété au profit des auteurs et des inventeurs, que les rédacteurs des lois rendues à cette époque ont tous commencé par déclarer que de toutes les propriétés c'est la plus sacrée, la plus légitime et la plus inattaquable; ce qui ne les a cependant pas empêchés de lui porter aussitôt la plus rude atteinte en méconnaissant l'un de ses caractères essentiels, qui est la perpétuité. Ils ont donc voulu créer une propriété temporaire, et ils ont consacré le nom de propriété; mais c'était vouloir l'impossible : les principes fondamentaux résistent obstinément. Ils l'eussent, ce me semble, appelée plus exactement quasi-propriété.

Au fond, le législateur français a consacré la théorie développée plus haut, en établissant un privilége tem-

3

poraire, à l'expiration duquel la jouissance libre et absolue appartient au public. Il a ainsi tracé d'avance les
conditions sous lesquelles la société offre de pactiser
avec les auteurs et les inventeurs à raison de la publication de leur pensée. Par ce moyen les droits de tous
sont respectés.

Inutile d'ajouter que, dans un cas donné, le législateur pourrait modifier ces conditions, par exemple pour
décider l'auteur récalcitrant d'une invention importante
à livrer son secret.

Cependant l'expression de propriété littéraire, de propriété industrielle est devenue technique, vulgaire; elle
est sans doute acquise à jamais à la langue du droit
pratique; mais il est remarquable que le législateur
de 1844 a évité de l'employer dans les deux lois qu'il a
rendues.

Cette inexactitude en a tout naturellement entraîné
une autre : on dit communément d'un ouvrage privilégié qu'il est du domaine privé, et d'un ouvrage non
privilégié qu'il est du domaine public. Une telle distinction ne peut porter exactement que sur la jouissance
matérielle, c'est-à-dire pécuniaire de l'ouvrage; laquelle jouissance est du domaine privé tant que dure
le privilége, et du domaine public dès qu'il s'éteint.
Quant à l'ouvrage, à la pensée en elle-même, dès qu'elle
a été mise dans la circulation, elle entre dans le domaine public et n'en peut plus sortir. Et, si l'on peut
dire exactement qu'une pensée est du domaine privé,
c'est avant qu'elle soit mise en circulation.

Ainsi l'auteur ou l'inventeur n'a plus qu'un privilége temporaire sur sa pensée, une fois livrée à la publicité; et, à la différence du privilége ancien qui était
une émanation du pouvoir royal, une concession indi-

viduelle octroyée par la faveur ou à prix d'argent, le privilége actuel a sa cause dans l'intelligence et le travail, et il reçoit son titre de naissance et son existence légale de la loi civile. Mais laissons-là les mots et descendons au fond des choses.

CHAPITRE PREMIER.

—

ÉTENDUE ET VIOLATION DU PRIVILÉGE.

SECTION PREMIÈRE.

Étendue du privilége.

2. Nous avons démontré que, par la publication d'un ouvrage de l'esprit ou du génie, le public, c'est-à-dire chaque membre de l'espèce humaine acquiert individuellement un droit naturel et ineffaçable à la jouissance intellectuelle de cet ouvrage, et que l'auteur ou l'inventeur acquiert un droit exclusif et temporaire à la jouissance matérielle c'est-à-dire pécuniaire.

Je crois qu'il faut aller plus loin et dire que chacun a le droit, si c'est dans les choses possibles, de jouir matériellement, pourvu qu'il n'occasionne aucun préjudice pécuniaire au privilégié; et que nous devons toujours, pour arriver sainement à la solution des difficultés de notre sujet, considérer non le gain fait par l'individu mais le préjudice pécuniaire occasionné ou causé au privilégié, par application tant de la maxime qui veut que nous n'empêchions pas autrui de faire ce qui ne nous nuit pas, que de la conséquence de cette maxime devenue la règle de droit qui repousse l'action dénuée de tout intérêt.

3. Mais, comme en fait toujours ou presque toujours l'individu occasionnera ou causera un tort pécuniaire au privilégié en jouissant matériellement, appliquons-nous à rechercher où est la limite qui sépare ces deux jouissances : sans aucun doute elle est dans l'intention de l'individu qui jouit. En effet, la jouissance intellectuelle est la volupté que l'âme éprouve, indépendamment de tout fait externe ; cette volupté n'est pas la même dans tous les individus, car tous ne sentent pas également ; elle varie à l'infini suivant la différence de l'âge, du sexe, de l'éducation, du caractère : or, qui peut savoir quel degré de volupté mon âme éprouve ? Moi seul assurément, et pour cela il faut que je descende en moi-même, que j'interroge ma conscience, seul témoin, seul juge des sensations de l'âme ; et ma conscience me répond que je dépasse la limite de la jouissance intellectuelle lorsque j'agis avec l'intention de retirer un profit matériel de mon action.

Tenons donc pour certain que cette limite est dans l'intention. C'est là une vérité d'intuition qui s'accorde avec la définition de la justice, et qui paraît cependant avoir été méconnue.

A quel moment faut-il cette intention ? Puisque l'intention est génératrice de la jouissance matérielle, il est clair qu'elles doivent coexister simultanément ; il n'importe pas que l'intention cesse ensuite, il y a eu jouissance matérielle, c'est un fait accompli et ineffaçable ; il n'importe pas davantage que l'intention ait précédé la jouissance, sans avoir persévéré, car il n'y a eu que jouissance intellectuelle. Il suffit donc de la naissance simultanée de l'intention et de la jouissance matérielle. Nous allons voir que celle-ci ne peut naître avant un commencement d'exécution matérielle.

4. L'exercice du droit de jouissance intellectuelle fait naître l'échange inévitable entre les idées des individus, et de cette inévitabilité naît l'indispensabilité d'une certaine latitude dans cet échange. De là il résulte que chacun peut à satiété se nourrir de la pensée de l'auteur ou de l'inventeur, l'analyser, l'adapter à sa propre pensée, lui faire même subir une métamorphose, en un mot en user par tous les moyens et sous toutes les formes propres à lui procurer une satisfaction qui n'expose le privilégié à aucun préjudice pécuniaire.

5. Cette détermination de la part légitime du public dans un ouvrage nous donne la juste mesure de la part qui revient au privilégié : elle comprend, sans exception, tous les autres droits attachés à l'ouvrage, c'est-à-dire ceux dont l'ensemble constitue la jouissance matérielle; ils peuvent être ramenés à un droit unique, celui d'exploiter vénalement l'ouvrage, d'en retirer tous les produits pécuniaires qu'il est susceptible de procurer, soit par une spéculation commerciale permanente, soit par tous autres moyens non permanents.

6. Le droit d'exploitation se compose de deux éléments essentiels :

Le premier consiste à conférer au privilégié seul le droit de reproduire l'ouvrage par toute espèce de procédé et sous toute espèce de forme. Il n'y a d'excepté que la reproduction, qui se borne à une jouissance telle qu'elle ne suscite pas au privilégié la possibilité d'un préjudice pécuniaire.

Le deuxième élément attribue au privilégié seul le droit d'écouler vénalement, par tous les moyens et sous toutes les formes possibles, tous les produits provenant de la fabrication de l'ouvrage. Il n'y a d'excepté que 'écoulement qui se borne à une jouissance telle qu'elle ne fasse éprouver aucun préjudice pécuniaire au privilégié.

De ces dispositions il résulte que le public peut légitimement reproduire un ouvrage, pourvu qu'il ne suscite pas la possibilité d'un préjudice pécuniaire au privilégié ; qu'il peut légitimement user du produit d'un ouvrage, pourvu qu'il ne nuise pas effectivement aux intérêts pécuniaires du privilégié.

7. La violation légale du droit exclusif de reproduction prend le nom de contrefaçon.

Et la violation légale du droit exclusif d'écoulement est appelée débit de contrefaçon.

Le mot contrefaçon a deux significations : il indique soit le corps fabriqué, le produit illégitime, soit l'action de fabriquer, c'est-à-dire une production ou façon illégitime, contrairement à une production ou façon légitime, aux droits du privilégié et à la loi.

8. La contrefaçon et le débit de contrefaçon n'ont pas été textuellement qualifiés délits par les lois de 1791, 1792 et 1793 ; ils ont reçu cette qualification du décret du 5 février 1810 et des articles 425 et suivants du Code pénal. Quoique ce ne soit, au point de vue où nous nous sommes placés, que des délits civils, nous pourrons les appeler ainsi à l'avenir.

Ces deux délits sont distincts l'un de l'autre : le fait de reproduction suffit, indépendamment du débit, pour constituer le délit de contrefaçon. Cela résulte clairement des articles 1, 3 et 4 de la loi du 19 juillet 1793, des articles 425 et suivants du Code pénal et de l'article 40 de la loi du 5 juillet 1844. Mais la réciproque n'est pas vraie : en principe il ne peut y avoir débit que lorsqu'il y a déjà eu fait de contrefaçon, reproduction matérielle ; les mots seuls l'indiquent. Or, si par exception nous trouvons dans la loi un cas de délit qualifié sans une reproduction matérielle préalable, nous devrons bien nous garder de l'étendre, car toute exception est de droit étroit.

9. Pour l'appréciation du délit de contrefaçon ou du délit de débit, la loi civile ne considère ni le mérite de l'ouvrage, ni la réputation de l'auteur ou de l'inventeur; elle ne pouvait s'en occuper, car le mérite n'a rien d'absolu, rien de positif; il n'existe que dans l'opinion essentiellement personnelle et versatile que chacun se forme d'un ouvrage, et la réputation n'est pas autre chose que l'éclat qui rejaillit d'une certaine pluralité d'opinions. Le bon touche au médiocre, et du médiocre au mauvais il n'y a qu'un pas. Il ne faut pas croire, néanmoins, que le législateur soit resté indifférent à la réputation de l'auteur ou de l'inventeur; c'est au contraire une partie de la base sur laquelle il a appuyé la législation.

La loi ne s'arrête pas plus à l'étendue ni à l'importance de l'ouvrage, afin d'éviter l'arbitraire; elle ne peut entrer dans l'appréciation toujours difficile et souvent impossible de la valeur intrinsèque d'une production de l'intelligence. Il faut même le reconnaître, le travail, trop faible pour se protéger lui-même, a encore plus besoin que le travail intellectuel de la protection publique.

Elle ne s'arrête pas davantage à la destination du produit de la fabrication nouvelle, lors même qu'elle diffère de la destination primitive donnée par l'auteur ou l'inventeur à l'ouvrage original.

Le privilége, étant attaché à l'ouvrage entier, s'étend uniformément sur chacune de ses parties; aussi ne trouvons-nous dans la loi aucune distinction entre la

reproduction totale ou partielle, identique ou modifiée,
ni entre la reproduction franche ou mensongère.

Ces divers ordres de faits, quoique dissemblables, sont
vus uniformément par la loi qui, ne considérant que
leur caractère commun d'infraction au privilége, n'a
d'autre but que de conserver ce privilége, de le préserver de toute atteinte, en frappant ces faits de la même
sanction.

10. Il résulte de ces principes généraux que le privilégié trouve la sanction de son droit dans la double
prohibition légale faite à tous de reproduire l'ouvrage
et d'en écouler vénalement les produits sans son consentement ; et que la sanction du droit de jouissance intellectuelle de chaque individu est dans la loi de sa nature
intelligente qui ne peut plus être dépouillée de la pensée
qu'elle a une fois revêtue.

11. A côté de la contrefaçon se place le plagiat, qui
est l'action de s'approprier, de donner mensongèrement
pour sien ce qu'on a pillé dans l'ouvrage d'autrui, le plus
souvent par imitation, sans possibilité de préjudice pécuniaire pour le privilégié. Tel est le plagiat simple qui
trouve sa sanction, non dans la loi, mais dans l'opinion
publique, et qui n'a d'autre justification que l'indispensabilité d'une certaine latitude dans la permutation
entre les idées des hommes, d'autre borne que la juste
mesure de cette latitude. On conçoit qu'il est toujours
difficile de déterminer cette mesure et par conséquent
la ligne de démarcation, les caractères légaux qui dis-
tinguent la contrefaçon du plagiat, il y a là une nuance
insensible, un écueil à éviter.

Si le reproducteur, qui se donne pour l'auteur ou l'inventeur, expose le privilégié à la possibilité d'un préjudice pécuniaire, il viole son privilége de reproduction,

il commet à la fois un plagiat et une contrefaçon ou un plagiat composé.

Il est facile d'apercevoir que toute la difficulté de notre matière consiste à savoir quand il y a envahissement de la jouissance matérielle du privilégié, ou, ce qui est la même chose, quand le public fait naître la possibilité d'un préjudice pécuniaire, ou bien quand il réalise ce préjudice.

SECTION DEUXIÈME.

Contrefaçon : principes et applications.

12. La possibilité d'un préjudice pécuniaire naît ou, ce qui est la même chose, le délit de contrefaçon s'accomplit lorsqu'il y a un commencement d'exécution matérielle joint à l'intention du reproducteur d'en retirer un profit pécuniaire.

Il faut l'intention, parce que sans elle le reproducteur est dans la limite de la jouissance intellectuelle.

Il faut un commencement d'exécution matérielle, parce que sans cela le préjudice pécuniaire n'est pas possible. Et ce commencement se manifeste en général lorsqu'il existe entre l'ouvrage original et la production nouvelle une similitude suffisante pour faire reconnaître qu'il y a copie. Le commencement d'exécution suffit, parce qu'il est déjà une atteinte au droit exclusif du privilégié.

L'intention doit coexister simultanément avec le commencement d'exécution, parce que ce commencement est le point de départ de la jouissance matérielle qui est engendrée par l'intention. Il n'importe pas que cette intention cesse ensuite, car la possibilité de préjudice pécuniaire a existé, c'est un fait ineffaçable, il y a eu contrefaçon ; que, si l'intention a existé avant tout com-

mencement d'exécution sans avoir persévéré, la possibilité de préjudice pécuniaire n'est pas née, il n'y a pas
eu contrefaçon (n° 2).

13. On pourrait être tenté de croire qu'il ne suffit pas
de la possibilité de préjudice, c'est-à-dire d'un commencement d'exécution matérielle, qu'il faut l'existence du
danger d'un préjudice, c'est-à-dire une exécution assez
avancée pour que la copie ait une valeur vénale comme
ouvrage littéraire, scientifique, artistique ou industriel.
Une loi en ce sens aurait consacré l'impunité dans la
plupart des cas de contrefaçon, puisque le fabricant
n'aurait pu être atteint judiciairement avant l'achèvement
au moins imparfait de la copie, et qu'il lui eût suffi,
pour échapper à toute action, ou d'interrompre sa fabrication lorsqu'elle aurait été découverte, ou de se défaire
secrètement de la copie quand elle n'aurait pas été découverte; mais il n'en est pas ainsi : ce que veut la loi
c'est atteindre le fait matériel de reproduction illégitime,
l'atelier de contrefaçon lui-même; elle veut préserver
le privilége de toute concurrence vénale; et le commencement d'exécution suscite assurément une concurrence
en jetant le trouble dans l'exploitation du privilégié, il porte
atteinte à son droit. S'il pouvait s'élever quelque doute
sur ce point, il disparaîtrait devant le texte formel de
l'article 425 du Code pénal et de l'article 40 de la loi
du 5 juillet 1844.

14. Il n'y a pas lieu davantage, aux yeux du droit civil,
de rechercher si le reproducteur a agi sciemment, s'il a été
de bonne ou de mauvaise foi; car, comme nous l'avons
remarqué, les lois de 1791, 1792 et 1793 ont vu dans
la contrefaçon et dans le débit de contrefaçon des œuvres de l'intelligence, non pas un délit, mais une atteinte au droit de jouissance exclusive du privilégié, non

pas une question de vol, mais une question analogue à celle de propriété. Le législateur a considéré que le reproducteur est toujours coupable, au moins de négligence ou d'imprudence grave, et il s'est borné à fournir d'avance aux tribunaux une base des dommages-intérêts, pour la réparation du trouble suscité au privilégié (n° 12).

15. C'est là un principe de toute évidence qui, jusqu'à nos jours, a été reconnu et admis, sans exception, aussi bien en matière de contrefaçon qu'en matière de débit de contrefaçon, et il n'a fallu, pour l'ébranler, rien moins que la loi du 5 juillet 1844 sur les brevets d'invention. Du reste, l'exception consacrée par cette loi confirme la règle; voyons en quoi elle consiste.

D'après l'article 40, toute atteinte portée aux droits du breveté, soit par la fabrication de produits, soit par l'emploi de moyens faisant l'objet de son brevet, constitue le délit de contrefaçon. Et l'art. 41 porte que ceux qui auront sciemment recélé, vendu ou exposé en vente, ou introduit sur le territoire français un ou plusieurs objets provenant de contrefaçon seront punis des mêmes peines que les contrefacteurs.

16. On remarque de suite le mot *sciemment* qui est dans l'article 41 et n'est pas dans l'art. 40. Cette différence capitale entre le délit de fabrication et le délit de recel, vente, exposition, ou d'introduction, n'a pu échapper involontairement au législateur; elle est le résultat d'une idée mûrie d'avance et avouée franchement par les rapports et les discussions législatives. Ces mêmes sources nous montrent que cette dérogation au droit commun a eu pour but de ne pas entraver les opérations commerciales, en éloignant les acheteurs au moindre soupçon de contrefaçon, en les tenant continuellement

entre la crainte d'une poursuite judiciaire, en les mettant en quelque sorte dans l'obligation de rechercher
l'origine des produits fabriqués dont ils ont besoin. En
outre, le mot *recélé*, introduit dans la loi de 1844, et
qui n'était dans aucune des lois intermédiaires, appelait
indispensablement à côté de lui le mot *sciemment*; et
cette introduction a dû influer sur l'article tout entier.

Cette différence actuelle entre le débit d'ouvrages
d'industrie et le débit d'ouvrages de littérature, de
science ou d'art, peut se justifier par la différence de
nature des produits, par la consommation plus considérable des produits industriels, par l'intérêt qui s'attache
naturellement aux auteurs plus qu'aux inventeurs, et
qui fait que le public sait généralement de qui est tel
ouvrage; enfin, par la publicité de la presse périodique
qui a soin de satisfaire cet intérêt d'une manière bien
plus efficace que le Bulletin des lois ne le fait pour les
brevets d'invention.

17. Il résulte de ces dispositions qu'en principe la
bonne ou mauvaise foi n'est pas prise en considération
par la loi pour l'appréciation du délit de contrefaçon, de
débit ou d'introduction en France; et que, d'un autre
côté, nous n'avons pas à nous occuper des éléments du
délit au point de vue de la pénalité ; mais, le Code pénal
ayant quelque peu modifié les lois spéciales de notre
matière sous le rapport du droit civil, nous aurons besoin d'y recourir quelquefois (n° 20).

18. Terminons cette dissertation en faisant remarquer qu'il y a dans le Code civil une disposition générale protectrice de tous les intérêts lésés ; je veux parler de l'article 1382 qui est ainsi conçu : «Tout fait
»quelconque de l'homme, qui cause à autrui un dom-
»mage, oblige celui par la *faute* duquel il est arrivé à

» le réparer.» Cet article s'applique à tous les cas dommageables non prévus par les lois spéciales ; mais alors c'est à celui qui veut se faire indemniser à établir qu'il a éprouvé un préjudice réel et quelle en est l'importance, sans examiner s'il y a eu bonne ou mauvaise foi, comme l'indique l'article 1383 ; tandis que, pour les cas de délit qualifié de contrefaçon, d'introduction, de débit ou de récel, les lois spéciales accordent des dommages-intérêts lors même qu'il n'y a pas de préjudice réel, et elles recherchent l'intention.

19. En nous reportant en arrière, nous voyons, en effet, que, pour apprécier le délit de contrefaçon, la loi civile, d'accord avec la loi naturelle, recherche si le reproducteur a agi avec l'intention de retirer un profit pécuniaire de sa fabrication. Il ne faut pas s'effrayer de cette solution, par la crainte qu'un contrefacteur, en alléguant qu'il n'avait pas cette intention, n'échappe à la juste sanction de son action illégitime ; car, au lieu de mettre la preuve de l'intention à la charge du privilégié, la loi suppose qu'elle a existé chez le reproducteur et elle l'oblige à faire la preuve contraire.

20. Cette présomption de la loi ne contrarie pas la règle qui veut que la fraude soit prouvée, qu'on ne la présume pas. D'abord, parce que cette intention du reproducteur n'est pas frauduleuse aux yeux de la loi civile ; ce qui constituerait une fraude serait qu'il eût fabriqué sachant que l'ouvrage copié était privilégié, et nous avons reconnu qu'il n'importe pas qu'il ait fabriqué sciemment ou non. Ensuite, la fabrication est un fait actif tellement caractérisé qu'il emporte nécessairement avec lui la présomption de l'intention. Cela est surtout d'une évidence palpable lorsque le fabricant fait commerce du produit fabriqué, par exemple, un

armurier, puisque, pour être dans son droit, il faudrait
qu'il fût resté dans la limite de la jouissance intellectuelle; or, quel est l'armurier qui fait un fusil pour sa
seule satisfaction intellectuelle (n° 17)?

21. Avant de tirer des conséquences de ces principes,
avant d'en faire l'application doctrinale à chaque genre
d'ouvrage, il importe de remarquer que, s'il est vrai que la
science du droit soit une science inexacte, qu'elle ait peu
de règles absolues parce que la rigidité de la logique s'a-
doucit quelquefois devant l'équité et la variété infinie des
faits, cette vérité est surtout évidente dans notre matière,
où chaque genre d'ouvrage a sa nature spéciale qui donne
lieu à un certain nombre de questions particulières. Aussi
des principes, qui pourront résister rigoureusement à
nos déductions logiques, fléchiront-ils quelquefois devant
la loi positive; et, lorsque cette loi sera impuissante à prévoir tant de faits, ces principes pourront s'abaisser devant le magistrat, souverain appréciateur, n'ayant
d'autre guide que son expérience et d'autres censeurs
que sa conscience et le public (n° 51).

22. Le cas le plus frappant de contrefaçon est celui
de reproduction de l'ouvrage avec une identité parfaite
dans la forme et les dimensions.

Celle qui se contente de reproduire la forme identique avec des dimensions proportionnelles n'est guère
moins frappante, par exemple, en faisant une statue
d'une statuette, une miniature d'un grand tableau.

Sans aucun doute il y a aussi contrefaçon dans l'action de reproduire un ouvrage, non pas en le copiant
purement et simplement, mais en le fondant identiquement et en entier dans un autre ouvrage.

23. Il en est de même de la reproduction d'un ouvrage avec des accompagnements, dans le cas, par

exemple, de réimpression d'un livre avec accompagnement de notes ou de commentaires, — de copie d'un tableau, d'un dessin, avec des enjolivements, des incrus-
tations, des illustrations ou des encadrements, — de
fabrication d'un produit industriel avec de légères augmentations.

24. De même encore lorsqu'il y a copie d'un portrait original, de plans, de cartes, d'un tableau synop-
tique, d'ouvrages de gravure , sculpture, ciselure ou
d'architecture sur quelque matière que ce soit. Pour la
reproduction des portraits, des vues pittoresques, de la
terre ou de tous autres objets de la nature, toutes les
copies auront nécessairement avec le type une certaine ressemblance qui rendra la contrefaçon plus difficile à reconnaître ; ce sera une question de preuve à savoir s'il y a eu reproduction, appropriation du travail
d'autrui.

25. La difficulté commence à naître quand il y a
réimpression identique de partie d'un ouvrage mêlée
dans un autre ouvrage. Si le reproducteur indique la
source où il a puisé la partie réimprimée, il procède par
voie de citation ; il faut alors constater quel est le degré
de latitude légale de la faculté des citations. La difficulté devient une question d'appréciation des faits, en
présence de laquelle il est plus que jamais nécessaire
d'approfondir la distinction fondamentale qui reconnaît
au privilégié le droit exclusif d'exploitation, et au public le droit de jouissance intellectuelle. S'il est constant
qu'il a y eu abus des citations jusqu'à pouvoir occasionner un tort pécuniaire au privilégié, il y a contrefaçon;
et cet abus existera dans la réimpression textuelle d'une
partie importante de l'ouvrage. Mais je ne verrais point
d'abus dans la citation de passages ou d'articles isolés,

surtout quand ils seraient introduits dans des ouvrages ayant pour objet la réfutation, la critique, l'histoire ou l'enseignement, surtout quand les citations porteraient sur des discours, opinions ou leçons émis oralement en public.

26. Le privilége s'étendant sur chaque partie de l'ouvrage, le fait de réimpression d'un abrégé identique constitue le délit de contrefaçon, car il y a possibilité d'un tort pécuniaire d'autant plus grand pour le privilégié que cet abrégé pourra être d'un débit plus facile que l'ouvrage contrefait; il en est ainsi que cet abrégé soit reproduit seul ou avec accompagnement de notes ou de commentaires.

La solution n'est ni aussi facile ni aussi uniforme lorsque l'abrégé, au lieu d'être identique, a subi des modifications. On peut faire les distinctions suivantes : si les modifications sont à peine visibles, il y a contrefaçon; si elles sont visibles sans être importantes, il y a encore contrefaçon; si elles sont importantes, il peut y avoir doute entre la contrefaçon et le plagiat, entre l'abus et l'usage raisonnable des citations.

Dans tous les cas, pour que l'ouvrage nouveau soit un abrégé, il faut au moins qu'il conserve le sens de l'original.

La difficulté grossit et se résout en une pure appréciation des faits quand il s'agit de la reproduction de partie d'un ouvrage, soit d'art, soit d'industrie, et que cette partie est fondue dans un nouvel ouvrage, ou bien d'un extrait isolé identique ou non d'un ouvrage soit d'art soit d'industrie. La solution dépendra de la réponse à cette question : la reproduction a-t-elle occasionné la possibilité d'un préjudice pécuniaire au privilégié? Et cette possibilité ne peut exister sans que la partie copiée soit essentielle à l'ouvrage privilégié.

27. Le délit de contrefaçon existant par le concours simultané de l'intention et du commencement d'exécution
matérielle, celui-là est contrefacteur qui a imprimé une
ou quelques-unes des feuilles d'un livre, car il a reproduit réellement une partie de l'ouvrage original.

Faut–il aller jusqu'à dire que l'existence de planches
de caractères typographiques, placées sur des formes
trouvées dans un atelier d'imprimerie, constitue le délit
de contrefaçon avant même qu'il y ait eu tirage? La
raison de douter vient de l'art. 3 du Code pénal, d'après
lequel les tentatives de délits ne sont considérées comme
délits que dans les cas déterminés par une disposition
spéciale de la loi. Mais la raison de décider qu'il y a
contrefaçon, c'est qu'il y a un commencement d'exécution matérielle et non une simple tentative, c'est qu'il y
a une atteinte au droit exclusif du privilégié, et que la
loi veut atteindre l'atelier de contrefaçon. Sur quoi se
fonderait l'imprimeur pour repousser la prévention? Il
ne serait pas admis à soutenir qu'il n'a jamais eu l'intention de reproduire matériellement, car les formes
composées attestent le contraire, *ad illum clamant*,
elles crient contre lui. Il ne pourrait pas davantage soutenir que son intention a cessé, car nous savons qu'il
n'est pas besoin qu'elle ait persévéré. De deux choses
l'une : ou bien les planches sont illégitimes et elles doivent être confisquées comme corps du délit de contrefaçon; ou bien elles sont légitimes, on doit les laisser
subsister, et alors elles pourront servir à la perpétration complète et à la réitération du délit. Peut-on hésiter entre ces deux partis?

Pour moi, je crois fermement qu'il y a délit, et je le
décide *a fortiori* du cas précédent, en supposant que les

4

planches de composition sont nombreuses. En effet, l'intention d'imprimer l'ouvrage entier est plus fortement caractérisée chez celui qui a fait la dépense toujours considérable d'une composition un peu étendue, que chez celui qui a fait le tirage d'une feuille sans en avoir composé d'autres (n° 2).

28. De même, lorsqu'il y a eu tirage d'une ou plusieurs gravures faisant partie d'un ouvrage, — d'une ou plusieurs feuilles d'un atlas ou album, — d'une ou plusieurs planches d'une collection scientifique; ce sont autant de faits séparés, dont chacun constitue le délit de contrefaçon des morceaux reproduits.

29. Le privilégié ayant le droit exclusif de reproduction par toute espèce de procédé et sous toute espèce de forme, il y a contrefaçon dans l'action de reproduire, par exemple, un manuscrit, un imprimé, une lithographie, par l'imprimerie, par la lithographie ou par l'autographie, — une gravure par la peinture ou par le daguerréotype, — une lithographie par la gravure, — un dessin par la sculpture ou le moulage; — ou bien en faisant un livre, un dessin dans un format plus ou moins riche, plus ou moins étendu, sous des couleurs différentes, avec des enluminures.

30. La loi ne s'arrêtant pas à la destination de l'ouvrage, il y a contrefaçon à reproduire le sujet d'un tableau sur un tapis, le sujet d'une gravure sur un devant de cheminée ou sur tout autre objet d'une matière quelconque; — ou bien en sculptant le sujet d'une gravure sur un meuble, en le ciselant ou peignant sur un vase, ou bien encore en adaptant de la musique aux paroles d'autrui *aut vice versa.*

31. Nos lois sont muettes sur le point de savoir si le droit de produire en France une traduction fait par-

tie du privilége ; plusieurs distinctions sont à faire :

Si l'ouvrage privilégié en France est écrit en langue française, je ne vois pas de contrefaçon dans la production en France d'une traduction en langue étrangère. Et en effet, cette publication ne peut nuire aux intérêts pécuniaires du privilégié, car la supériorité incontestable de l'original sur la traduction, le danger des incorrections de celle-ci, et la différence de l'idiome, du style et des lecteurs sont des garanties certaines que cette traduction ne nuira pas à l'original. Qui ne voit, d'ailleurs, qu'en décidant autrement on exposerait ceux des habitants de la France qui n'en connaissent pas la langue à être privés de la jouissance intellectuelle de l'ouvrage privilégié ; que ce serait aller directement à l'encontre de la règle de loi naturelle qui assure cette jouissance à chaque individu de l'espèce humaine, indépendamment de sa nationalité.

La solution est la même lorsque l'ouvrage privilégié en France est écrit en langue étrangère, et qu'une traduction dans une autre langue étrangère est produite en France ; les raisons de décider sont les mêmes ou à peu près.

Je décide, à plus forte raison, qu'il n'y a pas contrefaçon, lorsque l'ouvrage privilégié en France est écrit en langue étrangère, et qu'une traduction en langue française est produite en France. En effet, aux considérations qui viennent d'être déduites de la loi naturelle se joint ici l'intérêt national de la France qui n'a qu'à gagner à cette publication sous le rapport de la civilisation et du progrès. Et, lors même qu'il serait démontré que cette publication peut nuire à l'original, une raison mercantile ne pourrait prévaloir contre des considérations morales aussi puissantes.

Concluons de cette démonstration qu'un ouvrage du domaine privé n'est privilégié que dans l'idiome de sa publication originale en France, et conséquemment qu'il est permis de publier en France une traduction dans toute langue étrangère.

32. Que décider du cas de transposition ou d'arrangement d'un motif, d'une fantaisie ou de tout autre morceau de musique pour un autre instrument ou une autre voix? C'est là une sorte de traduction, mais différente de la précédente. Il faut décider, en principe, que le privilégié a seul le droit de publier une semblable traduction; en effet, le public ne peut ici invoquer en sa faveur les mêmes raisons que pour le cas de traduction d'un livre; car la musique est une langue qui parle également à tous les peuples; elle n'a pas, comme la littérature, un idiome national; la civilisation n'avancera pas plus lorsqu'une composition pour harpe sera transposée pour le violon, et le compositeur a beaucoup à perdre à cette transposition.

33. Une autre espèce de traduction, qui peut se présenter fréquemment dans la pratique, consiste à reproduire les ouvrages de peinture ou de l'un des arts délinéatoires par un moyen de l'art plastique, ou réciproquement à reproduire les ouvrages de sculpture ou de l'un des arts plastiques par un moyen de l'art délinéatoire. J'ai déjà préjugé cette question; je décide, en principe, que l'auteur d'un objet d'art en tout genre a le privilége de la reproduction de sa pensée, sans distinguer si les procédés employés pour cette reproduction appartiennent à un art analogue ou différent, ni si la matière employée est la même. Je vois une contrefaçon aussi bien dans l'action de copier une gravure par la sculpture qu'une gravure par la peinture ou la litho-

graphie; aussi bien à copier une sculpture par la gravure ou la peinture, qu'une sculpture par la moulure, la fonte ou la ciselure. Où est, en effet, la différence entre un tableau sur bois peint à l'huile et un tableau sculpté et colorié ou recouvert d'un mastic colorié? Nous y trouvons le concours de l'exécution et de l'intention, concours qui fait naître la possibilité d'un préjudice pécuniaire pour le privilégié, puisqu'il est ainsi exposé à un débit plus restreint et que son ouvrage perd le mérite de la nouveauté; ce sont bien là les éléments constitutifs du délit de contrefaçon. La loi protége la pensée et non le procédé : pourquoi donc la détourner de son véritable sens, pourquoi en fausser l'esprit? Quand le législateur a voulu protéger un procédé, il s'en est expliqué: c'est ce qu'il a fait dans les diverses lois sur les brevets d'invention. Ajoutons qu'il en est des arts comme de la musique, ils parlent le même langage à tous les yeux et à tous les peuples civilisés, et l'on ne peut pas dire ici que le résultat ci-dessus mette des entraves à l'exercice du droit de jouissance intellectuelle.

Cependant, on conçoit que les emprunts faits par les arts industriels aux beaux-arts seront moins dommageables et conséquemment plus tolérables que les emprunts faits par les beaux-arts l'un à l'autre; et, réciproquement, que les emprunts faits par les beaux-arts aux arts industriels seront moins dommageables, et conséquemment plus tolérables que les emprunts faits par les arts industriels l'un à l'autre.

Si quelqu'un était tenté de croire que les objets d'art délinéatoire peuvent être reproduits sans contrefaçon par un moyen de l'art plastique et réciproquement, il ne pourrait du moins méconnaître que ce fait tombe sous l'application de l'art. 1382 du Code civil.

34. Nous savons qu'il y a exception au privilége en faveur de la reproduction qui se borne à une jouissance purement intellectuelle; or, celui-là n'est pas contre-facteur qui, pour son instruction ou son plaisir, ou pour l'instruction ou le plaisir d'autrui, et sans aucun mélange d'intérêt pécuniaire, dessine ou copie un ouvrage quel-conque, ou bien fabrique un instrument pour faire une expérience : il est dans la mesure de la jouissance intel-lectuelle tant qu'il ne se propose qu'un sujet d'étude ou d'agrément.

Mais c'est sortir de cette limite que de reproduire pour son usage, car on porte préjudice au propriétaire en évitant d'acheter l'ouvrage légitime. Aussi, en sui-vant logiquement ce principe, on arrive à décider que le professeur, qui copie ou dessine un ouvrage pour l'instruction de ses élèves, commet le délit de contre-façon ; car il reçoit un salaire de ses élèves, il suscite au privilégié le danger d'un préjudice pécuniaire, et même il réalise ce préjudice en dispensant ses élèves d'ache-ter l'ouvrage légitime; il y a là un mélange du délit de contrefaçon et du délit de débit. Assurément, il doit y avoir une certaine latitude dans les modes de communi-cation intellectuelle entre le professeur et ses élèves, ainsi il peut leur faire des dictées, mais il y a une juste mesure à cette latitude.

35. Nous avons vu qu'à la bonne foi près les recé-leurs, vendeurs et exposants de produits illégitimes d'industrie, et les introducteurs sont assimilés complé-tement aux contrefacteurs par les articles 40, 41 et sui-vants de la loi de 1844; et il n'y a pas à distinguer si l'introducteur s'est procuré ces objets pour son usage ou par spéculation, si le recel porte sur une fabrication française ou étrangère (n°. 15 et 16).

Je crois qu'en principe le mot *recélé* de l'art. 41 est applicable à tous ceux qui auront reçu sciemment des produits de contrefaçon à titre d'achat, d'échange, de don, de louage, de dépôt, de commodat, de dation en paiement, ou même à titre de gage. Cette règle n'est pas trop rigoureuse, puisqu'il s'agit ici d'atteindre la mauvaise foi.

Quant aux ouvrages de littérature, de science ou d'art, tous les textes gardant le silence, il ne peut y avoir délit de recel ; mais l'introduction sur le territoire français d'ouvrages qui, après avoir été imprimés en France, ont été réimprimés en pays étranger, est un délit qualifié par l'art. 426 du Code pénal.

36. Il ne serait pas exact de dire que la reproduction d'un ouvrage français faite en pays étranger est illégitime, puisque la première publication a nécessairement fait tomber cet ouvrage dans le domaine commun à tous dont il n'est retiré que momentanément par la loi française, et que la force de cette loi est limitée par la frontière. Aussi il n'a fallu rien moins qu'une disposition législative spéciale pour incriminer l'introduction en France des produits imprimés et des produits industriels fabriqués en pays étranger. Le reproducteur ne pourra donc pas être poursuivi en France, à moins qu'il ne soit Français ; car l'homme doit en tout pays respecter les lois de sa patrie, c'est là un principe de tous les temps qu'on ne saurait méconnaître lors même que l'art. 7 du Code d'instr. crimin. ne l'aurait pas consacré expressément.

37. On remarque à regret combien la législation est défectueuse en ce qui concerne les étrangers : aucun texte de loi ne prohibant l'introduction ni le débit en France d'ouvrages d'art reproduits à l'étranger, il y a

seulement lieu d'intenter l'action civile ordinaire en dommages-intérêts, conformément à l'art. 1382 du Code civil. Ce manque d'uniformité qui se fait sentir à chaque pas appelle nécessairement une refonte générale de la législation sur les droits d'auteur.

SECTION TROISIÈME.

Débit de contrefaçon : principes et applications.

38. Le préjudice pécuniaire se réalise, ou, ce qui est la même chose, le délit de débit de contrefaçon s'accomplit lorsqu'il y a débit réel de l'ouvrage illégitime qui emporte nécessairement l'intention d'en retirer un profit pécuniaire.

Il se réalise encore par cela seul que le détenteur s'est procuré l'ouvrage illégitime avec l'intention d'en retirer un profit pécuniaire, et qu'il l'a introduit chez lui.

Pour les produits industriels il faut, en outre, qu'il ait agi sciemment.

39. Comment constater l'intention? Je pense que c'est au privilégié à en faire la preuve. Cette différence avec le cas où il s'agit d'apprécier l'intention du reproducteur s'explique par la raison que la détention d'un objet est un fait négatif, qui, par sa nature, n'annonce aucune idée intentionnelle, puisque le détenteur joue un rôle passif tant qu'il ne dispose pas de cet objet, tandis qu'au contraire le reproducteur joue un rôle actif en commettant l'action de fabrication. Si, d'ailleurs, la loi civile présumait l'intention de retirer un profit pécuniaire, elle irait contre la règle de loi naturelle qui garantit à chacun le droit de jouissance intellectuelle, et par conséquent les moyens propres à l'exercice de ce droit; or, quel est celui qui, voyant un jurisconsulte

acheter un livre produit de contrefaçon, oserait soutenir sérieusement que c'est pour le revendre? Concluons
qu'en l'absence de texte une telle présomption est repoussée par les règles de la logique et de l'interprétation
des lois (n⁰ˢ. 19 et 20).

Mais, par les raisons déduites précédemment, je pense
que, toutes les fois que le détenteur joue un rôle actif,
tel est, par exemple, un débitant, il y a présomption
légale, sauf la preuve contraire, que son but, en se procurant l'ouvrage, a été d'en retirer un profit pécuniaire;
il y a dès lors délit de débit sans qu'il soit besoin de
prouver aucun acte de débit effectif, parce qu'un débitant, par cela seul qu'une marchandise est entrée dans
son magasin, en fait un débit permanent. On trouve
l'application de cette doctrine dans l'article 41 de la loi
du 5 juillet 1844 qui voit un délit dans le fait d'avoir
exposé en vente des objets produits de contrefaçon (n⁰.15).

40. Le cas le plus sensible et le plus fréquent du délit de débit est dans le fait matériel de la vente de l'ouvrage illégitime.

Il y a aussi délit de débit dans le fait du louage d'un
ouvrage illégitime, car ce fait cause un préjudice pécuniaire au privilégié : cela ne peut faire le moindre
doute.

Je dis plus, car ce moyen est le plus nuisible au
débit de l'ouvrage légitime, c'est que celui qui tient
un cabinet de lecture ou qui loue habituellement des
costumes, etc., commet ce délit par cela seul qu'il introduit avec intention l'ouvrage illégitime dans son cabinet ou dans son magasin, parce qu'il y a là un commerce permanent, des actes successifs; l'article 632 du
Code de commerce mène nécessairement à cette solution.

Le fait d'échange, de dation en paiement, de prêt à usage, ou de donation constitue aussi le délit de débit.

41. Nous avons vu que la jouissance intellectuelle ne va pas jusqu'à pouvoir reproduire pour son usage un ouvrage privilégié. Je pense qu'il faut décider autrement lorsqu'un individu fait usage d'un produit de contrefaçon qu'il a acheté ou pris à loyer ; ce fait n'est pas caractérisé par la loi pour les œuvres de littérature, de science ou d'art ; il y a bien délit de débit, mais du côté du vendeur ou du locateur seulement. Le privilégié n'a que l'action civile ordinaire en dommages-intérêts contre l'acheteur ou le locataire. Quant aux produits d'industrie, il y a délit de recel, si l'acheteur ou le locataire a agi sciemment, d'après le principe exposé plus haut (n° 16).

42. Que faut-il décider lorsqu'il y a débit en France d'ouvrages fabriqués légitimement en France, exportés en pays étranger et rentrés en France ? Qu'il n'y a pas délit de débit, car il n'y a jamais eu contrefaçon, jamais possibilité de préjudice pécuniaire ; et conséquemment aucun préjudice réel ne peut advenir.

43. Nous avons vu que, pour qu'il y ait débit de contrefaçon, il faut l'existence d'un corps matériel de contrefaçon : les mots seuls l'indiquent. Nous trouvons cependant une exception dans la loi : en effet, un délit analogue à celui de débit résulte de l'action de représenter ou faire représenter sur un théâtre public un ouvrage dramatique de quelque genre que ce soit, car c'est là un droit qui appartient exclusivement à l'auteur; et ce droit ne lui reste pas moins après qu'il a cédé à autrui celui de vendre l'ouvrage imprimé, par la raison que ces deux droits sont tout-à-fait distincts, ainsi que cela résulte clairement de la combinaison des deux lois de 1791, du

décret de 1793, de la loi du 3 août 1844, et de l'art. 428 du Code pénal.

Le mot *représenter* signifie tout moyen par lequel on reproduit un ouvrage sur un théâtre public, sans qu'il en reste de trace matérielle.

Un théâtre est public toutes les fois que chacun a le droit acquis d'y entrer à volonté, soit gratuitement, soit en payant : tout autre théâtre est privé.

Par ouvrage dramatique il faut entendre tout ouvrage représentant une action, soit tragique, soit comique, soit mixte, et destiné à être mis en scène ; ce qui comprend non-seulement une tragédie, un drame, une comédie, un vaudeville, et toutes autres pièces où la parole joue le principal rôle, mais encore les compositions musicales quand elles sont accompagnées de paroles et de jeu scénique, et les pièces mêlées de paroles et de jeu mimique ou de jeu mécanique.

Les directeurs de théâtres des départements commettraient également ce délit en faisant représenter un ouvrage sans le consentement de l'auteur, ainsi que cela résulte implicitement de l'abrogation de la loi du 30 août 1792.

44. L'exécution publique d'un air, romance ou morceau de musique, qui ne forme pas une partition dramatique entière, constitue-t-elle un délit analogue au débit de contrefaçon ?

La raison de douter sur ce point peut se tirer de l'arrêté ministériel du 25 avril 1807, qui a fixé les répertoires des différents théâtres de Paris et des départements, en assignant à chacun le genre de pièces qu'il pourrait jouer exclusivement, et en lui faisant sa part dans les différents genres de **composition musicale. On** pourrait induire de cette attribution respective que cha-

que genre de théâtre a un droit exclusif acquis à l'exécution d'un morceau de musique du genre qui lui a été
assigné, par cela seul que ce morceau est mis au jour,
qu'il peut le transporter sur la scène, le mêler dans une
pièce sans consulter le compositeur; mais tel n'est pas
le sens de ce réglement, même pris à la lettre; ce qu'il
veut, c'est que tel air ne puisse être exécuté que sur tel
théâtre, et encore il faut que le compositeur y consente :
sans aller jusqu'à faire jouer ses airs malgré lui, ce réglement lui cause déjà un assez notable préjudice en restreignant considérablement son débit.

45. Si donc un théâtre public exécutait un morceau
de musique sans le consentement du privilégié, il y aurait lieu de distinguer entre un morceau faisant partie
d'une pièce dramatique et un morceau qui n'en fait pas
partie; au premier cas, le théâtre commettrait un délit
analogue au débit, conformément aux quatre lois pré-
citées combinées avec l'art. 428 du Code pénal; au second cas, il y aurait un fait répréhensible donnant lieu à
l'action civile ordinaire en dommages-intérêts, mais le
délit de débit n'existerait pas, parce que, d'une part, il
n'y aurait pas corps matériel de contrefaçon préalable,
et, d'une autre part, la prévision exceptionnelle des lois
de 1791 ne peut être étendue à la musique non dramatique.

Lorsqu'un morceau de musique, air ou romance, isolé
ou emprunté à une pièce dramatique, est exécuté, dans
un but d'intérêt pécuniaire, ailleurs que sur un théâtre
public, il y a également lieu dans tous les cas d'appliquer l'art. 1382 du Code civil, parce que la disposition
exceptionnelle des lois de 1791 ne s'applique qu'à l'exécution sur un théâtre public.

46. L'arrêté ministériel de 1807 renferme une dis-

position ainsi conçue : « Aucun des airs, romances et
» morceaux de musique qui auront été exécutés sur les
» théâtres de l'Opéra et de l'Opéra-Comique, ne pourra,
» sans l'autorisation des auteurs ou propriétaires, être
» transporté sur un autre théâtre de la capitale, même
» avec des modifications dans les accompagnements, que
» cinq ans après la première représentation de l'ouvrage
» dont ces morceaux font partie. » De sorte que, cinq
ans après sa première exécution sur les théâtres de l'O-
péra ou de l'Opéra-Comique de la capitale, un air, une
romance ou un morceau de musique pourra être exécuté
sur un autre théâtre de la capitale.

On pourrait voir dans cette disposition un excès de
pouvoir, une tentative de violation du droit commun
sur le privilége des œuvres dramatiques ; ce serait se
tromper, car cet arrêté ministériel a été approuvé formellement, pour être exécuté dans toutes ses dispositions, par l'art. 6 du décret impérial du 19 juillet 1807.

Du reste, cette disposition doit, comme toute exception, être interprétée *stricto sensu*, et il ne faut en étendre l'application ni à l'ouvrage entier, ni aux théâtres
des départements. On est même tenté, à cause de son
origine, de dire qu'elle n'a pas dérogé au droit commun quant au privilége en lui-même, qu'elle s'en est
au contraire un peu rapprochée, en permettant à tous
les théâtres de la capitale de jouer, après cinq ans et
moyennant rétribution, des morceaux de musique faisant partie de pièces dévolues exclusivement aux répertoires de l'Opéra et de l'Opéra-Comique; mais, ce
qui me décide à rejeter cette opinion, c'est qu'elle serait impraticable à cause de l'excessive difficulté, pour
ne pas dire l'impossibilité, de déterminer la rétribution qui serait due aux compositeurs.

47. Les représentations gratuites, données dans les salles de théâtre ou en plein air, dans les fêtes publiques, ne peuvent avoir lieu sans le consentement de l'auteur, et qu'à la charge d'une rétribution, toutes les fois qu'il y a une gratification venant d'une source quelconque, sinon il y a délit analogue au débit de contrefaçon.

Il en est autrement lorsque ces spectacles, gratuits pour les spectateurs, sont aussi gratuits pour les entrepreneurs. Où est, en effet, le préjudice causé à l'auteur? Les représentants ne composent plus ici la troupe de l'être moral appelé théâtre, ce sont des individus procurant à d'autres individus une satisfaction intellectuelle, sans en retirer pour eux aucun profit pécuniaire (n° 50).

48. Par application des mêmes principes, nous devons décider que la communication orale ou visuelle, donnée sur un théâtre public, de tout ou de partie d'un ouvrage, soit de littérature non dramatique, soit de science, soit d'art, ne constitue pas un délit analogue au débit; ce fait produit seulement une action civile en dommages-intérêts. Cela ressort clairement de la loi de 1791 et du décret de 1806, art. 12, qui ne s'occupent que des œuvres dramatiques, et qui, étant des dispositions exceptionnelles, ne peuvent être étendues.

49. De même, toutes les fois que sur un théâtre privé, ou partout ailleurs que sur un théâtre public, il est donné communication à une ou plusieurs personnes, moyennant rétribution, soit par la lecture, soit par la perspective, soit par un autre moyen qui ne laisse pas de trace matérielle, de tout ou de partie d'un ouvrage de littérature, de science ou d'art, il y a non pas un délit analogue au débit, mais un fait dommageable pour le privilégié, et donnant lieu à l'action civile ordinaire en

dommages-intérêts. En effet, le débit consiste dans l'écoulement matériel d'un produit illégitime, et la disposition exceptionnelle applicable à la représentation dramatique publique ne peut être étendue. Il faut donc se défier de la similitude apparente qui existe entre le cas de lecture et le cas de louage d'un livre : elle est la même que celle qui distingue la réalité de la fiction.

50. Mais il n'y a aucune contravention à représenter une œuvre dramatique, à lire un ouvrage, à exécuter un morceau de musique, à faire voir un objet d'art ou à en user, soit pour son plaisir ou son instruction, soit pour le plaisir ou l'instruction d'autrui : il y a seulement jouissance intellectuelle tant qu'il ne s'y mêle aucune vue d'intérêt pécuniaire (n° 47).

51. La reproduction pouvant se dissimuler sous une multitude infinie de formes et de nuances diverses, le législateur ne pouvait les prévoir toutes ; il s'est contenté de tracer des règles générales, en laissant aux tribunaux l'appréciation des faits et des circonstances, et la faculté de se faire aider par les gens de l'art. Les magistrats puiseront en général la raison de décider qu'il y a contrefaçon dans l'uniformité du style qui existera entre l'original et la copie, dans la reproduction des mêmes erreurs de citation ou de typographie, ou dans la similitude de la pagination, de la classification des matières, des exemples, des expressions, des périodes et des phrases. Ils n'oublieront pas toutefois que certains sujets ne peuvent être traités par deux personnes différentes, sans amener, à un certain degré, une ressemblance inévitable, soit à cause de leur nature, comme les traductions, soit à cause des sources communes où l'on a eu besoin de puiser, comme les compilations et les tables chronologiques ou historiques. Et même, après

avoir reconnu qu'il y a reproduction, les magistrats ne doivent jamais perdre de vue que la possibilité d'un préjudice pécuniaire est la raison *sine qua non* de l'existence du délit de contrefaçon (n° **21**).

CHAPITRE II.

—

OBJET DU PRIVILÉGE.

SECTION PREMIÈRE.

Règles communes aux ouvrages de littérature, de science, d'art et d'industrie.

52. Nous avons reconnu que tout producteur d'une pensée a droit à une récompense proportionnée au service qu'il rend à la société, quel que soit le peu d'importance ou d'étendue de son ouvrage. Celui qui consacre ses veilles aux pénibles travaux fabriles n'est pas moins recommandable que l'homme qui, doué d'une organisation plus hardie, et souvent né dans une condition plus aisée, applique son intelligence à des expériences scientifiques ou mécaniques; et l'œuvre qui sort du labeur de l'un ou de l'autre a droit à la même protection devant la justice, dont la balance est égale pour tous. D'ailleurs, l'encouragement est la mère du progrès. C'est au public, qui ne se trompe jamais avec le temps, à discerner le bon d'avec le mauvais, l'utile de l'inutile, et à récompenser dignement l'auteur ou l'inventeur : vouloir juger sainement dès sa naissance du mérite ou de l'importance d'un ouvrage est le plus souvent chose impossible.

C'est donc équitablement que la loi civile étend la même égide sur toutes les œuvres de l'intelligence. D'abord ce principe a été consacré formellement par la loi du 19 juillet 1793, qui reconnaît aux auteurs d'écrits en tout genre, compositeurs de musique, peintres, dessinateurs et aux auteurs de toute autre production de l'esprit ou du génie, qui appartient aux beaux-arts, le droit exclusif de reproduire, vendre, faire vendre et distribuer leurs ouvrages et d'en céder la propriété.

Cette disposition générale suffirait, à défaut de dispositions spéciales, pour protéger tous les ouvrages de l'intelligence, c'est-à-dire de l'esprit ou du génie, autres que les ouvrages industriels.

53. Par *écrits en tout genre* il faut entendre tous écrits qui supposent un travail quelconque de l'intelligence, une création quelconque.

Si la généralité des termes de la loi ne nous dispensait pas de recourir à une distinction, on pourrait, je crois, dire qu'une production du génie est celle dont l'idée, fruit de l'imagination, est entièrement neuve, et suppose la spontanéité; qu'une production de l'esprit est celle qui n'a de neuf que la forme, et qui a exigé dans sa manifestation externe le discernement du goût, l'application du tact et le choix de la science.

Il y a alliance de ces deux productions toutes les fois qu'un ouvrage est le produit de conceptions étrangères et de conceptions propres à l'auteur, qui, par leur combinaison, a ainsi composé un ouvrage d'un caractère nouveau, d'une forme nouvelle.

54. La loi du 5 juillet 1844 accorde également un

privilége aux auteurs de toute découverte ou nouvelle invention dans tous les genres d'industrie, sans en considérer nullement l'importance ou l'étendue.

Il n'y a d'excepté de ce principe protecteur de *toutes les productions de l'intelligence* que celles dont la jouissance est complétement tombée dans le domaine public.

Ouvrages de littérature, de science et d'art pouvant faire l'objet d'un privilége.

55. L'objet du privilége qui se présente le plus clairement à nous est un ouvrage entièrement nouveau, sans précédent pareil et n'ayant aucune similitude avec un autre ouvrage ; tel est ordinairement un poème, une tragédie, un drame ; tel est le plus souvent une statue, un tableau historique.

La loi protégeant les écrits en tout genre, une compilation ou un abrégé est un objet de privilége, quand il forme un ouvrage ayant un caractère différent de l'ouvrage original, car le compilateur ou l'abréviateur a appliqué son intelligence à sa composition ; il y a par conséquent contrefaçon à le reproduire. Il est clair que chacun peut à son tour abréger ou compiler le même original ; qu'un extrait identique ne pourra jamais être un ouvrage nouveau.

56. De même, les notes, additions, corrections et commentaires sont des objets de privilége, qu'ils soient faits sur un ouvrage privilégié ou non privilégié. Il ne faudrait pas croire que ce sont des accessoires de l'ouvrage principal dont ils suivraient conséquemment le sort ; ce sont des productions de l'intelligence, des

ouvrages particuliers et nouveaux; quelle que soit leur médiocrité, le public seul peut en faire justice. Si donc ces notes, additions, corrections ou commentaires sont attachés à un ouvrage non privilégié, par intercalation ou en marge, ou s'ils sont séparés d'un ouvrage privilégié, celui qui reproduira cet ouvrage devra l'isoler de ces augmentations à peine d'être traité comme contrefacteur.

Tous travaux d'ordre et de classification sont en général des objets de privilége dont la reproduction est une contrefaçon.

57. Y a-t-il délit de contrefaçon à publier une production de l'intelligence qui a été émise oralement mais n'a pas encore été écrite?

La raison de douter vient de la rédaction de l'article 1er du décret de 1793, qui parle d'auteurs d'*écrits* en tout genre; donc, dit-on, la production qui n'est pas écrite tombe dans le domaine public. Et, en suivant logiquement cette interprétation judaïque, on arrive à dire, par cela seul qu'une leçon ou un discours a été prononcé sans avoir été écrit d'avance, qu'il n'appartient plus à son auteur; on ne laisse pas même à celui-ci un délai moral pour fixer sa pensée sur le papier. Bien plus on étend cette interprétation à l'improvisation; et ainsi de conséquence en conséquence on arrive à l'absurde.

Or, qui ne voit que cette interprétation est repoussée autant par la raison et l'équité que par les autres dispositions de la loi elle-même et par le rapport qui a précédé cette loi. Si le législateur avait eu l'intention d'établir une distinction entre les ouvrages écrits et les ouvrages non écrits, il l'aurait laissée percer plus ou moins clairement, soit dans le rapport, soit dans les travaux préparatoires; et on n'en trouve aucune trace.

Si l'art. 1ᵉʳ prononce le mot *écrits*, c'est que l'attention du législateur s'est arrêtée sur ce qui arrive le plus souvent, qu'un auteur fixe ses idées sur le papier avant de les mettre au jour. Mais le législateur n'a pas pensé, il n'a pas pu penser que celui qui consacre ses veilles à préparer une leçon pour l'instruction de ses élèves, n'a pas sur sa pensée un droit aussi étendu et aussi légitime que l'auteur de l'ouvrage le plus médiocre qui l'a fait imprimer précipitamment, parce que la nature de ses fonctions ne l'en a pas empêché. La responsabilité de ce professeur est-elle donc moins engagée que celle de ce médiocre écrivain?

Il comprenait, ce législateur, que tout travailleur a droit à un salaire proportionné au service qu'il rend, et que le défaut de récompense n'est propre qu'à tarir la source du travail et du progrès. En effet, un auteur qui verra son droit méconnu, loin de s'empresser de revoir son ouvrage, d'y apporter les modifications qu'il croit utiles, le laissera imparfait. Et, d'ailleurs, puisque cet ouvrage appartient entièrement au public, qu'il peut être changé, défiguré par tout individu, l'auteur n'a plus qu'à le désavouer. Et, cependant, nous avons vu, dans l'exposé de la théorie de la matière, que la nécessité morale de laisser à un auteur les moyens de veiller sur son ouvrage, de modifier sa pensée, est une des raisons qui militent le plus fortement en faveur du privilége temporaire.

Le véritable esprit de la loi de 1793 se manifeste dans ses autres dispositions qui autorisent la confiscation de tous exemplaires imprimés ou gravés sans la permission formelle et par écrit des auteurs, et qui exi-

gent que ceux-ci déposent deux exemplaires à la bibliothèque ou au cabinet national des estampes, pour
pouvoir poursuivre en justice les contrefacteurs. Ces
dispositions n'ont pas d'autre but que d'accroître les
richesses de ces deux trésors publics et peut-être aussi
d'établir une police indirecte sur la librairie; mais il n'a
pu entrer dans la pensée du législateur d'obliger un
auteur à faire imprimer son œuvre uniquement pour
remplir ce double but.

Le manuscrit d'un discours est un écrit, et, lors même
que le dépôt n'en a pas été fait, personne ne nie que la
contrefaçon en puisse être poursuivie. Alors je ne vois
plus la moindre raison de décider autrement lorsqu'il
n'y a d'écrit d'aucune espèce. Pourquoi favoriser celui
qui confie sa pensée au papier, plus que celui qui confie sa pensée à sa mémoire, sans en gratifier le public?

On peut encore argumenter de la généralité des
termes de l'art. 7 de la loi de 1793.

Enfin, les arrêts de réglement de 1777, analysés
précédemment, ne faisaient aucune distinction semblable
à celle que l'on veut trouver dans cette loi : comment
comprendre que le législateur moderne ait fait un pas
en arrière?

58. Je crois donc fermement que les ouvrages de l'intelligence médités ou improvisés, dramatiques ou non,
qui ont été édités oralement mais non écrits, sont privilégiés aussi bien que ceux qui sont écrits, et que leur
reproduction constitue le délit de contrefaçon.

Je le décide ainsi pour toute espèce d'ouvrages, même
pour ceux qui ont un caractère public, tels que les leçons des professeurs des facultés et autres salariés par
l'Etat, les sermons des prédicateurs, les mandements des

évêques, les discours composés et prononcés par ordre de
l'autorité publique ; et j'invoque, à l'appui de mon opinion, outre les motifs qui viennent d'être déduits, la loi
du 10 fructidor an IV, d'après laquelle les auteurs d'ouvrages adoptés comme livres élémentaires et récompensés par la nation sont maintenus dans le droit exclusif
de les faire imprimer, vendre et distribuer. Il me semble
qu'il y a quelque analogie entre un ouvrage récompensé
dans un concours et une leçon prononcée par un professeur ; je crois même celui-ci plus favorable que le premier qui a, en quelque sorte, reçu une satisfaction complète dans la récompense nationale, tandis que le salaire
payé au professeur n'est que la récompense promise à sa
parole, à son enseignement, lui qui ne doit à ses élèves
le tribut de ses méditations et de ses recherches que pour
leur instruction personnelle et à titre de jouissance intellectuelle.

Ajoutons que, les ouvrages qui ont un caractère public formant le plus souvent des articles isolés, c'est surtout à leur égard que la liberté des citations a une grande
latitude, notamment quand ces citations sont faites dans
des ouvrages qui ont pour objet la réfutation, la critique,
l'histoire ou l'enseignement. Il ne faut pas cependant que
cette liberté dégénère en abus, ni qu'un ouvrage critique devienne un recueil.

59. On a élevé quelque doute en ce qui concerne les
opinions et discours émis dans les deux chambres législatives.

Il est vrai que les membres de ces chambres ne sont
pas salariés, mais ils trouvent la récompense de la charge
qu'ils remplissent dans l'honneur qui en rejaillit sur eux,
la reconnaissance de leurs concitoyens et la conscience
d'avoir bien mérité du pays. D'ailleurs, en échangeant

le caractère d'homme public contre celui d'homme privé, chaque représentant a accepté les conditions de son mandat ; il a promis de consacrer sa pensée et sa parole au service public, sans aucune spéculation, sans aucun mélange d'intérêt pécuniaire. L'irresponsabilité le protége ; elle a été consacrée, comme une conséquence du besoin de l'indépendance des pouvoirs politiques, par une disposition spéciale de la loi du 17 mai 1819. Il ne peut pas plus avoir la prétention de modifier ses opinions, car il les a manifestées pour le service de tous, afin d'éclairer les difficultés et les débats du moment ; elles ont exercé une certaine influence sur les votes, et elles doivent rester inaltérables comme des interprètes et des témoins authentiques et irrécusables des faits accomplis.

En outre, le public a le droit incontestable de demander à ses mandataires un compte que la liberté de la presse peut seule suffire à rendre, en présence de l'impossibilité où sont tous les mandants d'assister aux séances des chambres. Les feuilles périodiques sont devenues les organes naturels et indispensables de ce compte entre les mandants et les mandataires

Ainsi, les discours prononcés dans le sein des chambres législatives sont, dès leur naissance, acquis à la nation par la force de leur destination. Un savant et consciencieux auteur contemporain a dit avec sa justesse accoutumée : « La tribune nationale et toutes les paroles » qui en tombent appartiennent au public ; c'est l'arbre » politique de la science du bien et du mal dont notre » Constitution veut que chacun puisse librement cueillir » les fruits. » Mais il ne faudrait pas abuser de cette vérité en en tirant une conséquence qui allât jusqu'à l'iniquité, ce qui aurait lieu si l'on méconnaissait aux orateurs politiques le droit exclusif de reproduire la collection de leurs discours.

La libre publication n'en est donc permise qu'à la presse périodique, et, en outre, quand cette publication se confond dans celle des actes législatifs et dans les recueils et compilations de lois que chacun peut faire imprimer avec toute liberté.

60. Il est loisible à toute personne de publier librement une collection des discours, rapports et autres travaux soit de la Chambre des Députés, soit de la Chambre des Pairs, soit de l'une des chambres législatives précédentes.

Chacun a aussi le droit de publier avec une entière liberté les discours prononcés par le roi, ceux tenus dans le conseil des ministres ou dans le sein du conseil d'Etat, les discours de cérémonie prononcés devant le roi et les adresses qui lui sont remises. Ces divers actes ayant un caractère public dans toute la force de l'acception, tombent immédiatement dans le domaine de tous.

61. Les actes officiels émanés de l'autorité publique ne sont pas susceptibles de privilège. Rendons-nous compte des motifs qui justifient cette exception, afin de nous aider dans la solution de quelques difficultés qui pourront se présenter.

Quatre considérations majeures ont décidé le législateur à conférer un privilège aux auteurs de productions de l'intelligence : la responsabilité et la réputation de 'auteur, la nécessité de pouvoir améliorer son œuvre, et son droit à une récompense. Nous allons voir qu'en général aucune de ces considérations n'existe dans la création des actes officiels émanant des pouvoirs publics. D'abord l'irresponsabilité est certaine, car les auteurs de ces actes officiels agissent, non pas à titre singulier, mais comme agents du gouvernement, comme fonctionnaires revêtus d'une partie de l'autorité publique, et leur réputation se trouve ainsi hors de cause. Ensuite les actes officiels sont des faits accomplis qui ne peuvent être modifiés ; les changements qu'on y fait sont de nouveaux actes distincts des précédents, et qui émanent des mêmes pouvoirs publics, quoique les membres puissent être différents. Enfin, en général, chaque agent des pouvoirs publics, depuis le chef jusqu'au plus infime, est salarié par le gouvernement; il consacre son temps à la chose publique sans aucune spéculation sur le produit de son travail, lors même que par exception il ne reçoit pas de salaire.

Ainsi, il n'y a pas délit de contrefaçon à publier, soit isolément, soit par collections, les lois, les ordonnances royales, les avis du conseil d'Etat, les rapports au roi, les circulaires, les arrêtés ministériels, de préfecture ou de conseils municipaux, et tous autres réglements d'administration. Ces divers actes, naissant pour le service du public, tombent nécessairement dans son domaine; obligatoires pour tous, présumés connus de tous, la rapidité et la multiplicité des moyens reproductifs sont de leur essence.

Cette publication a lieu par les voies de l'impression et de la vente avec une liberté qui n'a d'autre limite que l'obligation d'attendre l'insertion au bulletin officiel, conformément au décret du 6 juillet 1810 ; car ce décret n'a pas été rapporté, et je ne pense pas qu'il ait été abrogé par les lois abolitives de la censure : à moins qu'on ne dise qu'il est tombé en désuétude et qu'un usage contraire a prévalu.

62. Peuvent aussi être publiés avec toute liberté les rapports et toutes autres pièces émanant de l'une des deux chambres législatives, et qui ont été imprimés par

son ordre, les pièces et les rapports imprimés par ordre d'une branche quelconque des pouvoirs publics ; enfin, les décisions de la justice civile, criminelle ou administrative.

63. Par exception, il est défendu de faire imprimer et de publier, sans autorisation du gouvernement, les manuscrits des archives du ministère des relations extérieures, et ceux des bibliothèques royales, départementales et communales ou des autres établissements nationaux, soit que ces manuscrits existent dans les dépôts auxquels ils appartiennent, soit qu'ils en aient été soustraits ou que leurs minutes n'y aient pas été déposées. Cette exception résulte du décret du 20 février 1809 qui est toujours en vigueur. Mais, comme ce décret paraît avoir été rendu à l'occasion de circonstances particulières, il est possible qu'aujourd'hui il ne soit pas toujours exécuté ponctuellement.

64. Quant aux mémoires , consultations et plaidoyers des jurisconsultes et des avocats, ils sont des objets de privilége , car l'un et l'autre conservent dans l'exercice de leurs fonctions leur caractère d'homme privé ; l'un et l'autre sont responsables et exercent leur profession avec l'intention et souvent le besoin de retirer le fruit de leurs travaux. Or, en principe, il y a contrefaçon à reproduire ces plaidoyers, mémoires et consultations ; il faut en excepter les reproductions faites dans les feuilles périodiques judiciaires ou même politiques, leur mission étant de tenir le public au courant des débats judiciaires, dont la publicité est essentielle à la bonne distribution de la justice. Les traités de jurisprudence raisonnée ont aussi une grande liberté de citation, mais elle est loin d'être illimitée (n°. 25).

Les magistrats ont le droit exclusif de publier la

collection des discours et réquisitoires par eux prononcés dans l'exercice de leurs fonctions. La libre reproduction n'en est permise qu'à la presse périodique, et aussi aux individus quand elle se confond dans les recueils de jurisprudence ou dans les traités raisonnés (n° 25).

65. Sans aucun doute, tous les articles, quelle qu'en soit la nature, qui sont publiés dans les feuilles et revues périodiques, sont des objets de privilége; et, par conséquent, leur reproduction, soit dans un journal, soit dans un écrit quelconque, constitue le délit de contrefaçon. Voilà le principe; nous allons voir si quelques considérations sont de nature à en restreindre l'étendue.

D'abord, en ce qui est des journaux politiques: organes de tous les éléments sociaux, ayant mission de porter à tous les yeux et à toutes les oreilles les événements de toute espèce qui arrivent dans les cinq parties du monde, il va sans dire que les narrations de faits, les nouvelles et les récits peuvent être reproduits littéralement sans délit de contrefaçon; car les nouvelles appartiennent à tout le monde, elles sont les mêmes pour tout le monde; et, quand une fois elles ont été rapportées exactement, il importe qu'elles ne changent pas de couleur en changeant d'organe.

Ayant tous, plus ou moins officiellement, le devoir et la mission spéciale d'éclairer le public sur les événements politiques et sur les actes de l'autorité publique, en même temps qu'ils sont animés d'un esprit ou d'un intérêt différent, ces journaux trouvent, dans la nécessité d'étayer leur opinion, de se réfuter et de se critiquer réciproquement, le besoin indispensable de reproduire les articles politiques l'un de l'autre; ce qui agrandit considérablement le cercle de la liberté des citations.

Il leur suffirait d'ailleurs de s'appuyer sur la Constitution et sur les lois de la presse pour revendiquer cette liberté, si elle leur était jamais contestée.

A mon avis, il peut y avoir critique sans contrefaçon dans la citation textuelle et isolée que fait un journal politique d'un article total ou partiel d'un autre journal dont il indique le nom sans l'accompagner d'aucune observation ni commentaire, lorsque ces deux feuilles ont une couleur politique différente bien tranchée.

Mais les journaux politiques, qui s'occupent en même temps de sciences et de lettres, n'ont pas une aussi grande latitude légale pour reproduire des articles ou des morceaux littéraires, artistiques ou scientifiques; à moins que ces journaux n'aient pour ces sortes de productions un caractère critique aussi fortement prononcé qu'ils l'ont pour ce qui est du domaine de la politique.

Aussi je reconnais aux revues spéciales de littérature ou de sciences une liberté de citation presque aussi étendue qu'aux journaux politiques: je dis *presque*, parce que ces derniers ont encore une raison de se justifier que n'ont pas les autres feuilles, c'est-à-dire que leur rédaction est nécessairement précipitée, afin de ne pas laisser accumuler des événements qui n'ont souvent d'autre mérite que celui de la nouveauté.

On peut dire, au résumé, qu'il existe une sorte d'attraction, un échange inévitable entre les articles des feuilles périodiques qui ont un caractère critique, de même qu'il s'opère une attraction, un échange inévitable entre les idées des individus. Cela tient à la nature essentiellement agissante de ces feuilles, dont les éléments substantiels sont la discussion, la réfutation, la critique, l'observation des événements et la constatation de la marche gouvernementale et des progrès scientifiques.

La latitude indispensable de ces échanges s'élargit tout naturellement devant la réciprocité ; tellement qu'ils pourront aller quelquefois jusqu'à reproduire un article tout entier, conformément à ce qui a été dit précédemment, qu'un article ou un passage isolé peut être reproduit identiquement dans un ouvrage critique ou de réfutation, car les articles de feuilles périodiques sont le plus souvent des articles isolés (n°. 25).

De là il résulte que les feuilles périodiques entre elles restent soumises au droit commun pour toutce qui n'est pas du domaine de la discussion, de la critique ou de la réfutation.

66. Nous avons vu que les mandements des évêques sont des objets de privilége ; nous pouvons y ajouter tous ouvrages de religion et de piété. Ceux qui les ont composés en acquièrent le privilége comme auteurs et non comme évêques, suivant le droit commun auquel n'a pas dérogé l'art. 5 de la loi organique du concordat du 26 messidor an IX.

67. Mais que faut-il décider lorsque le privilége ordinaire est expiré : les évêques successeurs ou plutôt le siége épiscopal a-t-il le privilége prolongé, ou bien n'a-t-il que l'approbation et la surveillance ? La question s'élève seulement pour les livres d'église, d'heures et de prières, c'est-à-dire ceux qui sont destinés à un usage quotidien. Le décret du 7 germinal au XIII est le texte qui sert aujourd'hui de thème aux deux opinions qui combattent vivement sur cet antique sujet de controverse. Voici en quelques mots les raisons morales et politiques invoquées de part et d'autre.

Il s'agit, disent les évêques, de la conservation des livres de doctrine et d'instruction, du maintien des maximes religieuses et de la pureté des textes qui les contiennent; il s'agit d'étouffer les erreurs à leur naissance et d'en empêcher la circulation. Nous sommes, depuis la fondation de l'église, les dépositaires et les gardiens des vérités qu'elle renferme; nous sommes les juges naturels des atteintes qu'on pourrait tenter contre ces vérités; nous seuls avons la mission de les enseigner aux hommes; enfin, nous sommes successivement responsables des erreurs qui pourraient se répandre sous notre juridiction. Or, comment pourrons-nous remplir la mission qui nous a été confiée, si l'on nous ôte les moyens d'exercer toute surveillance, si nous n'avons pas, avec l'inspection la plus étendue, le droit exclusif d'autoriser l'impression et la réimpression des livres d'église, d'heures et de prières, qui seront publiés dans notre diocèse? Mais qui nierait que nous ayons cette inspection et ce droit exclusif d'autorisation? Ils nous sont accordés par les lois de la raison et de la religion, et confirmés textuellement par le décret du 7 germinal an XIII.

Quel est pour vous l'intérêt de la question, répartissent aux évêques les partisans de l'opinion contraire? Nous ne vous en reconnaissons pas d'autre que celui de conserver l'unité des doctrines religieuses, ce qui revient à conserver la pureté des textes dont vous enseignez les maximes; c'est à cette conservation que se résume toute votre mission; vos autres devoirs n'en sont que des accessoires et des conséquences. Or, pour que votre mission soit remplie et que votre responsabilité soit à couvert, il suffit qu'aucun livre d'église, d'heures et de prières, ne soit imprimé, ni débité, sans être la reproduction exacte de l'ouvrage que vous avez approuvé, dont vous avez autorisé l'usage dans votre diocèse. Chacun agira donc légalement en faisant imprimer et débiter un ouvrage revêtu de votre approbation, pourvu qu'il le fasse fidèlement et qu'il copie votre permission en tête ; que si, au contraire, il enfreint votre prescription, vous le poursuivrez selon le mérite de son **action**, conformément au décret de l'an XIII, dont vous réclamez le bénéfice. En effet : l'art. 1er porte que les livres d'église, les heures et prières ne pourront être imprimés ou réimprimés que d'après la permission donnée par les évêques diocésains, laquelle permission sera textuellement rapportée et imprimée en tête de chaque exemplaire. Mais cet article ne dit pas que la permission sera individuelle, il s'exprime d'une manière générale, et il devait raisonnablement en être ainsi, car une permission individuelle entraînerait de graves inconvénients : elle créerait un monopole d'autant plus onéreux que les livres d'église sont indispensables, et, en en grossissant le prix, elle nuirait en même temps aux véritables intérêts de la religion et à ceux des fidèles ; une libre concurrence, au contraire, en facilitant la propagation des bons livres, sera profitable à l'Eglise et aux fidèles. En vérité votre droit de censure toute spirituelle ne porte légitimement que sur le fond des ouvrages, il ne vous confère aucun privilége ni pour la propriété, ni pour le choix d'un imprimeur, ni pour le choix d'un libraire ; il vous autorise seulement à poursuivre pénalement, en conformité de la loi de 1793, ceux qui auront imprimé un livre non revêtu de votre approbation. C'est bien en ce sens que le décret de l'an XIII a été interprété par un avis du conseil d'État du 15 juin 1809, revêtu de l'approbation du chef du gouvernement, et dans lequel on lit : « Considérant que le décret du 7 germinal an XIII, »en statuant que les livres d'église, d'heures et de » prières ne pourraient être imprimés ou réimprimés »que d'après la permission donnée par les évêques diocésains, n'a point entendu donner aux évêques le » droit d'accorder un privilége exclusif à l'effet d'imprimer ou de réimprimer les livres de cette nature.... »

Il serait étrange que le gouvernement lui-même se fût dépouillé du droit de surveiller les ouvrages religieux, de les faire imprimer ; c'est ce qui ne s'est jamais vu sous aucun gouvernement ancien ; telle serait cependant la conséquence de votre prétention ; certes elle est désavouée autant par la raison que par la loi.

Tout doute serait levé si l'avis du conseil d'État du 15 juin 1809 avait été inséré au Bulletin des lois. Nonobstant cette lacune, les objections faites aux évêques me paraissent péremptoires et décident nettement la question.

Ajoutons que le décret du 7 germinal an XIII n'a été ni abrogé ni modifié par les lois constitutionnelles qui l'ont suivi, et qu'il n'existe aucune contrariété ni incompatibilité entre leurs principes.

68. Le titre d'un ouvrage en est souvent une partie bien importante : il sert à le distinguer d'autres ouvrages ; il le rend populaire ; il en fait quelquefois la fortune ; c'est une production que l'esprit de son auteur enfante souvent bien laborieusement ; par conséquent il forme avec l'ouvrage auquel il est attaché un objet de privilége susceptible de contrefaçon, lorsqu'il est acquis légalement au propriétaire ; par exemple, le titre d'un

journal ou d'un vocabulaire. Cela est évident en présence de la législation qui admet avec raison la contrefaçon partielle. Mais, pour que le délit soit possible, il faut que le titre ait un cachet d'individualité propre, un caractère particulier ; qu'il ne soit pas une expression ou une phrase générique acquise au domaine public, telle que les mots *Revue périodique*, *Journal*, *Collection*, *Gazette*.

. Il peut y avoir usurpation d'un titre de deux manières : d'abord, en se l'appropriant identiquement, ce qui en principe constitue le délit de contrefaçon, ou bien en le reproduisant avec des variantes si peu importantes qu'elles n'écartent pas le danger des méprises, ce qui devient une question d'appréciation plus difficile.

La circonstance que le titre usurpé aurait été attaché par l'usurpateur à un ouvrage d'un contenu différent, n'empêche pas qu'il puisse y avoir contrefaçon.

69. Un nom est une propriété privée. Acquis par la prise de possession, par la naissance, par la reconnaissance, par l'adoption ou par le mariage, il se conserve par la possession et même indépendamment de la possession, car il est imprescriptible ; il peut seulement tomber en oubli, ou disparaître par la volonté du propriétaire approuvée par le gouvernement conformément au décret du 11 germinal an XI.

N'étant pas une production de l'intelligence, il n'est pas par lui seul un objet de contrefaçon, quoique son usurpation soit répréhensible et donne lieu à l'action civile ordinaire en dommages-intérêts, à raison du tort que cause l'attribution d'un ouvrage qui n'est pas de lui au propriétaire de ce nom. Mais l'usurpation du nom d'un auteur, avec adjonction du titre ou de partie d'un ouvrage de cet auteur, devient un élément

6

constitutif de contrefaçon et ajoute à la gravité de l'u-
surpation.

Un nom pseudonyme devient la propriété de celui
qui l'adopte le premier, et il est placé sous la même
protection légale qu'un nom propre, du moins en ce
qui concerne les droits d'auteur.

70. Certains ouvrages, qui par leur nature sont
des objets de privilége, cessent d'avoir cette qualité
par suite de circonstances accidentelles ; telles sont les
œuvres posthumes pour lesquelles les représentants de
l'auteur n'ont pas observé le décret du 1er germinal
an XIII, en les imprimant séparément, sans les joindre
à une nouvelle édition d'ouvrages tombés dans le
domaine public. Je crois que ce décret doit être entendu *lato sensu*, qu'il n'y a pas à distinguer si les
œuvres du domaine public sont du même auteur que
l'œuvre posthume, ou si elles sont d'un autre auteur.
En effet, les raisons de décider sont les mêmes dans l'un
et l'autre cas : la loi veut procurer au public la jouissance facile des ouvrages restés inédits; pour atteindre
ce but, elle encourage les publications posthumes ; mais
elle ne ferait pas assez si elle ne prévenait l'abus qui résulterait de l'adjonction des ouvrages posthumes à des
ouvrages du domaine public ; car cette adjonction établi-
rait une sorte de privilége aux dépens de la société, en
obligeant à acheter la collection entière, ou à renoncer
à la jouissance de l'ouvrage posthume.

Il n'y a donc pas contrefaçon à imprimer un ouvrage
posthume, que les représentants de l'auteur ont eux-
mêmes fait imprimer en le joignant à des œuvres déjà
tombées dans le domaine public.

En présence du silence de l'art. 12 du décret du 8
juin 1806, il faut décider que, le droit de représenta-

tion dramatique étant distinct du droit de publication par l'impression, et ne pouvant d'ailleurs s'exercer que pour chaque œuvre isolée, ce droit ne reste pas moins au propriétaire posthume qui a perdu celui de publication en transgressant la prescription du décret de l'an XIII.

71. Celui qui, Français ou étranger, publie pour la première fois un ouvrage en pays étranger, peut-il encore obtenir un privilége en France?

L'art. 40 du décret du 5 février 1810, contenant réglement sur l'imprimerie et la librairie, accorde un privilége aux auteurs étrangers qui font en France la première publication de leurs ouvrages imprimés ou gravés; ce qu'il faut entendre des écrits et des livres seulement, et non des compositions musicales, comme l'explique un avis du conseil d'état approuvé le 23 août 1811 et inséré au Bulletin des Lois.

La France, pour être initiée la première à la pensée d'un auteur étranger, propose de lui en garantir sur son territoire la jouissance exclusive et temporaire, à la condition qu'à l'expiration de cette jouissance le public en aura la libre disposition. Or, l'étranger qui commence par communiquer sa pensée à une autre nation, ne peut acquérir de privilége en France, car il ne se soumet pas à l'obligation que lui impose la loi française, il ne communique rien à la France; celle-ci n'acquiert rien de lui; elle trouve son ouvrage dans la circulation et elle l'accueille sans devoir aucune rétribution. De là il résulte qu'en principe, les ouvrages étrangers sont du domaine public en France.

Ces diverses raisons étant également applicables aux ouvrages que des auteurs français publient pour la première fois en pays étranger, il est clair que dans cette hypothèse ils ne peuvent plus être en France l'objet d'un privilége.

Cela est d'accord avec la théorie exposée précédemment; et le législateur n'aurait pu légitimement conférer un privilége à raison d'un ouvrage déjà publié en pays étranger. Où eût été l'avantage pour la France, où eût été la réciprocité? La loi française expire à la frontière, sans pouvoir jamais atteindre l'étranger qui reproduit chez lui un ouvrage français, qu'il introduira ensuite en France; et la France accueillerait par un privilége un ouvrage personnel à cet étranger, quoiqu'il ne fût plus nouveau? Un pareil résultat est inadmissible. Aussi, le législateur de 1844, fidèle aux principes, n'a-t-il admis les inventions industrielles étrangères qu'à cette condition de nouveauté; et la loi du 7 janvier 1791 en avait fait une disposition spéciale dans son article 3.

Remarquons que l'art. 40 du décret de 1810, en admettant au privilége les auteurs nationaux et les auteurs étrangers, ne parle pas de l'idiome dans lequel l'ouvrage sera produit aux yeux de la France, et que la loi de 1793 protége les écrits en tout genre : delà, il résulte qu'un Français peut y acquérir un privilége sur un livre écrit en langue italienne, de même qu'un Italien sur un livre écrit en langue française ou italienne.

Ce que nous venons de dire ne me paraît faire aucun doute, lorsque l'ouvrage, d'abord publié en pays étranger, est ensuite publié en France dans sa langue maternelle.

72. Mais que décider lorsqu'un livre écrit en langue étrangère est publié pour la première fois en pays étranger, et qu'ensuite, une traduction en langue française vient à être publiée en France? ou, à l'inverse,

lorsqu'un livre écrit en langue française est publié pour la première fois en pays étranger, et qu'ensuite une traduction en langue étrangère vient à être publiée en France? Je pense que l'auteur de cette traduction acquiert un privilége, sans distinguer si le traducteur est ou non le même que l'auteur de l'ouvrage original qui a déjà été publié en pays étranger. La raison en est sensible, c'est que cette traduction est un ouvrage nouveau, distinct de l'original, une production nouvelle de l'intelligence, et que, conséquemment, l'auteur qui est ici le même que le traducteur, en faisant pour la première fois sa publication en France, accomplit l'obligation imposée par l'art. 40 du décret de 1810.

Cette solution s'applique indistinctement à la traduction d'un ouvrage dont l'original, qui a reçu la première publication en France, y est privilégié ou bien est tombé complétement dans le domaine public.

Au reste, chacun est libre de publier en France une autre traduction, et les ressemblances seront nécessairement nombreuses si les diverses traductions sont bien faites.

73. Celui qui, priviligié en France, publie son ouvrage en pays étranger, n'encourt aucune déchéance; il a satisfait au vœu de la France en lui donnant les prémices de sa pensée; d'ailleurs, les déchéances ne se présument pas, et l'on peut en faveur du privilégié argumenter *a fortiori* de la loi du 5 juillet 1844, d'après laquelle le breveté en France a maintenant la faculté légale de prendre un brevet en pays étranger. Si l'on faisait une nouvelle loi sur les droits d'auteur, une disposition textuelle en ce sens y prendrait nécessairement place.

74. Non-seulement les livres et écrits sont des objets de privilége, mais encore, les tables alphabétiques ou

chronologiques, les tableaux historiques, synoptiques, statistiques et aûtres; quiconque les reproduit est contrefacteur.

Toutes les compositions musicales, quel qu'en soit le genre, l'importance ou l'étendue, sont aussi des objets de privilége, et il y a contrefaçon à les reproduire sous une forme matérielle, parce qu'il y a une production de l'intelligence, un ouvrage d'esprit ou de génie, aussi bien dans un air varié ou dans un morceau détaché que dans une partition tout entière.

75. En outre, toutes les autres œuvres d'art sont des objets de privilége, sans distinction entre les beaux-arts et les arts industriels, entre les arts plastiques et les arts délinéatoires. Tels sont :

Les ouvrages de sculpture qui se divisent en deux branches, l'une qui est la sculpture proprement dite, non destinée à être reproduite, appliquée à des sujets isolés ou à l'ornement de monuments publics ou privés, par exemple à un fronton ; l'autre branche, appliquée à l'industrie et destinée à être reproduite, comprend la fonte, la ciselure et autres;

Les ouvrages de peinture à l'huile isolés ou servant de décoration à un édifice, soit privé, soit public; tels qu'un portrait, une bataille, les peintures des vitraux ou d'un plafond, les décors de théâtre ;

Les ouvrages de dessin obtenus par la gravure, la lithographie, l'aquarelle ou tout autre procédé analogue;

Les cartes géographiques, les planches d'ouvrages scientifiques, les plans et autres.

76. Mais ne sont pas objets d'art, les ouvrages obtenus par des procédés purement mécaniques, tels que le moulage et le daguerréotype qui ne donnent pas des produits de l'intelligence ; leur reproduction ne constitue pas le

délit de contrefaçon, elle donne seulement lieu à l'action civile ordinaire en dommages-intérêts.

77. Les ouvrages d'architecture sont aussi des objets de privilége sous un double point de vue; d'abord sous le rapport de la copie figurative des édifices, soit privés, soit publics, les architectes poursuivront à bon droit les copistes, par exemple, de la façade d'un monument richement exécutée ; ensuite, sous le rapport de l'exécution matérielle, s'ils y ont un intérêt pécuniaire, tel serait l'architecte qui aurait construit au fond d'un jardin une habitation de forme originale dont il ne permettrait la vue qu'à prix d'argent. Ils ont, en outre, le privilége sur leurs plans et dessins.

78. Le privilége peut même s'établir sur une copie, un fac-simile, ou sur le produit de la combinaison de diverses copies, quand il y a de la part de l'artiste une telle application de son intelligence qu'il crée un ouvrage ayant un cachet individuel, par exemple en faisant une gravure d'une statue, ou une statue d'une lithographie ; en transportant sur des vitraux ou sur des papiers peints des sculptures ou des guirlandes ; en coordonnant artistement sur le fond d'un tapis des billets de la Banque de France ou un jeu de cartes.

79. Il n'importe pas sur quelle matière ni sur quels objets sont figurés les divers ouvrages ci-dessus énumérés; il y a contrefaçon à reproduire aussi bien les sujets dessinés sur des ouvrages industriels que les reliefs d'une œuvre des beaux-arts.

Enfin, toutes les productions des arts en tout genre étant susceptibles de privilége, les priviligiés seuls ont le droit d'en faire ou d'en permettre l'application, soit aux beaux-arts, soit aux arts industriels, soit aux arts délinéatoires, soit aux arts plastiques : car, en admettant même qu'un emprunt n'ait pas pour résultat immédiat de créer une concurrence à l'original, il lui fera presque toujours tort en lui enlevant l'attrait de la nouveauté, si précieux surtout dans les ouvrages d'industrie.

Si, en présence de la lettre de l'art. 1er de la loi de 1793, il peut s'élever quelque doute sur le droit au privilége des artistes autres que les peintres et les dessinateurs, ce doute disparaît devant l'art. 7 de la même loi corroboré par l'art. 425 du Code pénal.

80. A prendre à la lettre cet art. 7, qui accorde le privilége sur toute production de l'esprit ou du génie qui appartient aux *beaux-arts*, on est porté à croire que les productions des arts industriels n'y sont pas comprises ; et, comme aucun texte spécial ne les protège, on se demande quelle est leur garantie contre la contrefaçon. La réponse me paraît facile ; il s'agit de s'entendre sur les mots.

Les beaux-arts se divisent en cinq branches : la musique, la danse, la peinture, la sculpture et l'architecture. Eh bien, les arts appelés industriels ne sont le plus souvent que les beaux-arts appliqués à l'industrie ; ils rentrent et viennent se confondre dans la peinture, la sculpture ou l'architecture; ceux-ci changent de dénomination en changeant de destination, par exemple la ciselure n'est pas autre chose que la sculpture appliquée à un vase ou à une arme ; mais ils ne changent pas de nature, et ils restent toujours sous la même protection légale. Si nous entrons plus avant dans l'atelier de l'artiste, que nous considérions le tourneur en bois ou en métaux, nous retrouvons encore la sculpture avec des contours plus rudes, mais toujours avec les mêmes formes en relief. Si nous considérons les peintures d'un vase, c'est encore une branche des beaux-arts qui échange son nom contre un plus modeste, en conservant sa nature qui est ineffaçable.

Il faut donc reconnaître que tous les ouvrages d'art quelconque sont protégés par la loi de 1793. Il ne pouvait en être autrement, puisque la contrefaçon s'apprécie indépendamment de la destination ; l'équité voulait qu'il en fut ainsi, à l'exemple de ce que la même loi ne fait aucune distinction entre un poème et une complainte. Où serait d'ailleurs la ligne de démarcation ? Le propriétaire d'une statuette aurait une œuvre des beaux-arts tant qu'elle serait isolée, et une œuvre d'art industriel quand elle serait adaptée à un meuble. La loi ne pouvait entrer dans de pareilles distinctions ; et ce qui le prouve encore, c'est l'art. 1er qui parle spécialement des œuvres du dessin, qui rentrent bien dans la peinture sans faire une branche à part. Quelle différence y a-t-il, en effet, entre un dessin sur vélin et un dessin sur porcelaine de Sèvres ?

Nous verrons bientôt que les arts industriels proprement dits sont les arts mécaniques, pour lesquels il peut être délivré des brevets d'invention (n°. 82).

SECTION TROISIÈME.

Ouvrages d'industrie pouvant faire l'objet d'un privilége ou brevet d'invention.

81. Un brevet d'invention est le titre que le gouvernement délivre à l'auteur d'une pensée, appelée invention ou découverte, pour lui en assurer l'exploitation exclusive pendant un certain temps. C'est en faveur de cet auteur la preuve authentique de l'existence d'un privilége sur sa pensée, l'instrument probant d'un

contrat intervenu entre lui et la société (loi de 1844, art. 1er).

82. Mais toute pensée ne peut pas faire l'objet d'un brevet d'invention : quatre distinctions me paraissent devoir être faites.

Première distinction. La pensée qui se suffit à elle-même, qui, pour procurer de l'utilité, n'a pas besoin du concours de la matière, ne peut être l'objet d'un privilége, car elle échappe par son essence à toute appropriation exclusive; celui qui possède cette pensée ne peut être empêché d'en jouir ou de la communiquer. Toute voie légale serait vaine contre celui qui a enrichi son intelligence de la pensée d'autrui, par exemple, d'un poème, d'une tragédie, d'une méthode d'enseignement. Au contraire; la pensée qui ne se suffit pas à elle-même, qui a besoin du concours de la matière pour procurer de l'utilité, peut faire l'objet d'un privilége, parce que la matière est appropriable.

Seconde distinction, portant sur la pensée qui, pour procurer de l'utilité, a besoin du concours de la matière. Elle consiste à examiner si la pensée est déjà réalisée, ou si elle est seulement réalisable.

La pensée réalisable est celle qui est encore à l'état de science, de théorie, qui n'existe que dans l'esprit ou sur le papier. Le brevet qu'on délivrerait à l'auteur d'une pensée de cette nature serait un titre illusoire et sans sanction; car, lorsqu'une fois cette pensée aura frappé l'intelligence d'un autre individu, celui-ci ne pourra plus en être dépouillé, il aura la faculté de s'en servir, nonobstant l'existence d'un brevet.

La pensée réalisée est celle qui est passée de l'état de théorie à l'état de pratique ou d'application; celle qui, adaptée à un corps, a donné un produit matériel ou amené un résultat en modifiant ce corps.

Ici se présente la troisième distinction, fondée sur la différence qui existe entre un produit et un résultat. J'y vois cette différence, que l'un est matériel et l'autre immatériel, que l'un crée, tandis que l'autre améliore, et quelquefois détruit. L'action du feu sur l'eau donne pour produit la vapeur; l'application de la vapeur à la mécanique donne pour résultat le mouvement; l'application à un corps de la mécanique mise en mouvement donne pour produit un autre corps. J'y vois une autre différence qu'il nous importe surtout de constater, c'est qu'un produit peut être brevetable, tandis qu'un résultat est toujours imbrevetable. En effet, un produit étant toujours matériel, tout individu peut être physiquement empêché de le reproduire; au contraire, un résultat une fois obtenu n'ayant aucun corps, aucune existence individuelle, il est physiquement impossible de le soumettre à un privilége.

Il n'est pas à dire pour cela que tout produit soit susceptible d'être breveté; ainsi, le moissonneur qui fauche le blé obtient un produit qui n'est pas brevetable, pourquoi? parce qu'il n'est pas une production de l'intelligence, l'image de la pensée du moissonneur, et que celui-ci n'a été qu'un instrument. Au contraire, celui qui a fabriqué la faulx du moissonneur a créé un produit qui est brevetable, parce qu'il est l'image de sa pensée, une production de son intelligence.

Mais tout produit matériel, qui est l'image d'une pensée, est-il brevetable? Non, et c'est ici que se présente notre quatrième distinction entre les beaux-arts et les arts mécaniques.

Les beaux-arts sont ceux où l'intelligence a le plus

de part. Pris par opposition aux arts mécaniques, on les appelle arts libéraux. Les arts mécaniques sont ceux où l'intelligence a le moins de part, ceux qui exigent surtout le travail de la main ou l'emploi des machines : ce sont les arts industriels proprement dits (n°. 80).

Les produits des arts libéraux ne sont pas brevetables : quelle en est la raison? Il me paraît facile de s'en rendre compte; elle est assez conforme à la nature des choses : puisque la matière peut seule faire l'objet d'un brevet d'invention, il est logique de dire qu'un tableau, qu'une statue, où l'intelligence domine, ne peut être l'objet d'un semblable brevet. Sans doute, une partie de ce tableau, de cette statue, est matérielle, mais cette partie est si minime, en comparaison de la partie intellectuelle, qu'elle disparaît sous celle-ci. Puis, il ne fallait pas frapper d'un cachet essentiellement mercantile les plus nobles productions du génie.

83. Disons donc qu'une pensée n'est brevetable que lorsqu'elle est réalisée et qu'elle a le caractère industriel. En fait, ce caractère se manifeste extérieurement lorsque la pensée, imprimée sur la matière, soit par la main de l'homme, soit par l'emploi d'une machine, donne des produits nouveaux ou améliorés propres à entrer dans le commerce, par exemple, la faulx qui sort des mains de l'artisan pour passer dans celles du moissonneur; ce sont ces produits qui sont brevetables, et aussi quelquefois l'usage qu'on en peut faire.

Lorsqu'une découverte a été publiée, elle est connue du public qui, en acquérant ainsi le moyen, acquiert également le droit d'en faire usage, de la mettre en pratique sans avoir besoin de l'inventeur; dès lors, celui-ci ne pouvant plus procurer à la société un avantage dont elle est en possession, la découverte ne peut plus être l'objet d'un contrat, et par conséquent, le brevet d'invention serait nul.

Un inventeur ne rendrait pas plus service à la société en la dotant d'une découverte dont l'objet serait contraire à l'ordre public ou aux bonnes mœurs, ou serait réprouvé par les lois, et il ne pourrait légitimement prétendre la faire breveter.

Au résumé, pour faire l'objet d'un brevet d'invention, une découverte doit réunir le concours de ces trois conditions : porter sur une industrie, être nouvelle et être légitime.

Du reste, la société n'ayant en vue que l'accroissement du bonheur de tous ses membres, doit chercher à augmenter la somme des moyens propres à atteindre ce but, en encourageant les inventeurs dans tous les genres d'industrie, sans considérer l'importance ni s'arrêter à la dénomination de la découverte.

84. Il existe entre l'invention et la découverte une distinction qui a été ainsi expliquée par un homme doué d'une intelligence supérieure : « L'invention produit » quelque chose qui n'existait pas auparavant; la décou- » verte met en lumière quelque chose qui existait, mais » qui jusqu'alors avait échappé à l'observation.» Si je comprends bien la pensée du philosophe écossais, l'invention est toujours un produit de l'intelligence, tandis que la découverte peut n'être due qu'au hasard ; l'invention tombe toujours sur la matière et toujours la modifie en créant, tandis que la découverte met au jour une chose qui existait déjà dans la nature, sans modifier aucunement la matière, sans créer. Dans la science du droit, on n'invente pas, on constate ; heureux quand on peut découvrir. Dans la science physique, la vapeur a

été découverte, tandis que la locomotive a été inventée.

Cependant, la loi de 1844, art. 1er, met sur la même ligne l'invention et la découverte : elle ne voit que le service rendu à la société aussi bien par celui qui lui révèle une découverte que par celui qui lui révèle une invention; elle ne mesure pas l'étendue de ce service.

D'ailleurs, la distinction n'est que relative et n'a d'autre fondement que les connaissances essentiellement bornées des hommes. Il y a longtemps que quelqu'un a dit : « *Nihil sub sole novum* ; » et chaque jour nous apporte un fait de plus à l'appui de cette vérité. Or, qui pourrait, sans risquer de se tromper, se flatter d'avoir inventé? Nous avons vu que les idées des hommes s'é-changent entre elles inévitablement, qu'elles s'attirent, se combinent, se succèdent. Cet échange exerce une influence irrésistible sur toutes les branches des connaissances humaines; l'industrie n'en est pas exempte, elle suit le cours de la science, et la science n'est jamais stationnaire, soit qu'elle avance, soit qu'elle recule. Au milieu de cette lutte continuelle des éléments de l'intelligence humaine, certaines découvertes, certaines inventions admises à une époque, succombent et rentrent dans le néant, jusqu'à ce que le hasard ou le génie les en fasse sortir de nouveau.

85. Une question inévitable, que la variété infinie des faits rend permanente, et qui se présente tout d'abord, est celle de savoir si l'industrie brevetée est nouvelle. Le législateur a dû s'en rapporter aux tribunaux pour l'appréciation des faits; il a seulement tracé quelques règles pour leur servir de guide. L'art. 31 de la loi de 1844 considère comme n'étant pas nouvelle toute découverte, invention ou application qui, en France ou à l'étranger, et antérieurement à la date du dépôt de la de-

mande d'un brevet, aura reçu une publicité suffisante
pour pouvoir être exécutée.

Ainsi, pour être nouvelle, il faut qu'une invention
n'ait reçu ni en France ni à l'étranger une publicité
suffisante pour pouvoir être exécutée. Mais la nouveauté
est le principe, la publicité est l'exception. C'est à celui
qui prétend qu'il y a eu publicité à le prouver; et en
fait, cette preuve sera le plus souvent tentée par un reproducteur poursuivi comme contrefacteur.

L'époque à considérer, pour savoir s'il y a eu publicité, est la date du dépôt de la demande, parce que
c'est à cette date que commence la durée du brevet et
que les bases du contrat ont été arrêtées, au moins provisoirement; peu importe la publicité qui serait donnée
à l'invention dans l'intervalle qui sépare la demande de
la délivrance réelle du brevet.

86. La publicité de l'invention renferme une idée
complexe : elle doit porter non-seulement sur les qualités extrinsèques de l'invention, mais principalement
sur ses éléments constitutifs, ses qualités intrinsèques.
Ainsi, il n'y aurait pas publicité dans le sens légal,
si le public était averti qu'une machine propre à cons-
truire un vaisseau en un jour vient d'être inventée, et
qu'aucune description, aucun détail, aucun renseigne-
ment ne fut donné sur la constitution de cette machine.

Il faut donc, avant tout, que le moyen employé pour
répandre cette publicité indique quels sont les éléments
constitutifs de l'invention, quels sont les procédés propres à la réaliser industriellement, de manière que les
individus qui en prennent connaissance soient par là mis
à même de l'exécuter; et ce point ne peut être atteint que
lorsqu'il y a eu description de l'invention ou que l'objet
de cette invention a été exposé ouvertement à la vue.

87. La loi s'arrête au fait de publicité accompli sans rechercher ni quel en est l'auteur, ni quelle en est la cause, ni dans quel pays, ni dans quel idiome il a eu lieu.

Elle n'examine pas quel moyen ni quelle forme ont été employés, pourvu qu'ils fussent propres à porter l'invention à la connaissance du public; et cette invention est légalement parvenue à la connaissance du public, par cela seul qu'elle a pu être connue de lui, quand même elle n'est réellement connue que d'un petit nombre ou d'un seul individu. En effet, toutes les intelligences n'ont pas au même degré la capacité de concevoir; ce que cent personnes verront, sans qu'aucune d'elles le comprenne, sera compris par une autre à la première vue; puis, il est impossible qu'une publication arrive à la connaissance du plus grand nombre avant bien des années. Entre ces extrêmes, il n'y a pas de justes limites; aussi la question dépendra des faits et des circonstances dont l'appréciation est du domaine souverain des tribunaux.

De là, ressort cette conséquence, qu'il n'y a pas publicité dans le sens légal lorsqu'un inventeur a fait un usage même réitéré de sa découverte sous les yeux du public, si le procédé a échappé à la vue, par exemple, parce qu'il était renfermé dans un compartiment où l'œil n'a pu pénétrer. La loi ne s'oppose pas à ce qu'un inventeur use personnellement de sa découverte; elle le protége au lieu de lui tendre un piége, mais elle ne peut méconnaître la nature des faits; et quand une fois par la publicité la société a acquis les moyens d'user d'une découverte, de la mettre à exécution, il n'appartient plus au législateur de lui imposer un sacrifice en créant un privilége que l'inventeur n'a pas voulu ou n'a pas su retenir.

Cette raison, tirée de la force même des choses, montre bien qu'il ne faut pas voir dans la publicité donnée à une découverte un simple abandon fait par l'inventeur à la société, une renonciation à son droit exclusif d'exploitation ; car, s'il en était ainsi, on devrait décider que la publicité ne fait perdre ce droit à l'inventeur que lorsqu'elle émane de sa volonté ; et je n'hésite pas à penser qu'il le perd lors même que la publicité est le résultat de la surprise ou de la fraude, sauf son recours contre qui de droit, conformément à l'article 1382 du Code civil.

88. Je ne vois pas de publicité dans l'usage fait à titre d'essai et confidentiellement devant un petit nombre de personnes ; parce qu'il y a nécessité de permettre cet essai si l'on ne veut pas condamner l'inventeur à exploiter lui-même sa découverte, ce qui équivaudrait le plus souvent à condamner la découverte à rester inexploitée.

De même encore, tant qu'un imprimé contenant la description d'une découverte n'a reçu aucune publicité, il n'est qu'une lettre morte.

89. La loi ne considère pas plus l'origine nationale de l'invention ; elle fait un appel aux inventeurs de toutes les parties du monde, et, pour les engager par un stimulant puissant à apporter en France leurs découvertes, l'art. 29 permet à l'auteur d'une invention déjà brevetée en pays étranger de venir se faire bréveter en France.

Cette disposition étant conçue en termes généraux, il va sans dire qu'elle profite aussi bien aux Français qu'aux étrangers qui ont obtenu un premier brevet ailleurs qu'en France ; il n'y avait en effet aucune bonne raison pour favoriser les étrangers.

Ou plutôt il n'y a là aucune faveur ni pour les étran-

7

gers ni pour les Français : les uns et les autres ne peuvent user de cette faculté qu'autant que la découverte
déjà brevetée en pays étranger n'a encore reçu ni en
France ni ailleurs une publicité suffisante pour pouvoir
être exécutée. Tel est le résultat nécessaire de la combinaison des art. 29 et 31, et notamment de l'art. 28 qui
porte que « les formalités et conditions déterminées par
» la présente loi seront applicables aux brevets délivrés
» aux étrangers » ; ce qui est conforme à la disposition de
l'art. 3 de l'ancienne loi du 7 janvier 1791. Ce résultat, tout bizarre qu'il paraît être, s'accorde bien avec
les principes ; car, tant qu'il n'y a pas publicité, l'inventeur est à même de livrer à la France une invention
nouvelle qui fasse l'objet du contrat ; et en fait il peut
arriver que chez certaines nations la délivrance du
brevet ne soit pas immédiatement suivie de la publicité.

Enfin, l'art. 30 1°. prononce la nullité de tout
brevet délivré pour une découverte, invention ou application qui n'est pas nouvelle.

90. D'accord avec les principes exposés précédemment, l'art. 1er de la loi de 1844 veut que, pour faire
l'objet d'un brevet d'invention, la découverte porte sur
une industrie ; aussi, l'art. 3 déclare imbrevetables les
plans et combinaisons de crédits ou de finances ; et
l'art. 30 2° annulle les brevets qui seraient délivrés nonobstant cette prohibition.

Le même art. 30 3° déclare nuls les brevets qui
portent sur des principes, méthodes, systèmes, découvertes et conceptions théoriques ou purement scientifiques dont on n'a pas indiqué les applications industrielles. La rubrique sous laquelle est placé l'art. 30
montre que le législateur a voulu confier aux tribunaux
le soin d'apprécier d'après les circonstances si l'indica-

tion des applications industrielles est suffisante.

Ces dispositions rappellent la loi du 20 septembre 1792 dans laquelle on lit : « L'Assemblée nationale, considé-« rant que les brevets d'invention, qui sont autorisés par « la loi du 7 janvier 1791, ne peuvent être accordés « qu'aux auteurs de toute découverte ou nouvelle in-« vention dans tous les genres d'industrie seulement re-« latifs aux *arts et métiers*..... »

91. D'après l'art. 2, trois sortes d'inventions peuvent faire l'objet d'un brevet lorsqu'elles sont nouvelles, ce sont :

L'invention de nouveaux produits industriels ;

L'invention de nouveaux moyens pour l'obtention d'un résultat ou d'un produit industriel connu ou inconnu ;

Et l'application nouvelle de moyens connus pour l'obtention d'un résultat ou d'un produit industriel connu ou inconnu.

Par ces mots : application nouvelle de moyens connus, il faut entendre l'emploi de tout agent naturel ou artificiel, d'une substance ou d'une force.

Le caractère de nouveauté peut donc porter sur trois points : un produit, un moyen, une application ; et c'est ce caractère qui les rend brevetables.

Il peut encore porter sur un résultat, mais sans le rendre brevetable, ainsi que nous l'avons expliqué sous le n°. 82.

92. Remarquons sur ces trois découvertes brevetables la différence importante qui existe naturellement entre la découverte, qui est un moyen ou procédé, et la dé-couverte qui n'est pas un procédé :

L'inventeur d'un produit, qui n'est pas un procédé, obtient pour son brevet le privilége exclusif d'en retirer, sans aucune exception, tous les avantages vénaux que

l'exploitation peut procurer ; par exemple, l'inventeur
d'une pendule a seul le droit de la reproduire et de la
débiter; une pendule ne peut donner d'autres avantages
matériels.

Il en est autrement du produit qui est un procédé.
Tout produit de cette nature est susceptible d'applications diverses que le génie ou le hasard mettra tôt ou
tard en évidence. Ainsi, la locomotive a été adaptée à la
navigation avant de l'être aux chemins de fer ; et sans
aucun doute d'autres destinations lui sont encore ré-
servées dans l'avenir. Si d'avance l'on donnait à l'auteur d'un procédé nouveau un privilége sur toutes ses
applications quelconques, on le gratifierait d'un salaire
qui ne lui appartiendrait pas ; on entraverait le génie de
l'invention en lui ôtant tout espoir de récompense ; on
rendrait stériles les germes les plus féconds en exposant
la société à rester privée, pendant plusieurs années, des
bienfaits que peut procurer une découverte. C'est à l'inventeur, qui veut retirer de son procédé le plus grand
profit possible, à rechercher les applications industrielles dont il est susceptible, et à les signaler à la société en les indiquant dans sa demande ; il obtiendra alors
le privilége exclusif pour chaque application qui y sera
décrite déterminément et individuellement (n° 102.).

Le législateur a compris toute l'importance de cette
distinction, et il l'a consacrée en termes formels, de sorte
que chacun reste libre d'appliquer un procédé déjà breveté à tous usages pour lesquels il n'a pas encore été
délivré de brevet. C'est alors l'application qui est nouvelle et brevetable, parce qu'elle est une augmentation
de la richesse industrielle, un accroissement d'aisance
pour la société, sans occasionner aucun préjudice à
l'inventeur du procédé.

93. C'est donc une règle fondamentale de notre matière que toute découverte nouvelle dans l'industrie a droit d'être brevetée, à moins d'une prohibition écrite dans la loi. Le brevet n'est pas vicié par le mélange d'éléments déjà connus, car la partie nouvelle est toujours utile; seulement il ne vaut que pour ce qui est nouveau.

94. Dans une section qui a pour rubrique *des certificats d'addition*, la loi de 1844, supprimant l'ancienne dénomination juridique de brevets de perfectionnement et de brevets d'importation, traite des changements, additions ou perfectionnements apportés à une invention brevetée ; et elle fait une distinction selon que leur auteur est le même que le propriétaire breveté ou est un autre individu.

Lorsque c'est le privilégié breveté, il a, aux termes des art. 16 et 17, le droit d'opter entre un certificat d'addition et un nouveau brevet. Les effets de ces deux titres ne sont pas les mêmes, chacun a sur l'autre ses avantages et ses désavantages.

Le certificat d'addition produit les mêmes effets que le brevet primitif; le nouveau brevet a des effets entièrement distincts et séparés du premier.

Les effets du certificat d'addition commencent à la date du dépôt de la demande, et ils finissent en même temps que ceux du brevet primitif. Le brevet nouveau commence et finit comme un brevet ordinaire, et peut toujours durer au-delà du terme qui mettra fin au brevet primitif.

Le brevet nouveau peut être délivré à quiconque, breveté primitivement ou non, est auteur d'un changement, perfectionnement ou addition; il n'y a que le propriétaire du brevet primitif qui puisse obtenir un certificat d'addition. De là tirons la conséquence que l'inventeur, qui a aliéné son brevet, ne peut plus demander un certificat d'addition pour ses modifications, tandis qu'il peut se faire délivrer un brevet nouveau ; l'expression certificat d'*addition* implique l'idée d'un certificat primitif : on ne peut additionner sans avoir au moins deux nombres.

Même après l'expiration du brevet primitif, un brevet nouveau peut toujours être délivré, tandis qu'un certificat d'addition ne peut plus l'être ; par conséquent il n'est pas impossible que des brevets soient superposés pendant des siècles, à raison de la même invention qui aura subi diverses modifications.

De ces dispositions il résulte que le brevet nouveau confère identiquement les mêmes droits à celui qui l'obtient, qu'il soit ou non titulaire du brevet primitif.

L'art. 19 nous indique en ces termes les conséquences du concours de deux brevets relatifs à la même industrie, lorsqu'ils appartiennent à deux personnes différentes : « Quiconque aura pris un brevet pour une « découverte, invention ou application se rattachant à « l'objet d'un autre brevet, n'aura aucun droit d'exploi- « ter l'invention déjà brevetée ; et réciproquement le « titulaire du brevet primitif ne pourra exploiter l'in- « vention, objet du nouveau brevet. » La loi ne distinguant pas entre le concours du brevet primitif et d'un brevet nouveau, et le concours de deux brevets nouveaux, l'art. 19 est également applicable dans l'un et l'autre cas.

95. Il ne faut pas voir dans la délivrance des certificats d'addition ou de brevets nouveaux, une dérogation au principe fondamental de notre matière ; loin de là, les changements, perfectionnements ou additions, qui sont

des découvertes sous un autre nom, doivent nécessairement réunir les trois conditions de nouveauté, de légitimité et d'industrialité. L'art. 30, à la fin, s'explique
textuellement sur ce dernier caractère; quant à la nouveauté et à la légitimité, cela ressort non moins clairement des autres dispositions du même article et de la
nature des choses.

96. Jusqu'alors la loi est restée fidèle aux principes,
mais elle s'en écarte dans les art. 18 et 30 7°, en accordant une faveur marquante au titulaire d'un brevet
primitif: nul autre que ce titulaire ou ses ayant droit
ne peut, pendant une année à partir du jour où le brevet primitif produit effet, prendre valablement un brevet
pour un changement, perfectionnement ou addition.

Cette dérogation au droit commun se justifie par le besoin d'encourager les nouveaux brevetés auxquels leur
invention est souvent plus onéreuse qu'avantageuse dans
les commencents, et de les mettre ainsi à l'abri de la
concurrence que l'avidité rend toujours hâtive et tra-
cassière.

97. Mais, afin de concilier tous les intérêts et de sti-
muler l'esprit de recherche, l'art. 18 ajoute que toute
personne qui voudra prendre un brevet pour changement, addition ou perfectionnement, pourra, dans le
cours de la dite année, former une demande qui sera
transmise et restera déposée sous cachet au ministère de
l'agriculture et du commerce, et qu'à l'expiration de
l'année le cachet sera brisé et le brevet délivré.

Seulement, la loi penchant toujours en faveur du breveté primitif, lui donne encore la préférence pour les
changements, perfectionnements et additions, à raison
desquels il aurait lui-même pendant l'année demandé
un certificat d'addition ou un brevet.

98. Celui qui est breveté pour un perfectionnement, changement ou addition, peut-il réclamer le bénéfice de l'art. 18 vis-à-vis de l'auteur de nouvelles modifications? Cette question ne peut pas s'élever pendant la première année du brevet primitif, ni après la première année du brevet nouveau ; elle ne peut donc se présenter que dans la première année pendant laquelle le brevet nouveau a effet. Je crois que dans cette hypothèse la question doit être résolue avec la distinction suivante : si la modification récente, qui demande à être brevetée, est une amélioration à la modification dont le brevet est encore dans sa première année, le titulaire de ce brevet peut réclamer la faveur de l'art. 18 ; si, au contraire, la modification récente ne touche aucunement à la modification brevetée, l'art. 18 n'est pas applicable.

99. Il résulte des art. 16 et 18 que les avantages spéciaux offerts par ces deux articles au breveté primitif peuvent être réclamés également par ses ayant-droit, et que les certificats d'addition pris par un des ayant-droit profitent à tous les autres (n°. 261).

Enfin, l'art. 30 7° déclare nuls les certificats comprenant des changements, perfectionnements ou additions qui ne se rattacheraient pas au brevet principal.

Quant au point de savoir quand il y a perfectionnement, on peut poser en principe que c'est toutes les fois qu'un changement quelconque est une amélioration : l'appréciation du fait offrira souvent de grandes difficultés.

100. Le breveté peut aussi prendre des brevets en pays étranger. C'est là une faculté qui fait partie des droits attachés au brevet français, et qui résulte de ce que la loi de 1844 n'a pas reproduit l'art. 16 § 5 de la loi du 19 janvier 1791, qui prononçait la déchéance de

son privilége contre tout inventeur qui, après avoir obtenu une patente en France, était convaincu d'en avoir
pris une pour le même objet en pays étranger. Mais
l'art. 32 de la loi de 1844 défend au breveté, à peine de
déchéance de son privilége, d'introduire en France des
objets fabriqués en pays étranger et semblables à ceux
qui sont garantis par son brevet français. Il n'y a d'excepté que les modèles de machines dont le ministre de
l'agriculture et du commerce peut autoriser l'introduction en faveur de l'inventeur déjà breveté à l'étranger, qui obtient un brevet en France. Il ne faut pas que
les brevets étrangers servent à créer une concurrence
à notre industrie nationale.

101. La troisième condition indispensable pour qu'une
invention soit brevetable, c'est qu'elle porte sur une industrie licite.

Il n'est pas besoin de démonstration pour prouver
qu'un contrat est nul lorsqu'il a pour objet une découverte contraire à l'ordre ou à la sûreté publique, aux
lois ou aux mœurs ; les obligations qu'il imposerait à la
société reposeraient sur une cause illicite ; par conséquent une découverte de cette nature est imbrevetable.

Cela est incontestable en théorie, mais peut offrir des
difficultés dans la pratique : c'est aux tribunaux civils à
juger de la légitimité de l'industrie, et à prononcer la
nullité du brevet s'ils reconnaissent à son objet un caractère illicite (art. 30 4°).

102. En vertu des dispositions précédentes, combinées avec les principes généraux, un privilégié breveté
a le droit de poursuivre comme contrefaçons tous les
produits provenant d'une machine ou d'un instrument
illégitime, parce qu'un breveté a la jouissance vénale
exclusive des produits de son industrie, ainsi que l'usage

exclusif des procédés à l'aide desquels s'obtiennent ces produits ; qu'il y a trouble apporté à cette jouissance aussi bien par la confection d'une machine semblable à celle qu'il a inventée, que par l'emploi d'une copie illégitime de cette machine dans le but d'obtenir des produits semblables à ceux que procure la machine originale (n°ˢ 92 et 93).

103. A l'occasion de la légitimité de l'industrie, l'attention du législateur et sa sollicitude pour tout ce qui intéresse le bien-être public se sont portées particulièrement sur les compositions pharmaceutiques ou remèdes.

D'après l'art. 3, ces compositions ou remèdes ne sont pas susceptibles d'être brevetés, ils demeurent soumis aux lois et réglements spéciaux sur la matière, et notamment au décret du 18 août 1810 relatif aux remèdes secrets. Aux termes de ce décret, tout individu qui découvre un remède et veut qu'il en soit fait usage, doit en remettre la recette au ministre de l'intérieur, qui forme une commission à l'effet d'examiner la composition et d'en reconnaître les propriétés. — Suivant la loi du 21 germinal an XI, nul autre qu'un pharmacien ne peut préparer, vendre ou débiter aucun médicament, et les pharmaciens eux-mêmes ne peuvent vendre de remèdes secrets.

Les brevets qui seraient délivrés contrairement à la prohibition de l'art. 3 sont déclarés nuls par l'art. 30 2°, et il appartient aux tribunaux civils de constater la nullité ; nous verrons même que le gouvernement doit repousser sans examen les demandes qui seraient visiblement présentées dans les termes de la prohibition .

Aux mots *compositions pharmaceutiques ou remèdes* l'art. 3 ajoute *de toute espèce* ; de sorte que l'imbrevetabilité atteint tous les remèdes employés aussi bien dans l'art vétérinaire que dans l'art médical. Cette dérogation au droit commun peut se justifier par la nécessité de maintenir la matière médicamentale sous le régime d'une législation spéciale, de réprimer les abus toujours croissants du charlatanisme et de l'extirper autant qu'il est possible.

104. Il existe encore en matière d'industrie plusieurs objets de privilége qui ne sont point l'objet d'un brevet d'invention, quoique leur violation constitue le délit de contrefaçon, ce sont, savoir :

Les dessins de fabrique, ouvrages d'art, régis en principe par la loi du 19 juillet 1793, soumis spécialement, quant à la durée du privilége et à la formalité du dépôt, à la loi du 18 mars 1806 et à l'ordonnance royale du 29 août 1825. On entend par dessins de fabrique ceux qui sont destinés à être imprimés par un moyen mécanique sur les tissus, les toiles, les étoffes, ou sur toute autre matière, pourvu que leur reproduction ne rentre pas dans la sculpture industrielle ;

Les marques de fabrique, qui sont des signes particuliers et distinctifs appliqués par un manufacturier ou un artisan sur les objets de sa fabrication pour les rendre reconnaissables. Ce genre de propriété est régi par diverses dispositions législatives indiquées dans l'esquisse historique qui précède, et notamment par la loi du 24 août 1824. La contrefaçon peut avoir lieu de deux manières, soit par imitation de la marque, soit par supposition de nom;

Les enseignes, qui consistent dans un nom ou un emblême distinctif destiné à faire reconnaître un établissement de commerce ou d'industrie.

Pour terminer sur les objets de privilége, il faut nous rappeler que la raison de décider qu'il y a contrefaçon

ou débit de contrefaçon sera toujours si la fabrication a
créé la possibilité d'un préjudice pécuniaire pour l'auteur ou l'inventeur, ou si l'écoulement a réalisé ce préjudice.

CHAPITRE III.

—

NATURE JURIDIQUE DES DROITS D'AUTEUR ET D'INVENTEUR.

105. Tant qu'une pensée n'a pas été produite au dehors, elle appartient exclusivement à son auteur, elle
reste concentrée dans le domaine de son intelligence,
c'est une partie de son être intellectuel dont il est physiquement impossible de le dépouiller. Cet obstacle disparaît bien lorsque la pensée a été manifestée extérieurement; mais de là nait-il nécessairement un objet du droit?
Distinguons.

Lorsqu'une pensée a été émise oralement en public,
elle n'est plus inédite, elle n'appartient plus en propre
à son auteur, parce que sa volonté ne suffit plus pour la
retirer de la circulation générale. Si, au contraire, une
pensée n'a reçu aucune espèce de publicité, elle est inédite, lors même qu'elle a été fixée sur la matière : c'est
sur celle-là que porte le doute de la question que nous
avons à résoudre.

Un manuscrit inédit est le dépositaire de la pensée de
l'auteur, le témoin muet de son secret, une lettre morte;
c'est un essai, une ébauche de ses idées dont il est seul
juge et seul arbitre souverain. A lui seul appartient de
lui donner la vie en le mettant au jour ; jusque là on ne

peut pas même dire avec la loi civile que c'est un droit
exclusivement attaché à sa personne, car sa pensée échappe
à toute appréhension du droit externe ; jusque là, ce serait faire un acte contraire à la liberté de la conscience
et à l'indépendance de l'écrivain que de lui ôter son manuscrit, ce serait le spolier.

Telle est l'impression qu'on éprouve au premier aspect,
en considérant cette question au point de vue philoso-
phique. Il n'est peut-être pas impossible de l'envisager
au point de vue du droit externe ; essayons.

On peut dire que la propriété de la pensée se conserve
par le concours de l'intention et du fait de la détention
exclusive ; que l'absence de l'un de ces deux éléments
fait perdre la possession et quelquefois la propriété. Ainsi,
la perte de la détention exclusive, en conservant ou non
l'intention, entraîne nécessairement la perte de la propriété. La perte de l'intention seule fait bien perdre la
possession, mais non la propriété ; il y a seulement offre
de livrer cette propriété à la société : tant que l'intention
est persévérante, l'offre subsiste, et cet état de choses constitue une valeur réalisable, une valeur qui est appréciable et forme un objet du droit, par exemple, un auteur
qui est en pourparlers avec un libraire pour l'édition d'un
ouvrage; si l'offre est acceptée, cette valeur se trouve réalisée ; tant qu'elle n'est pas acceptée, l'auteur peut toujours, en retirant son offre, recouvrer sa possession, réaf-
fermir sa propriété qui n'était qu'ébranlée, et enlever ainsi
à sa pensée sa valeur appréciable.

Concluons qu'une pensée non publiée, quoique maté-
rialisée, n'appartient qu'à l'auteur, tant que par sa volonté persévérante il n'a pas renoncé au droit de la posséder exclusivement. Cette volonté se reconnaîtra d'après
les faits et les circonstances : dans le doute, la présomp-

tion qui doit l'emporter est que l'auteur a conservé la
possession exclusive ; mais, quand il est constant qu'il
l'a perdue une fois, c'est à lui à prouver qu'il l'a recou-
vrée (n⁰ˢ 127, 159, 213).

Cette distinction n'est pas applicable aux œuvres d'art
ni à celles d'industrie qui parlent aux yeux plus qu'à l'intelligence, telles qu'une statue, un tableau, une locomotive : la pensée se confondant avec la matière, le corps
qu'elle prend lui donne immédiatement une existence
complète, qui est un objet du droit, et offre une valeur
appréciable sans qu'il soit besoin d'un nouveau souffle
pour l'animer. On ne peut dire exactement qu'une statue est censée ne pas exister, parce qu'elle n'a point encore été publiée ; elle a une importance plus grande qu'un
manuscrit, puisqu'elle n'a pas besoin d'être reproduite
pour procurer à l'auteur un avantage pécuniaire assez
important, qu'il lui suffit de la vendre une fois. Cette
différence est consacrée implicitement par les décrets du
1ᵉʳ. germinal an XIII et du 8 juin 1806, qui s'appliquent
seulement aux œuvres posthumes littéraires, scientifiques et musicales (n⁰ˢ 134 à 139).

106. Maintenant que nous connaissons juridiquement
le principe générateur du privilége, voyons comment et
à quel moment ce principe se développe et se transforme
réellement en un privilége.

Ce moment est celui où il y a concours simultané du
consentement de la société et du consentement de l'auteur ou de l'inventeur.

La volonté de la société est toujours manifestée d'a-
vance par la loi ; la volonté de l'auteur se manifeste par
le fait seul de la publication de sa pensée ; et la volonté

de l'inventeur se manifeste par une déclaration expresse acceptée de même par la société.

Ce concours de deux consentements ou volontés constitue un contrat, qui est la réalisation des conditions sous lesquelles la société offre constamment de pactiser avec tout auteur ou inventeur, et qui sont une loi à laquelle une autre loi peut seule déroger. Ces conditions acquièrent une existence juridique par le seul fait de l'acceptation de l'auteur, tandis qu'il faut un rédacteur pour constater physiquement que l'inventeur les a acceptées, pour revêtir le pacte d'une forme extrinsèque.

C'est là un contrat analogue à l'échange, dans lequel chacun apporte un équivalent, l'auteur ou l'inventeur sa pensée, la société une garantie du droit exclusif d'exploitation temporaire qui est le privilége.

107. Ainsi, le privilége est acquis spontanément à l'auteur par le fait de la publication qui équivaut à l'acceptation des conditions proposées par la société, sans qu'il soit besoin de manifestation expresse de part ni d'autre. Par conséquent la nature de ce contrat tacite s'oppose à ce que la société se livre préalablement à des investigations, soit sur l'origine de l'ouvrage, soit sur l'état et la capacité civiles de l'auteur ou de celui qui se donne pour tel.

Il n'en est pas de même du privilége attribué à l'inventeur, qui ne naît que d'un contrat rédigé par écrit à la suite de l'accomplissement de certaines formalités. Il n'eut pas été impossible de soumettre cette rédaction au préalable de certaines justifications; mais ici encore plusieurs raisons, qu'on peut appliquer également à l'auteur , concourent à rendre facile la délivrance des brevets d'invention : l'intérêt de la société qui est satisfait par cela seul qu'une découverte nouvelle lui est révélée, les besoins du commerce dont les éléments vitaux sont la nouveauté et la rapidité, la crainte que des lenteurs ou des investigations n'empêchent les possesseurs d'une découverte de la rendre publique, en vue du danger de la divulgation de leur secret et de son origine quelquefois équivoque ; enfin, la difficulté d'organiser une juridiction et une procédure qui répondent convenablement à une mission aussi délicate.

On voit par là que le privilége naît du droit d'auteur ou du droit d'inventeur ; que la qualité d'auteur ou d'inventeur est une propriété qui prend ses titres dans l'intelligence et les fait sceller par la publicité ; que le privilége peut néanmoins appartenir dès son origine à celui qui n'a pas cette qualité.

108. Le contrat dont il s'agit est synallagmatique : il engendre des obligations réciproques.

La société prend l'engagement de fournir au privilégié les moyens de faire réprimer les infractions qui pourraient être apportées à son droit d'exploitation et d'obtenir une réparation des infracteurs : étant toute puissante, elle ne peut faillir à cette promesse.

109. Pourquoi le contrat fait avec l'auteur est-il tacite, tandis que celui fait avec l'inventeur doit être exprès ? Cela tient à ce que, bien que leur position paraisse identique et que leurs obligations soient analogues, la sanction est différente comme nous allons l'expliquer.

L'un et l'autre garantissent à la société la nouveauté de leur pensée ou découverte. S'ils lui apportent un ouvrage déjà tombé dans le domaine public, soit par l'expiration d'un privilége déjà retenu, soit par l'inexécution des obligations imposées par la loi, soit par déchéance ou toute autre cause, le contrat se trouve sans objet puisque le privilégié ne livre rien à la société, l'obligation de celle-ci est sans cause puisqu'elle s'est engagée à raison de l'acquisition d'un ouvrage qui lui appartenait déjà ; par conséquent il n'y a ni contrat ni obligation (art. 1126, 1131, C. C.).

110. L'un et l'autre garantissent à la société la pleine et entière possession et jouissance de leur pensée ou découverte à l'expiration de la durée du privilége. Ils doivent, par conséquent, lui livrer l'ouvrage qui forme le véritable objet de l'invention, sans aucune dissimulation ; et ils doivent le lui livrer complet avec tous les moyens et procédés propres à en jouir le plus utilement et le plus facilement possible. Mais cette obligation est moins forte et l'inexécution est plus difficile à constater chez l'auteur que chez l'inventeur.

En effet, la condition de l'auteur lui est imposée d'une manière absolue par la société. En outre, l'auteur d'un écrit en tout genre sait seul si ses idées sont bien assises sur tel point du sujet qu'il a traité ; il est le premier et le meilleur juge de leur maturité et de l'opportunité de leur publication ; sa réputation, sa responsabilité et sa fortune sont intéressées à la publication de l'ouvrage le plus parfait possible. Ce sont autant de gages pour la société qu'il ne la privera pas à mauvais dessein d'une partie de son ouvrage. Quel serait d'ailleurs le moyen de constater sa réserve ?

Une œuvre d'art se révélant complétement par sa seule existence, l'auteur ne peut jamais être répréhensible sous prétexte qu'il n'aurait pas déposé toute sa pensée sur la matière, soit toile, soit marbre, soit métal.

Il en est autrement d'un ouvrage industriel. La condition de l'inventeur n'est pas l'œuvre de la loi seule ; lui-même contribue à se la faire, car il est admis à spécialiser l'application de ses procédés et à ne les faire

8

breveter que pour l'obtention de tels produits ou de tels résultats déterminés, comme nous l'avons expliqué au n°. 92. Mais l'ouvrage peut être complexe relativement à chaque application, et l'inventeur peut avoir intérêt à receler une partie de ses moyens d'exécution propres à l'application brevetée, afin d'écraser ses concurrents à l'expiration du privilége. S'il agit ainsi, soit frauduleusement, soit même avec négligence, le contrat est frappé de nullité dès son origine, parce que l'ouvrage n'est pas celui que la société avait en vue, qu'il y a erreur sur la substance de l'objet conformément à l'art. 1110.

111. L'un et l'autre garantissent à la société la jouissance intellectuelle de leur pensée ou découverte pendant la durée du privilége, en s'obligeant à la mettre dans la circulation, à l'y maintenir et à en répandre des exemplaires en assez grand nombre. L'inexécution de cette obligation est une cause de résolution du contrat. La société a le choix de contraindre l'obligé à l'exécution de son engagement ou de demander la résolution avec dommages-intérêts, suivant l'art. 1184 du Code civil; mais la différence de nature des ouvrages industriels et des autres œuvres de l'intelligence amène nécessairement des résultats différents.

Ainsi, un auteur assume sur lui une responsabilité d'autant plus grande qu'il répand plus de copies ; sa réputation est d'autant plus engagée. Il peut avoir reconnu l'utilité ou même la nécessité de modifier son ouvrage et il lui faut un délai. Certaines œuvres ne sont pas susceptibles d'une reproduction multipliée. Ces diverses raisons peuvent justifier l'auteur qui ne fait pas de publications ou qui n'en fait qu'un petit nombre ; aussi, on n'interprète pas rigoureusement le contrat contre lui personnellement ; tant qu'il vit il est libre de publier ou de ne pas publier, pourvu toutefois que son inaction n'aille pas jusqu'à laisser le privilége périr par le non usage (n°ˢ 136, 290 et 376).

Les mêmes raisons ne se présentent pas, du moins avec autant de force, pour les découvertes industrielles : la réputation de l'inventeur est rarement intéressée dans la plus ou moins grande reproduction de son ouvrage ; sa responsabilité l'est encore moins ; s'il reconnaît l'utilité d'une modification, elle peut faire l'objet d'un nouveau privilége. Il n'a donc pas de motifs légitimes pour priver la société de l'usage qu'il lui a promis ; aussi, doit-on être plus rigoureux envers lui qu'envers l'auteur : on lui assigne un délai préfixe à l'expiration duquel il y aura résolution du contrat.

112. Lorsqu'il y a résolution occasionnée par le privilégié, il perd son droit exclusif de jouissance temporaire, sans pouvoir recouvrer son droit privé de propriété que le fait ineffaçable de la publication lui a enlevé à jamais ; il y a déchéance. Seulement nous avons vu que la différence de nature des ouvrages d'industrie et des autres ouvrages amène quelquefois des résultats différents.

Au contraire, lorsque le contrat est nul, la société et l'inventeur peuvent en faire un autre dans les règles légales ; mais il est clair que, si la publicité qui a suivi le premier projet de contrat a suffi au public pour l'initier à la mise en exercice de la découverte, c'est un fait qui lui donne le droit : le privilége n'est plus possible.

113. Ces diverses dispositions nous expliquent que, l'auteur ayant la faculté légale de modifier son ouvrage, il est inutile d'en constater l'état lors de la formation du contrat ; et que, l'inventeur n'ayant pas le droit de modifier le sien, devant le conserver en nature, il est au con-

traire indispensable d'en constater l'état organique, d'en
faire la description, et pour cela un écrit devient nécessaire.

114. On voit par ce qui précède que le privilége
est un droit analogue à celui d'usufruit, que c'est un
usufruit soumis à quelques règles spéciales par la nature
de son objet; mais, en dehors de ces règles spéciales, il
est régi par les règles du Code civil sur cette espèce de bien.

Ainsi le privilégié doit conserver la substance de l'ouvrage suivant l'art. 578. Il est vrai qu'un auteur peut
le modifier ; mais il ne faut pas aller jusqu'à lui reconnaître la faculté légale de le détruire, car il appartient
à la société et non à lui. Cependant, si en fait l'ouvrage
disparaît ou est tellement modifié que la pensée ne soit
plus la même, la sanction nécessaire de cette violation
du contrat est la perte du privilége.

D'après la nature de ce contrat, le privilégié n'est pas
tenu de donner caution ; il en est d'ailleurs dispensé en
sa qualité d'échangiste sous réserve d'usufruit, aux termes des art. 601 et 1707 combinés.

115. D'après l'art. 516, tous les biens sont meubles
ou immeubles. Cette classification générale, exacte quant
aux choses tangibles, était imparfaite sous le rapport des
choses non tangibles ; les articles suivants ont comblé la
lacune.

L'art. 517 subdivise les immeubles en immeubles par
leur nature, ou par leur destination, ou par l'objet auquel ils s'appliquent. Les art. 518 jusqu'à 525 s'occupent des deux premières espèces, c'est-à-dire de
tous ceux qui sont corporels; et l'art. 526 traite des
immeubles par l'objet auquel ils s'appliquent, c'est-à-
dire des immeubles incorporels, qui comprennent notamment l'usufruit des immeubles corporels.

D'un autre côté, l'art. 527 divise les meubles en meubles par leur nature ou corporels et meubles par la détermination de la loi ou incorporels; puis l'art. 528 s'occupe des premiers, et l'art. 529 des derniers.

Il est indispensable de ranger le privilège dans l'une des deux classes de biens incorporels, soit meubles, soit immeubles. Lors même qu'aucun texte ne s'en serait expliqué nous n'hésiterions pas à reconnaître que cette jouissance n'a rien de commun avec l'usufruit d'un immeuble, et nous la rangerions dans la classe des meubles incorporels, bien qu'elle ne soit pas énumérée nominativement dans l'art. 529. Mais l'art. 14 de la loi du 7 janvier 1791, sur les découvertes industrielles, lève toute espèce de doute; il porte que tout propriétaire de patente pourra en disposer comme d'une propriété *mobilière*.

Quant aux produits vénaux provenant de l'exploitation, ils sont toujours mobiliers; ce sont des fruits industriels quand le privilégié exploite lui-même, et des fruits civils quand il cède son droit d'exploitation à autrui, comme l'indiquent les art. 583 et 584.

116. Il est clair que la valeur d'une pensée devenue appréciable par l'intention de l'auteur est mobilière, puisqu'elle tend à se convertir en un privilége qui est meuble.

Un droit, qui est la conséquence de la faculté légale de ne publier sa pensée inédite qu'à sa volonté, consiste à pouvoir réclamer des dommages-intérêts de quiconque aura, sans la participation de l'auteur ou de l'inventeur, rendu public, débité, communiqué, traduit ou employé pour son usage personnel tout ou partie d'un ouvrage qui est resté la propriété privée de l'auteur ou de l'inventeur suivant l'acception propre de l'expression; ces dommages-intérêts sont également meubles.

117. De cette solution tirons la conséquence que l'auteur a l'action en revendication pour réclamer son manuscrit inédit avec des dommages-intérêts contre quiconque l'a publié sans son assentiment, indépendamment de l'action pénale s'il y a eu soustraction; tandis que l'auteur d'une pensée déjà mise en circulation a toujours l'action en contrefaçon contre le reproducteur, indépendamment de l'action en revendication pour obtenir son manuscrit.

118. Le Code civil, art. 570, décide que si un artisan ou une autre personne a employé la matière d'autrui à former une chose d'une nouvelle espèce, soit que la matière puisse ou non reprendre sa première forme, le propriétaire peut réclamer la chose qui en a été formée en remboursant le prix de la main d'œuvre; mais immédiatement, l'art. 571 donne la préférence à l'artisan, et lui reconnaît le droit de conserver l'ouvrage en remboursant le prix de la matière, lorsque la main-d'œuvre est tellement importante qu'elle surpasse de beaucoup cette matière. Admettant ici ces dispositions, celle de l'art. 571 devient le principe pour les ouvrages de littérature, de science ou d'art, car toujours ou presque toujours, la main-d'œuvre sera de beaucoup plus précieuse que la matière. La proposition n'est pas aussi absolue pour les ouvrages industriels. Du reste, les auteurs et les inventeurs pourront encore invoquer la disposition de l'art. 2279.

119. Au résumé, en considérant la nature juridique, soit du droit d'auteur ou d'inventeur, soit du privilége, soit d'un ouvrage matériel de littérature, de science, d'art ou d'industrie, cette nature suit les règles qui régissent la propriété ou l'usufruit des biens mobiliers. Nous verrons, en traitant des actions, que toutes les contestations qui y sont relatives appartiennent en principe à la juridiction civile, à l'exclusion de la juridiction commerciale. L'art. 638 du Code de commerce conduit en effet à décider par analogie qu'en principe, l'auteur ou l'inventeur, exploitant lui-même son privilége, ne fait pas un acte de commerce : son but primitif n'est pas de faire une spéculation, il ne cherche qu'à faire fructifier son fonds et à en écouler avantageusement les produits. Il faudrait décider autrement si l'exploitation avait un caractère commercial bien prononcé, si par exemple, le privilége faisait l'objet d'une société commerciale (n° 302 et 341).

120. Qu'il me soit permis de faire une distinction qui trouvera son application dans la suite : l'expression *droit d'auteur* ou *droit d'inventeur*, prise d'une manière large, indique généralement tous les avantages qui sont attachés à la qualité d'auteur ou d'inventeur tant avant qu'après la naissance du privilége; mais cette expression peut aussi se prendre d'une manière relative avant toute publication, et alors elle indique le droit qu'a un auteur ou un inventeur d'obtenir un privilége ou de conserver pour lui seul la jouissance de l'ouvrage inédit.

121. Terminons ce chapitre en posant une règle qui me paraît devoir être admise sans difficulté, et qui nous servira de guide dans le chapitre suivant. Le privilége se divisant périodiquement sur des têtes différentes, chaque période forme un usufruit distinct, qui n'a que l'origine de commune avec l'autre période.

En effet, un usufruit est un droit nécessairement viager; l'esprit du Code et les idées historiques tendent à ce qu'il se réunisse le plustôt possible à la propriété. Si l'on admettait que le même droit d'usufruit peut passer successivement d'une tête sur une ou plusieurs autres, cela pourrait avoir pour résultat de rendre la chose inutile à toujours pour le propriétaire. Il est donc de l'essence de l'usufruit qu'il s'éteigne par la mort de l'usufruitier; une clause contraire, soit conventionnelle, soit écrite dans la loi, sera bien exécutée au profit de ses représentants, mais il y aura un nouvel usufruit. Or, chaque usufruit périodique est inhérent à la personne du privilégié quant à son existence et à sa durée; une fois ouvert sur sa tête il ne peut plus en être détaché, si ce n'est pour s'éteindre ou profiter à un autre usufruitier, lors même que l'exercice matériel vient à passer à une personne étrangère, lors même que l'auteur premier privilégié a cédé le privilége au-delà de la première période, comme la loi lui en donne quelquefois le droit à raison de la faveur qui s'attache à la cause originaire du privilége, et pour ne pas frapper cette première période de stérilité en obligeant l'auteur à l'exploiter lui-même, parce que les spéculateurs trouveraient sa durée trop incertaine (n°. 140).

Cette règle est spéciale au privilége des auteurs; elle ne s'applique pas à celui des inventeurs, qui a toujours une durée fixe et invariable.

CHAPITRE IV.

SUJET ET DURÉE DU PRIVILÉGE.

Pour plus de clarté de ce chapitre, nous le diviserons en deux sections: l'une pour les priviléges d'auteur, l'autre pour les priviléges d'inventeur; chacune sera subdivisée en paragraphes.

SECTION PREMIÈRE.

Sujet et durée du privilège des auteurs.

§ 1er. Des auteurs.

122. Par la publication d'un ouvrage de littérature, de science ou d'art, l'auteur français acquiert un privilége qui lui est garanti pendant toute sa vie par les lois de 1791 et de 1793 et par le décret de 1810.

123. Dicté par une heureuse pensée, l'art. 40 du même décret accorde un privilége, pendant sa vie, à l'auteur étranger, qui fait la première publication en France d'un livre ou d'un écrit imprimé ou gravé; mais cette dérogation au principe posé par l'art. 11 du Code civil ne peut être étendue aux ouvrages d'art, pas même aux compositions musicales, ni au droit de représentation des œuvres dramatiques.

L'auteur étranger acquiert et conserve un privilége pendant sa vie sur toute espèce d'ouvrages dont il fait la publication, même le droit de représentation théâtrale, lorsqu'il a été admis par l'autorisation du roi à établir son domicile en **France**, tant qu'il continue d'y résider, ou bien encore, lorsque les traités faits avec sa nation accordent un droit semblable aux Français (art. 11, 13, 16 C. C.)

124. L'état et la capacité civile d'un auteur sont indifférents à la naissance du privilége : une femme mariée, un mineur, un interdit en est investi aussi bien que s'il avait l'exercice de ses droits; cela tient à une raison inhérente à la nature du contrat qui donne naissance au privilége. Il est vrai que ce contrat impose au privilégié des obligations dont l'inexécution entraîne la déchéance du privilége; mais nous avons vu que cette

inexécution manque le plus souvent de sanction. Inutile
d'ajouter que l'incapable ne peut jamais obtenir la rescision pour cause de lésion, la nature du privilége
excluant toujours ce vice ; où serait d'ailleurs l'intérêt
de l'incapable qui ne pourrait plus reprendre sa pensée
devenue publique? (n° 107).

125. Bien plus, un individu acquiert valablement
un privilége sur l'ouvrage dont il est l'auteur et qu'il
publie depuis que la mort civile l'a frappé : car, nonobstant cet état, il peut faire généralement tout ce qui est
relatif au trafic, au *commercium;* les droits civils de
particulier à particulier lui sont seuls enlevés. Il peut,
par conséquent, faire un échange avec la société ; d'autant plus que celle-ci a tout à y gagner, puisque, si elle
ne consentait pas à lui conférer un privilége, il pourrait
la priver de la jouissance de son ouvrage en gardant le
secret (n° 163).

126. En cas d'absence déclarée du privilégié, l'article 123 du Code civil est applicable. Après l'envoi en
possession provisoire, le privilégié de la deuxième période peut, en donnant caution, exercer provisoirement
son droit d'usufruit, à partir par rétroactivité du jour
de la disparition ou des dernières nouvelles. Et, si l'absent est l'usufruitier de la dernière période, le privilége
a fait retour, au moins provisoirement, à partir de la
même époque, au profit de la société qui, étant toujours
solvable, est dispensée de donner caution.

127. Lorsque l'absent a laissé un manuscrit inédit, il
faut, je crois, appliquer les articles 125, 129, 131 et
132 du Code civil, combinés avec le décret du 1er germinal an XIII. Si l'on ne reconnaît pas évidemment que
l'absent avait l'intention de publier son ouvrage, on doit
le laisser inédit ; autrement il peut être livré à la publi-

cité sous le nom de l'absent. Dans ce dernier cas, le sort n'en sera fixé que plus tard. Si l'envoi en possession définitif vient à être prononcé, ou que cent ans se soient écoulés depuis la naissance, le privilége aura été acquis du jour de la publication aux envoyés en possession provisoire, comme propriétaires d'un ouvrage posthume. Si l'absent reparaît ou si son existence est prouvée à une époque quelconque, le privilége se sera ouvert sur sa tête; la première période ne s'éteindra qu'à sa mort, et les règles ordinaires seront observées pour la deuxième période. S'il reparaît ou que son existence soit prouvée avant l'envoi en possession définitif ou avant les cent ans, il rentrera dans la plénitude du privilége; après il le prendra dans l'état où il le trouvera (n° 105).

128. Le type des ouvrages de l'intelligence est celui qui sort d'un seul cerveau; mais, de même que ce type peut, étant modifié, former un ouvrage nouveau, de même un ouvrage qui n'a pas de précédent peut être le fruit de plusieurs esprits coalisés. Dans cette dernière hypothèse, quel est le sujet du privilége?

Étant une délibation d'un ouvrage de l'esprit, le privilége est, comme cet ouvrage, un et indivisible, et il ne saurait en être accordé plusieurs pour le même ouvrage. Si donc un ouvrage a été fait collectivement et qu'il soit publié sous le nom de divers auteurs ou sous une dénomination collective, il devient indispensable de constater si la collection a un caractère légal.

Une association d'auteurs constitue, à mon avis, une société légale, dans laquelle chacun apporte sa collaboration intellectuelle, en vue de former une masse de leurs pensées pour leur donner plus de force, en faire jaillir plus de lumière, et en retirer ensuite des avantages pé-

cuniaires. Il y a bien là le concours de trois éléments,
exigé par l'art. 1832 : la volonté, un objet et un but
intéressé. C'est bien là le triple caractère distinctif entre
le contrat de société et la communauté d'intérêts qui
n'est que le résultat du hasard ou de la loi. Une telle
société aura quelquefois un caractère commercial, presque toujours un caractère civil, selon qu'elle réunira ou
ne réunira pas les trois conditions d'exercice, d'habitude et de profession publique d'actes de spéculation.
Appliquant alors en principe les dispositions du Code
civil, rarement les dispositions du Code de commerce,
nous trouvons dans cette association un être moral qui
est sujet de privilége ; et le privilége dure trente ans
d'après l'art. 619 du Code civil. Quant à la preuve de
l'existence de la société, elle se révélera par le fait de
la publication de l'ouvrage sous un nom collectif ; elle
pourra même être faite contre les associés par tous autres
moyens, d'après les art. 1832 du Code civil et 42 du
Code de commerce combinés.

Cette doctrine, que je crois seule vraie et seule conforme aux principes, écarte les abus qui entoureraient
un privilége collectif prolongé jusqu'à la mort de tous
les auteurs vrais ou supposés du même ouvrage, jusqu'à
la mort de toutes les veuves de ces auteurs, et pendant
un certain temps sur la tête de leurs héritiers. De plus,
elle écarte les innombrables inconvénients d'une gestion
commune, et elle lève toute difficulté en ce qui concerne
l'application de l'art. 815 du Code civil. Il n'est pas douteux, en le combinant avec l'art. 1872, qu'à la dissolution de la société, avant l'expiration de trente années,
l'indivision du privilége n'est pas forcée ; sa jouissance
peut faire l'objet d'un partage amiable ; le droit lui-
même peut entrer en entier dans un lot, sinon il doit être

licité puisqu'il est indivisible par sa nature. Il en sera ainsi dans tous les cas d'indivision, quelle qu'en soit la cause ; et l'on observera à cet égard les règles prescrites tant par le Code civil que par le Code de procédure civile.

129. Un privilége pouvant reposer sur un être moral, il en résulte qu'une corporation telle qu'une académie ou une congrégation religieuse légalement constituée peut être un sujet de privilége, qui durera trente ans suivant l'art. 619. Ce privilége appartiendra à la corporation, non-seulement lorsque l'œuvre sera collective, une production intellectuelle de tous ou de quelques uns de ses membres, mais encore lorsque la corporation n'aura de commun avec l'ouvrage que le titre de propriétaire quel qu'en soit l'auteur.

130. L'état étant aussi un être moral composé de trente-cinq millions de Français, est un sujet de privilége dont la durée expire après trente ans ; et il ne faut rien moins que la volonté du législateur pour déroger au droit commun par une loi spéciale, en accordant à l'état un privilége perpétuel ou plutôt un droit de propriété absolu sur tel ouvrage. Du reste, les inconvénients de la perpétuité ne sont pas bien à redouter, puisque l'état représente l'universalité des Français pris en masse, et que, si le privilége n'était que temporaire, il se réunirait lors de sa cessation au domaine public proprement dit, qui confère un droit à chaque Français individuellement. Mais au fond, il y aura rarement des raisons suffisantes pour justifier cette violation du droit commun.

131. Pour compléter ce que nous avons dit sur les êtres moraux, nous devons ajouter que le privilége, au lieu d'expirer immédiatement après trente ans depuis

sa naissance, durera jusqu'à ce qu'une révolution de
cent années se soit accomplie pour tout privilége qui
s'est ouvert au profit d'un être moral dans l'intervalle
qui sépare la législation spéciale et la législation du
Code civil, parce que dans l'ancien ordre de choses un
usufruit durait un siècle au profit d'un être moral, et
que le Code civil n'a pas eu d'effet rétroactif (art. 2).

132. Quant aux ouvrages composés d'articles d'auteurs divers réunis en un seul corps, tels qu'une revue,
une feuille périodique, une biographie, un diction-
naire, chacun pris dans son ensemble a pour auteur le
directeur ou le propriétaire de l'entreprise, parce que
c'est lui qui est le créateur et l'organisateur de la pensée
fondamentale. C'est sur sa tête que s'ouvre le privilége
dont la durée est déterminée par sa condition légale.
Mais le privilége pour l'exploitation de chaque article,
soit isolément, soit en recueil, appartient à chacun des
auteurs proprement dits, et est réglé par sa condition
légale. Pour la computation des délais, lorsque l'ouvrage
est publié par fractions, on prend pour point de départ
l'époque de la publicité donnée à chaque partie.

133. Quand un ouvrage est anonyme ou pseudonyme, l'éditeur est présumé en être l'auteur, et le privilége s'assied sur sa tête au moins provisoirement. En
effet, la société tient de lui la propriété de l'ouvrage,
elle a une dette à payer, et peu lui importe de qui lui
vient le service qu'elle reçoit. Une responsabilité pèse
sur l'éditeur; et d'après le texte et l'esprit de la loi, le
véritable propriétaire (c'est-à-dire privilégié) d'un ouvrage peut être tout autre que l'auteur, puisque les cessionnaires sont admis; et quand il y a délit, le véritable
propriétaire à indemniser est l'éditeur qui souffre de la
contrefaçon.

134. Quel est le droit des propriétaires d'ouvrages posthumes?

Le décret du 1ᵉʳ germinal an XIII accorde aux propriétaires par succession ou à d'autres titres d'un ouvrage posthume, les mêmes droits qu'à l'auteur, et il leur applique les dispositions des lois sur les droits d'auteur quant à l'étendue et à la durée, « parce « que, dit le préambule, l'ouvrage inédit est comme « l'ouvrage qui n'existe pas ; que celui qui le publie a « les droits de l'auteur décédé et doit en jouir pendant « sa vie. »

Ce décret ne s'arrête qu'au fait de la détention joint à celui de la publication, pour conférer au détenteur les mêmes avantages qu'à l'auteur. Cela ressort du préambule qui parle même des *dépositaires*, et est confirmé par le rapprochement de la première rédaction du projet qui établissait une présomption de propriété en faveur des héritiers ; en un mot : le décret traite la propriété des manuscrits comme toute propriété d'objets mobiliers corporels ; il reconnaît qu'elle est sous la protection du principe posé dans l'art. 2279, qu'en fait de meubles possession vaut titre. Ce décret ne s'arrête pas là, il attache à cette propriété tous les avantages des droits d'auteur.

Cette disposition, spéciale aux manuscrits comme le prouvent clairement les termes du décret, s'explique par les vues d'utilité publique qui ont présidé à sa rédaction : la société est toujours intéressée à recevoir la communication d'une œuvre de l'intelligence ; le service est le même pour elle, quel que soit celui qui lui fait cette communication ; il est à craindre pour la conservation et la pureté de l'ouvrage, si l'on ôte au détenteur tout intérêt à le publier, et cet intérêt pourrait n'être pas suffisant s'il était restreint au court délai de la seconde période du privilége.

135. Ces diverses raisons rendent bien compte de la faveur attachée au double fait de détention et de publication ; mais le décret met-il le privilégié à l'abri des réclamations des héritiers ou autres représentants auxquels appartient réellement le droit d'auteur ? Je ne le crois pas Et, en effet, *utilitatis causa* le décret fait bien dériver le droit d'auteur de la propriété du manuscrit matériel ; mais ce n'est là qu'une fiction qui doit être restreinte au cas prévu : le privilége est acquis au propriétaire et est attaché à sa personne, voilà tout. Reste à examiner si le propriétaire avait réellement le droit d'auteur.

Il ressort clairement de la loi de 1793 et de la nature d'un manuscrit, que l'auteur a deux droits bien distincts, celui de vendre l'original matériel de sa pensée et celui de céder le droit d'exploiter cette pensée. Chacun de ces droits peut faire l'objet d'un contrat séparé qui produira des effets différents de l'autre. Or, il est de principe que la renonciation à un droit ne se présume pas facilement ; sur quoi se fonde donc l'acheteur de l'ouvrage corporel pour s'attribuer le privilége de l'exploitation ? Il ne peut invoquer la règle d'après laquelle l'accessoire suit le principal, car le privilége, inhérent à la personne de l'auteur, n'est pas un accessoire de l'ouvrage corporel ; il ne peut pas plus se retrancher derrière l'art. 2279 qui ne s'applique qu'aux choses matérielles. L'acheteur ne sera pas admis davantage à exciper de l'art. 1602 du Code civil ; le vendeur lui répondrait : je vous ai vendu un objet corporel et je vous l'ai livré ; partant, j'ai satisfait à mon obligation ; prouvez que j'ai promis autre chose.

Ne peut-il pas arriver, en effet, qu'un auteur donne son manuscrit à un ami en se réservant le droit exclusif de l'éditer à sa volonté ; que cet ami promette de le lui représenter à sa demande; que tous deux meurent bientôt, et que les héritiers du donataire, ignorant cette con-convention, publient l'ouvrage ? Sans doute, étant de bonne foi, le décret les met à l'abri de tous dommages-intérêts. Mais il y aurait iniquité à leur laisser l'émolument du privilége : l'amour du bien public n'a pu entraîner le législateur jusqu'à consacrer un tel principe.

De là je conclus que les héritiers ou représentants de l'auteur peuvent actionner le privilégié et obtenir de lui l'équivalent des avantages produits par le privilége, s'il n'établit pas que le droit d'auteur lui appartient légitimement : il leur suffit pour cela d'invoquer l'art. 1382. Ils peuvent même, non pas rattacher le privilége à leur personne, mais en obtenir le bénéfice par une sorte de subrogation en usant de l'art. 1166 , seuleme nt ils ont à craindre le concours des autres créanciers du privilégié.

De cette solution ressort le principe que la donation ou la vente d'un manuscrit n'est pas par elle seule attributive du droit d'auteur en faveur du donataire ou de l'acheteur : cette attribution ne peut résulter que de l'intention commune des parties. Il est vrai qu'en fait cette intention accompagnera souvent la vente ou la donation, et que la preuve pourra en être puisée dans les circonstances, par exemple lorsque le prix sera élevé.

136. Il est évident que le décret de l'an XIII s'occupe même des manuscrits déjà émis oralement et sur lesquels s'est ouvert un premier privilége : comment donc le propriétaire actuel peut-il être gratifié d'un nouveau privilége? Il me semble que cela s'explique, tant par les vues d'utilité publique qui ont guidé le législateur, que

9

par l'extinction du premier privilége. En effet, par l'é-
mission orale de sa pensée l'auteur a contracté l'obligation d'en procurer l'usage au public, en compensation
du privilége qu'il acquérait. S'il laisse écouler un assez
long espace de temps sans faire de publication matérielle, il ne remplit pas sa promesse, le contrat est résolu pour inexécution, il y a déchéance du privilége, la
pensée est tombée entièrement dans le domaine public,
et chacun a le droit de la reproduire; mais un obstacle
de fait s'oppose à l'exercice de ce droit : il manque un
exemplaire de cette pensée. C'est alors que le décret, in-
quiet sur son sort, fait appel à tout propriétaire d'un
manuscrit, qu'il l'engage à le faire imprimer et publier,
en lui promettant un privilége comme à l'auteur lui-
même, sans qu'il ait à redouter aucune réclamation
quelconque; à la différence de celui qui publie un ouvrage posthume qui n'a encore reçu aucune publicité
même orale. Cela nous prouve que le législateur a vu
une résolution du pacte entre la société et l'auteur dans
cela seul que celui-ci vient à mourir sans avoir publié
sa pensée par la voie de l'impression (n° 111).

137. Quoique le décret de 1810 et la loi de 1844
ne rappellent pas le décret du 1ᵉʳ germinal an XIII, il
n'est pas douteux qu'ils s'y appliquent et qu'il y a as-
similation complète entre le propriétaire d'un ouvrage
posthume et un auteur, entre leurs veuves et leurs enfants; de même aussi entre leurs héritiers et leurs successeurs irréguliers.

138. Doit-on étendre le décret de l'an XIII aux manuscrits inédits, qui, du vivant de l'auteur, sont publiés
par un autre individu? Quoiqu'il ne soit pas applicable,
et même qu'un argument *a contrario* le fasse rejeter, il
est impossible de ne pas arriver à un résultat analogue

à celui que produit ce décret. Le privilége nait par le fait de la publication de l'ouvrage jusqu'alors inédit ; il est la récompense du service procuré à la société ; et, comme celle-ci ne connaît que celui de qui émane la publication, c'est à lui qu'elle assure, au moins provisoirement, la jouissance du privilége ; mais elle ne lui garantit pas qu'il soit à l'abri des réclamations de l'auteur, qui peut agir contre lui pour en obtenir des dommages-intérêts, et revendiquer le privilége comme étant né directement à son profit et en sa personne.

139. Ce que nous venons de dire des manuscrits inédits publiés du vivant de l'auteur, s'applique également à la publication d'un ouvrage d'art inédit faite après la mort de l'auteur.

Il en est de même d'un ouvrage d'art inédit publié du vivant de l'auteur par un autre que lui ; mais il pourra être difficile de reconnaître si l'ouvrage est inédit, puisque, comme nous l'avons vu, l'auteur, qui vend l'original d'un ouvrage d'art, conserve en principe le privilége de la reproduction, et que, s'il meurt sans avoir usé de ce privilége, il pourra être douteux si la vente de l'original a fait perdre à l'ouvrage sa qualité d'inédit.

Telle est, sur l'application du décret de l'an XIII, la théorie que je propose, parce qu'elle me paraît concilier les principes du droit avec l'équité (n° 105).

140. Le privilége étant une jouissance temporaire, la première période s'éteint, comme tout usufruit, par la mort naturelle du privilégié, conformément à la législation spéciale qui est d'accord avec l'art. 617 du Code civil.

141. Il s'éteint aussi par sa mort civile, d'après le même article, qui ne fait pas de distinction entre l'usu-

fruit mobilier et l'usufruit immobilier. La raison de douter, si elle pouvait exister, se tirerait de l'art. 1982, d'après lequel la rente viagère ne s'éteint pas par la mort civile. Mais, en réalité, il n'y a d'analogue entre un usufruit et une rente viagère que la durée temporaire de l'un et de l'autre, et la différence qui existe dans leur mode de cessation s'explique par l'esprit qui domine dans la législation française en matière de propriété.

En effet, les idées légales repoussent toujours ce qui touche à la servitude; elles tendent à la liberté de la propriété, à sa réunion avec l'usufruit; elles ne veulent pas qu'elle soit trop longtemps divisée entre plusieurs mains : aussi, voyons-nous toujours la loi interposer son autorité dans les conventions relatives à la création d'un usufruit. De plus, l'usufruit étant une relation légale entre une personne et une chose, cette relation cesse nécessairement quand la personne n'existe plus aux yeux de la loi, quand aucun lien légal ne l'attache plus à la société (n° 121).

Il en est autrement quand il s'agit d'une rente qui est une créance et non un démembrement de la propriété. Sa durée peut être réglée par la convention seule, et l'on peut n'avoir en vue que la vie physique du rentier. Une rente est, de sa nature, perpétuelle et transmissible. Ce sont les parties qui lui impriment le caractère viager; dès lors il est permis de rechercher quelle a été l'intention des parties, pour donner un sens au mot viager : et nous apercevons facilement qu'elles ont pris la durée de la vie naturelle pour durée de la rente; c'est ainsi qu'on peut prendre pour durée la vie d'un tiers, d'après l'art. 1971.

Si, prenant la loi spéciale à la lettre, on admet que

le privilége est un droit de propriété, on arrive à décider que le droit personnel de l'auteur lui échappe par sa mort civile, en vertu de l'art. 25, d'après lequel le mort civil perd la propriété de tous ses biens, et sa succession est ouverte au profit de ses héritiers auxquels ses biens sont dévolus de la même manière que s'il était mort naturellement et sans testament. Or, si l'auteur était mort naturellement, le privilége, comme droit de propriété, passerait immédiatement à ses héritiers en cette qualité d'héritiers; si, au contraire, le privilége se prolonge sur la tête de l'auteur, ses héritiers auront une jouissance temporaire autrement que s'il fut mort naturellement. D'ailleurs, en ouvrant la succession par la mort civile, la loi a voulu l'ouvrir tout entière en faveur des héritiers les plus proches à ce moment; et, si le privilége se prolonge sur la tête du mort civil, il pourra en résulter cette contradiction, que les héritiers les plus proches, qui recueilleront personnellement le privilége lors de la mort naturelle, ne seront pas les mêmes que les héritiers les plus proches lors de la mort civile. Ce résultat prouve que notre première solution est seule exacte.

§ 2. De la veuve, des enfants, des autres héritiers et des successeurs irréguliers.

142. Au lieu de limiter à l'auteur seul la récompense accordée à son travail, la loi a voulu y faire participer quelquefois son conjoint et sa famille, quelquefois sa famille sans son conjoint, en étendant le privilége jusqu'à eux. Ses parents auraient pu être traités plus largement, sans avoir cependant un droit perpétuel comme sous la législation de 1777.

Mais, plus on avance dans cette matière, moins il y a

d'uniformité dans les dispositions de la loi, et plus on sent le besoin de se rattacher aux principes qui peuvent seuls guider dans cette sorte de dédale législatif.

143. La deuxième période du privilége s'ouvre toujours à la mort naturelle ou civile de l'auteur.

Elle est dévolue tantôt à sa veuve, tantôt à ses enfants, tantôt à ses héritiers et à ses successeurs irréguliers ; et sa durée varie suivant le genre de l'ouvrage.

Cette durée est toujours de dix ans pour les ouvrages d'art en tout genre (excepté pour les compositions musicales dramatiques), quel que soit le privilégié, conformément à l'art. 2 de la loi de 1793 auquel il n'a pas été dérogé en ce point.

Elle dure au profit de la veuve pendant toute sa vie pour l'impression et le débit des livres et écrits, suivant l'art. 39 du décret de 1810 combiné avec l'art. 2 de la loi de 1793, et pendant vingt ans seulement pour la représentation des œuvres dramatiques, en vertu de la loi du 3 août 1844 combinée avec l'art. 5 de la loi de 1791.

Au profit des enfants, sa durée est de vingt ans pour l'impression et le débit des livres et écrits comme pour la représentation des œuvres dramatiques, en vertu de l'art. 39 du décret de 1810 combiné avec l'art. 2 de la loi de 1793, et d'après la loi de 1844 combinée avec l'art. 5 de la loi de 1791.

Elle dure dix ans au profit des autres héritiers que les enfants et au profit des successeurs irréguliers, tant pour l'impression et le débit des livres et écrits que pour la représentation des œuvres dramatiques, conformément à l'art. 2 de la loi de 1793 et à l'art. 5 de la loi de 1791, auxquels il n'a pas été dérogé en ce point.

144. Pour savoir comment ces délais se combinent

entre eux nous avons besoin de rapprocher quelques textes.

L'art. 5 de la loi du 19 janvier 1791 sur les spectacles est ainsi conçu : « Les héritiers ou les cessionnaires des » auteurs seront propriétaires de leurs ouvrages durant » l'espace de cinq années après la mort de l'auteur. »

Et, d'après l'art. 2 de la loi de 1793, les héritiers ou cessionnaires de l'auteur d'un ouvrage d'esprit ou de génie en tout genre jouiront du même droit que lui pendant dix ans après sa mort.

De ces deux textes pris à leur origine avant toute modification ressortent les trois conséquences suivantes, qui concernent les ouvrages de l'esprit ou du génie en tout genre :

Le mari auteur peut céder le privilége même pour la durée entière de la seconde période ; donc cette seconde période est dans son domaine, car nous ne pouvons céder que ce qui nous appartient.

Les appelés de la seconde période prennent le privilége dans l'état où l'auteur le laisse ; si celui-ci l'a cédé en totalité pour toute sa durée, ils n'ont que le vain titre de privilégiés ; s'il l'a cédé en partie, ils ont l'autre partie.

Lorsqu'il y a eu cession, c'est la jouissance du privilége qui est passée au cessionnaire et non son existence, non la relation légale, qui, s'étant assise sur la personne des appelés nonobstant le fait antérieur de cession, est inséparable de cette personne.

145. Depuis que le Code civil est en vigueur, tout le mobilier des époux entrant dans la communauté d'après l'art. 1401, le privilége sur un ouvrage du mari y tombe, qu'il soit né avant ou pendant le mariage, à moins d'une clause d'exclusion. Lors de la dissolution de la commu-

nauté, arrivant par la mort de l'un ou l'autre époux ou par la séparation de biens, ce qui reste non cédé tant sur la première que sur la deuxième période du privilége revient pour moitié à chacun des époux ou à ses héritiers suivant l'art. 1474. Ce résultat s'explique facilement : le mari peut céder à une personne qui lui est étrangère le privilége pour la première et même la deuxième période, et alors le prix de la cession entre dans la masse active de la communauté, d'après l'art. 1401 ; à plus forte raison le mari peut y faire entrer le privilége lui-même (n° 152).

146. Ces dispositions, qui offraient de l'uniformité et de la clarté, ont été notablement modifiées comme nous allons le voir.

L'art. 39 du décret de 1810 est ainsi conçu : « Le » droit de propriété (des livres et écrits) est garanti à » l'auteur et à sa veuve pendant leur vie, si les conven- » tions matrimoniales de celle-ci lui en donnent le droit, » et à leurs enfants pendant vingt ans. »

Et, d'après l'art. 40 : « Les auteurs, soit nationaux, » soit étrangers, de tout ouvrage imprimé ou gravé (c'est- » à-dire de livres et écrits), peuvent céder leur droit à » un imprimeur ou libraire ou à toute autre personne, qui » est alors substituée en leur lieu et place pour eux et » leurs ayant-cause, comme il est dit en l'article précé- » dent. »

Enfin, la loi de 1844 porte que : « La veuve et les en- » fants des auteurs d'ouvrages dramatiques auront à l'a- » venir le droit d'en autoriser la représentation et d'en » conférer la jouissance pendant vingt ans, conformé- » ment aux dispositions des art. 39 et 40 du décret im- » périal du 5 février 1810. »

147. De ces trois articles ressortent les conséquences suivantes :

Ils n'ont, sur aucun ouvrage, touché au fond ni des lois de 1791 et 1793 ni du Code civil, car ces différents textes ne sont ni contraires ni incompatibles, et aucun d'eux n'abroge les autres. De sorte que, pour la représentation des œuvres dramatiques, l'impression et la vente des livres et écrits, la fabrication et le débit de tous ouvrages d'art, ces deux lois et le Code civil ont toujours pour effet de laisser à la libre disposition du mari la première période du privilége et la seconde période de cinq ou dix ans; de faire tomber ces deux périodes dans la communauté, de les attribuer aux époux ou d'attribuer la deuxième à leurs héritiers à chacun pour moitié, sans distinguer s'il y a ou non des enfants, ni quelle cause a dissous la communauté; de rendre la deuxième période de cinq ou dix ans transmissible par les nouveaux privilégiés après l'avoir eux-mêmes reçue dans l'état où l'aura laissée l'auteur. Cela ne peut faire le moindre doute quant au droit du mari sur le privilége accordé par la loi de 1791, car la loi de 1844, qui y est corrélative et qui seule pourrait avoir restreint son droit, ne parle pas du mari. Je ne vois pas plus de raison de douter sur le droit accordé au mari par la loi de 1793 : c'est à ce droit que s'applique la faculté de céder dont parle l'art. 40 du décret de 1810.

Si ces deux périodes du privilége ne continuaient pas à tomber dans la communauté, le décret de 1810 et la loi de 1844, au lieu d'être favorables à la femme, lui seraient défavorables, puisque d'une part elle n'aurait droit au privilége qu'après la mort de son mari, tandis que, d'après les lois de 1791 et 1793, comme femme commune elle peut participer au privilége après la séparation de biens, ou, en mourant la première, elle peut transmettre son droit à ses héritiers ; d'une autre part, ses conventions matrimoniales pourraient seules la faire participer au privilége, tandis que cet avantage peut lui être conféré même par acte fait pendant son mariage, en vertu des lois de 1791 et 1793.

148. Les droits de la veuve et des enfants au privilége des œuvres dramatiques, des livres et des écrits, ont été modifiés à leur avantage, sans que la modification ait changé aucunement les droits que le mari tient des lois de 1791 et 1793, sans qu'elle les ait augmentés ni diminués en aucune façon. C'est un avantage purement personnel que le législateur a voulu faire à la veuve et aux enfants exclusivement à tous autres, en dehors des règles ordinaires sur la transmission des biens. Par conséquent, le mari ne peut en disposer sous quelque forme que ce soit.

Ce qui prouve que cet avantage est accordé exclusivement à la veuve, c'est le texte même du décret de 1810, qui porte que le droit de propriété est garanti à l'auteur et à sa *veuve* ; et la loi de 1844 répète le mot de *veuve*. Je tire de là la conséquence que le mari ne peut pas en faire cession. En effet, il est bien évident que, si la femme ne survit pas au mari, la cession que celui-ci aura faite sera nulle faute d'objet, puisque l'avantage ne s'ouvrira pas ; or, concevrait-on que le législateur eut autorisé le mari à constituer un avantage au profit de sa femme en vue de son veuvage, pour le mettre à même de faire une spéculation pécuniaire qui l'en priverait à jamais. Un autre argument se tire de ces mots de l'article 39 : « ..... si les conventions matrimoniales de celle-ci lui en donnent le droit ; » donc en l'absence de ces conventions l'avantage n'existera pas, et par conséquent il ne pourra être cédé.

Un raisonnement analogue démontre que le père ne peut pas plus disposer du nouvel avantage accordé à ses enfants.

L'art. 46 du décret, en permettant à l'auteur de céder son droit, veut parler du droit qui lui est personnel et qui n'est nullement changé par ce décret. La loi de 1844 vient à l'appui de mon opinion : elle ne parle ni du mari ni du père ; et de ce silence il résulte bien clairement que le droit qui lui vient de la loi de 1791 est resté le même.

149. Mais la veuve ne tient pas son nouvel avantage de la loi, où plutôt elle ne le tient pas de la loi seule ; celle-ci ne fait que prolonger en sa faveur la durée du privilége, tantôt jusqu'à sa mort, tantôt pendant un certain délai ; puis elle ajoute : « ... si les conventions matrimoniales de celle-ci lui en donnent le droit... »

Lorsqu'un contrat de mariage s'explique formellement sur le droit de la veuve au privilége prolongé, on exécute la convention, et la femme peut ainsi acquérir un droit immédiat ou qui s'ouvrira plus tard, soit à une moitié du privilége, soit au privilége entier.

S'il n'y a pas de contrat de mariage écrit, ou s'il y en a un qui ne s'explique pas, le droit de la veuve au privilége prolongé ne peut résulter que de l'établissement tacite d'une communauté, d'après l'art. 1400 du Code civil, et alors, la femme n'a d'expectative comme commune que sur moitié du privilége ; ce qu'il importe de bien retenir, à cause de la différence avec le cas précédent.

150. En nous plaçant dans cette hypothèse d'une communauté sans clause spéciale touchant un ouvrage dramatique, un livre ou un autre écrit, voici, à mon avis, les résultats auxquels on arrive lors de la dissolu-

tion par la séparation de biens ou par la mort de l'un des époux.

Toujours et avant tout, la cession du privilége faite par l'auteur, soit antérieurement à son mariage comme auteur, soit pendant la durée de la communauté comme administrateur, doit être respectée jusqu'à l'expiration des cinq ou dix années qui suivent la mort du mari, conformément aux lois de 1791 et 1793.

Toujours le droit au privilége appartient pour moitié à chacun des époux ou à sa succession, et forme en quelque sorte deux patrimoines distincts jusqu'à l'expiration de ces cinq ou dix années, d'après l'art. 1474 du Code civil.

Chaque époux ou sa succession jouit séparément de la moitié du privilége jusqu'à l'expiration de ces cinq ou dix années, sans que l'autre y ait aucun droit.

A la mort du mari, s'il ne laisse pas d'enfants, sa moitié jusqu'à l'expiration de cinq ou dix ans passe à ses héritiers ou à ses successeurs irréguliers, suivant les lois de 1791 et 1793. S'il laisse des enfants, ce sont eux qui, comme plus proches héritiers, prennent cette moitié, qui se prolonge jusqu'à vingt ans après le décès de leur père en vertu du décret de 1810 et de la loi de 1844.

Si la femme survit à l'expiration des cinq années qui suivent la mort de son mari, auteur d'une œuvre dramatique, sa moitié du privilége pour la représentation est prolongée pendant quinze années nouvelles, d'après la loi de 1844. Si elle survit à l'expiration des dix années qui suivent la mort de son mari, auteur d'un livre ou écrit, sa moitié du privilége est prolongée pendant toute sa vie par le décret de 1810. (Le droit exclusif d'impression et de débit peut donc survivre au droit exclusif de représentation théâtrale du même ouvrage).

Lorsque sa moitié se prolonge au-delà de la durée de

la moitié dévolue aux enfants ou autres héritiers du mari, la veuve obtient cette dernière moitié jusqu'à l'extinction de sa moitié personnelle. Réciproquement, lorsque la moitié dévolue aux enfants du mari se prolonge au-delà de la durée de la moitié dévolue à la femme ou à ses héritiers, les enfants du mari obtiennent cette dernière moitié jusqu'à l'extinction de leur moitié personnelle.

151. Mais pourquoi la moitié du privilége qui échappe à l'un des ayant-droit revient-elle à l'autre moitié, au lieu de faire retour au domaine public? Plusieurs raisons me paraissent concourir à ce résultat.

Suivant les principes du droit romain, dans les dispositions d'usufruit faites à plusieurs personnes, le droit d'accroissement avait lieu lorsque l'une d'elles venait à mourir même après avoir recueilli sa part de l'usufruit; et cette règle était généralement adoptée dans l'ancienne jurisprudence française comme l'attestent tous les auteurs.

Dans le silence du Code civil, on peut aujourd'hui invoquer la raison du droit romain en faveur du droit d'accroissement. Il est vrai que l'accroissement n'a pas lieu dans les dispositions de rentes viagères; mais cela tient à ce qu'une rente est une créance, et que toute créance est divisée entre les créanciers par la seule force de la loi suivant le principe consacré par l'art. 1220 du Code civil; tandis que, dit-on, un usufruit est un droit réel, une relation légale indivisible quant à son existence; et de là on conclut qu'il y a accroissement.

Quoiqu'il en soit sur cette question, un point qui ne laisse aucun doute, c'est que, quand il y a disposition en faveur de plusieurs personnes d'une chose non susceptible d'être divisée sans détérioration, tel qu'un privilége d'auteur ou d'inventeur, cette chose forme un tout in-

séparable dont chaque partie fractionnaire attire à elle
toutes les autres ; quiconque a la moindre fraction possède le germe tout entier, il a un droit ouvert à toute
la chose ; seulement un obstacle de fait peut s'opposer à
l'exercice de ce droit entier, par la présence des autres
ayant-droit *concursu partes fiunt ;* mais vienne à disparaître cet obstacle, et alors il recouvre la plénitude
de cet exercice *jure non decrescendi*. Tel est le principe
consacré par l'art. 1045 spécialement pour les legs, et
qui doit être généralisé.

Appliquant cette règle à notre espèce : tant qu'une
moitié était appréhendée par les héritiers du mari, la
veuve avait bien droit au privilége entier, mais elle
n'avait la jouissance et l'exercice que de moitié ; l'expiration de la durée de la première moitié lui fait obtenir
la plénitude de cet exercice et de cette jouissance.

La même application doit être faite à la moitié du
privilége prolongé qui est indivise entre les enfants de
l'auteur : la mort de l'un d'eux sans postérité grossit le
droit des autres. C'est seulement après l'extinction de la
ligne descendante de l'auteur que cette moitié fait retour à l'autre moitié, quand elle ne l'a pas attirée à elle.

Enfin, nous devons aller plus loin et généraliser cette
règle à tous les cas possibles d'indivision d'un privilége.

On s'explique facilement pourquoi le mari, qui a fait
entrer le privilége entier dans la communauté, ne peut
plus personnellement recouvrer la moitié qui est passée
à sa femme par l'acceptation de cette communauté : cela
tient à ce qu'il meurt toujours cinq ou dix ans, au
moins, avant l'extinction de cette moitié. Mais nous
avons vu que ses enfants la reprennent quelquefois.

Cette théorie a l'avantage de ne jamais laisser la jouissance matérielle indivise entre le privilégié et le public,

et d'écarter ainsi une grave difficulté qui accompagne les autres théories. Puis elle concilie les principes et l'équité avec la lettre du décret de 1810 et de la loi de 1844, et aussi avec leur esprit qui est d'améliorer le sort de la veuve, de la récompenser de ses soins et de son assiduité qui ont le plus souvent contribué aux succès de son mari. Enfin, elle s'accorde bien avec la nature des choses ; car on ne conçoit pas comment en fait la veuve pourrait exploiter le privilége pour une moitié, tandis que le public aurait la libre jouissance de l'autre moitié.

152. Une objection à la théorie que je viens d'émettre peut porter sur le résultat des lois de 1791 et 1793 combinées avec le Code civil, c'est-à-dire sur le cas où le mari survit à la dissolution de la communauté arrivée, soit par le prédécès de sa femme, soit par la séparation de biens. On peut dire que, si une moitié du privilége appartient à la femme ou à ses héritiers, le mari sera de son vivant dépouillé de son ouvrage ou au moins d'une partie ; sa réputation et sa responsabilité seront à la merci de la spéculation.

On ne peut méconnaître la gravité de ces considérations qui accusent un résultat toujours dur pour un auteur. Cependant ne taxons pas d'imprévoyance le décret de 1810 et la loi de 1844 ; car, encore une fois, ils n'ont touché ni au fond des lois de 1791 et 1793 ni au Code civil ; gardons-nous de crier à l'iniquité, car la femme aussi mérite une récompense, elle qui entoure son mari de ses soins et lui rend le travail moins pénible. Ce qu'il y aurait d'inique serait que le mari fût réellement dépouillé de son ouvrage, qu'il en perdît non seulement la jouissance mais encore l'exploitation ; et cela pourrait arriver si le privilége entrait dans le partage de la communauté ou était licité ; il est évident

qu'un pareil résultat n'est ni dans le texte ni dans l'esprit soit des lois spéciales soit du Code civil. D'après les
termes précis de la loi de 1793, l'auteur a un droit exclusif pendant sa vie *entière;* ce droit est donc inhérent à
sa personne; que l'émolument se partage, cela se conçoit,
mais le droit d'exploiter reste l'attribut personnel du
mari tant qu'il vit et qu'il ne l'a pas abdiqué formellement. Mais, dira-t-on, pourquoi traiter moins favorablement la femme qui vient au partage de la communauté cessionnaire du mari auteur, qu'on traite un
cessionnaire à prix d'argent de moitié du même ouvrage? Il y en a, je crois, une bonne raison : c'est que
dans cette dernière hypothèse, l'auteur a renoncé envers
le cessionnaire à modifier son ouvrage, il a seulement
conservé la faculté d'y faire des corrections, parce
que le cessionnaire a fait une spéculation mercantile dont
l'attente ne doit pas être détruite par l'imagination ou
le caprice du cédant. Dans la première hypothèse au
contraire, le mari a toujours le droit de modifier son
ouvrage, non pas tant comme chef de la communauté,
qu'en qualité d'auteur ; on ne peut pas dire raisonnablement qu'il ait abdiqué cette faculté, que cela soit
entré un seul instant dans sa pensée; et la femme,
au moment de se marier, en supposant même qu'elle
ait spéculé sur l'intelligence de son mari, a-t-elle pu
penser à lui ravir le plus bel attribut du droit d'auteur qui est de conserver la liberté de la pensée, et par
conséquent la liberté de modifier sa pensée tant qu'il
n'y a pas renoncé formellement? (*Voyez* le n° 158).

Le juge qui serait appelé à prononcer sur cette question
n'oublierait pas qu'il ne doit jamais consacrer une iniquité (n°184).

153. Par sa renonciation à la communauté, la femme

perd les droits au privilége qu'elle pourrait retirer en acceptant la qualité de femme commune (art. 1492, Cod. civ.)

154. Le mot *enfants* étant une expression générique, le bénéfice extraordinaire du décret de 1810 et de la loi de 1844 profite aussi bien aux descendants du dernier degré qu'aux descendants des degrés supérieurs.

Si les descendants qui ont recueilli ce bénéfice meurent avant que la phase quinquennale ou décennale soit expirée, ils transmettent la différence chacun à ses héritiers descendants ou autres, même à ses successeurs irréguliers. A l'expiration de la phase quinquennale ou décennale s'ouvre le privilége extraordinaire au profit des descendants de l'auteur seuls. C'est seulement lorsque la ligne descendante vient à manquer, que le privilége expire au profit du domaine public, à moins que la veuve survivante ne l'attire à elle conformément à la règle exposée précédemment (n° 151).

Il n'y a pas à distinguer de quel lit sont les enfants, le mot *leurs enfants* n'étant mis dans la loi qu'énonciativement; ni entre les enfants légitimes et les enfants adoptifs qui sont placés sur la même ligne par l'art. 350 du Code civil.

Les enfants naturels en concours avec des enfants légitimes sont aussi admis à ce bénéfice. Il est vrai que le Code civil, art. 756, leur refuse la qualité d'héritiers, mais immédiatement l'art. 757 les apportionne en calquant leurs droits successifs sur ceux des enfants légitimes.

155. Viennent ensuite les héritiers, mais à la phase quinquennale ou décennale seulement, savoir : d'abord les père et mère de l'auteur, ses frères et sœurs ou leurs descendants. Les autres ascendants sont aussi admis à

10

leur rang héréditaire à participer au privilége ; puis en
dernier ordre les collatéraux (art. 731 et suiv., C. C.).

A défaut d'héritiers légitimes le privilége est recueilli
par les successeurs irréguliers : par les enfants naturels,
ou par l'époux survivant non divorcé, ou par l'Etat.

Les règles sur la représentation sont applicables.

Il ne faut pas s'arrêter judaïquement au mot *héritiers*
des lois de 1791 et 1793, d'autant moins qu'à l'époque
où ces lois ont été rendues la valeur légale de ce mot
n'était pas fixée comme elle l'a été par le Code civil.
D'ailleurs, il est incontestable que les enfants naturels
en concours avec des enfants légitimes prennent une
part du privilége, l'art 757 est formel. Nous les avons
même admis à participer au bénéfice extraordinaire ;
mais nous ne pouvons étendre cette faveur au cas où ils
viennent seuls ou en concours avec d'autres héritiers légitimes que les descendants.

156. En l'absence de disposition contractuelle, le
mari ayant le privilége dans son domaine pendant la
phase de cinq ou dix ans de la seconde période, il peut
en disposer librement à titre onéreux ou à titre gratuit d'après le droit commun. Toutefois distinguons :

S'il est marié sous un autre régime que celui de la
communauté, il en dispose avec une entière liberté ;

Sous le régime de la communauté, il peut, comme
administrateur, tout céder à titre onéreux ou tout donner entrevifs d'après les art. 1421 et 1422 ; il ne peut
léguer que sa moitié suivant l'art. 1423 ;

Sous toute espèce de régime matrimonial, il peut faire
une donation révocable au profit de sa femme, de même
qu'il peut lui léguer le privilége conformément à l'art.
1096.

Ces diverses dispositions étant transmissibles après

leur ouverture, il en résulte que, des héritiers du mari auteur, ses enfants sont seuls appelés au privilége pendant dix ou quinze années nouvelles, et à partir seulement de l'expiration de la phase de cinq ou dix ans.

157. Les dispositions gratuites faites par un auteur, soit de son privilége, soit d'un ouvrage inédit, sont soumises aux règles générales tracées par le Code civil sur la forme des donations et des testaments, sur la quotité disponible, la réduction et le rapport. Toutefois, l'avantage extraordinaire permis en faveur de la veuve par le décret de 1810 et la loi de 1844 échappe à ces règles; la seule considération à observer est qu'elle tienne ce bénéfice de ses conventions matrimoniales.

158. Jusqu'alors nous nous sommes occupés du cas où l'auteur est un homme : que faut-il décider quand l'auteur est une femme ; son mari et ses enfants peuvent-ils réclamer le bénéfice du décret de 1810 et de la loi de 1844 ? Le silence de ces décrets me parait exclusif du mari et des enfants, le texte et trop clair pour prêter à équivoque. Ainsi, en faisant des vœux pour que le législateur rétablisse l'uniformité, nous devons constater que le mari et les enfants d'une femme auteur ne peuvent avoir de droits sur ses ouvrages que dans la limite fixée par la loi de 1791, par la loi de 1793 et par le Code civil.

Notons ici que la femme auteur conserve seule le droit de modifier ses ouvrages même pendant la durée de sa communauté matrimoniale ; que ce droit ne passe pas au mari, quoique chef de la communauté, et qu'il reste encore à elle seule avec l'exploitation matérielle, quand elle survit à la dissolution de cette communauté, par les diverses raisons exposées dans les nos 145 et 152.

159. L'ouvrage inédit dont un époux est auteur tombe-t-il dans la communauté ? Faisons une distinction :

Si l'auteur survit à la dissolution de la communauté, l'ouvrage est resté son secret, et il ne peut être publié sans sa volonté, à moins qu'il ne soit prouvé qu'il avait lui-même l'intention de le publier, conformément à ce qui a été proposé précédemment (n° 105).

Si la communauté s'est dissoute par la mort de l'auteur, consultons avant tout sa dernière volonté.

On peut dire qu'en laissant subsister son manuscrit, l'auteur a suffisamment manifesté l'intention qu'il fut rendu public. A cela on répond qu'il est peut-être mort sans avoir eu le temps de le détruire, ou bien qu'il a seulement voulu le léguer à ses proches comme un souvenir de famille ; tel serait un mémoire de sa vie ou une histoire de ses ancêtres.

Les héritiers de l'auteur trouvent après sa mort non pas un livre, mais le fac-simile, le reflet de sa pensée. Ils ont été constitués les dépositaires de sa dernière volonté, eux seuls doivent en être les exécuteurs. Ils sont en outre membres de sa famille ; héritiers de son nom qui est une propriété inaliénable, ils le sont aussi de sa renommée ; leur réputation est liée intimement à la sienne, et ils sont les juges naturels de toute cause qui pourrait y porter la plus légère atteinte. Ajoutons qu'en publiant un manuscrit inédit, ils assument sur eux une responsabilité morale qui n'atteindrait pas le conjoint survivant, et cela fait beaucoup dans une question de cette nature. On se rappelle ici cette belle maxime de la loi 13 *de testibus* au Dig. : *quod legibus omissum est non omittetur religione judicantium.*

Je pense donc que la pensée non publiée, quoique manuscrite, n'entre pas dans la communauté dissoute par la mort de l'auteur, à moins qu'il ne soit prouvé qu'il avait l'intention de la publier.

Je crois même que le conjoint survivant n'a aucun droit éventuel sur les publications futures ; pas plus que dans l'hypothèse où la dissolution de la communauté par la séparation de biens est suivie d'une première publication : tel est le droit rigoureusement conforme aux principes dont nous rencontrerons encore quelques applications.

Nous avons vu que les raisons ne sont pas les mêmes pour les ouvrages d'art qui ont une existence juridique par cela seul qu'ils existent matériellement (n° 105).

160. En principe, le privilége acquis à un auteur étranger en vertu de l'art. 40 du décret de 1810 s'éteint à sa mort, qu'il l'ait ou non cédé; néanmoins, s'il a des enfants étrangers, il leur est acquis pendant vingt ans en vertu de la loi du 14 juillet 1819 abolitive des art. 726 et 912 du Code civil ; avant cette loi il ne pouvait leur être acquis que d'après les art 13 et 726. Si ses enfants sont français, le privilège leur appartient en vertu du décret abolitif du droit d'aubaine rendu par l'Assemblée constituante le 6 août 1790. Dans tous les cas, aucun héritier étranger ou français, autre que les enfants de l'auteur, n'est admis à la dernière période, puisque le décret de 1810 ne parle que des enfants, sans renvoyer à la loi de 1793. Et l'auteur ne peut céder que la première période ; il n'a pas, comme l'auteur français, la faculté de céder la phase décennale de la deuxième période, attendu que la loi de 1793 lui est étrangère.

Au contraire, l'étranger qui acquiert un privilège en France d'après les articles 11 et 13 du Code civil peut céder ou transmettre ce privilège aussi largement que s'il était français. Ses enfants ou autres héritiers lui succèdent, s'ils sont étrangers, en vertu de la loi de 1819, s'ils sont français, en vertu du décret de 1790.

Lorsqu'il y a concours entre des Français et des étrangers, la loi de 1819 admet une réciprocité relative, pour rétablir l'équilibre en faveur des Français exclus des biens situés en pays étranger. Sans aucun doute, cet équilibre doit être rétabli même sur les meubles de France et conséquemment sur les privilèges; telle est la pensée qui perce continuellement dans la discussion de cette loi.

161. La veuve d'un étranger privilégié qui est elle-même étrangère aura le bénéfice du décret de 1810, toutes les fois qu'elle pourra invoquer en sa faveur les mêmes art. 11 et 13 du Code civil ; que, si elle est restée française, elle est traitée comme telle, par exemple, lorsque ayant épousé un français celui-ci est devenu étranger depuis leur mariage sans qu'elle ait abdiqué sa nationalité. Dans ces mêmes conditions, elle profitera aussi du bénéfice de la loi de 1844 toutes les fois que son mari auteur aura, en vertu des articles 11 et 13, obtenu le privilège pour la représentation des œuvres dramatiques.

Je vais plus loin, et je décide que celle-là a ce bénéfice, qui étant française a épousé un étranger, et qui réside en France au moment où elle devient veuve, car, si elle était épouse étrangère, elle a toujours été veuve française d'après l'art. 19 du Code civil. Il est vrai que l'art. 20 n'accorde à la veuve que les droits ouverts à son profit depuis l'accomplissement de certaines formalités ; mais cette disposition est faite seulement pour la femme qui réside en pays étranger au moment où elle devient veuve, et non pour celle qui réside alors en France; On ne pourrait pas même dire exactement que le droit au privilège s'est ouvert depuis que celle-ci a recouvré la qualité de Française, car ces deux faits se sont accomplis dans un même instant de raison.

Inutile d'ajouter que cet avantage est toujours subordonné à la condition que ses conventions matrimoniales le conféreront à la veuve.

162. Si l'étranger privilégié ne laisse à sa mort aucun représentant à titre universel ou à titre singulier, la deuxième période du privilége appartient à l'Etat par droit de déshérence (art. 539, 713, 723 et 768, C. C.)

163. De même, le mort civil ne pouvant transmettre à titre de libéralité ou d'hérédité, l'Etat prend par droit de déshérence, soit l'ouvrage inédit qu'il a composé, soit la seconde période du privilége de l'ouvrage qu'il a publié depuis la mort civile encourue. Néanmoins, le roi peut faire au profit de la veuve, des enfants ou autres parents, telles dipositions que l'humanité lui suggère (art. 33, C. C.).

Je pense que, nonobstant le malheureux état du mort civil au moment où il perd la vie naturelle, ses manuscrits inédits doivent être remis à ses enfants ou autres parents, toutes les fois qu'il n'est pas démontré que son intention a été de les livrer à la publicité; ils y ont droit en leur seule qualité de membres de sa famille naturelle. Si ce droit leur était dénié par les tribunaux, ils l'obtiendraient évidemment de la munificence royale (n° 125).

164. Suivant le principe de non rétroactivité consacré par l'art. 2 du Code civil, il ne faut pas donner à un fait accompli sous l'empire d'une loi ancienne des résultats puisés dans une loi nouvelle: de là la conséquence que les contrats sont régis quant à leurs effets par la loi en vigueur au moment de leur formation; or, le décret de 1810 et la loi de 1844 n'ont pas rétroagi, leur bénéfice n'a pas accru aux priviléges ouverts sur des ouvrages publiés antérieurement à la mise à exécution de

ce décret ou de cette loi, lors même que les auteurs,
leurs veuves ou leurs enfants existaient encore à cette
époque.

§ 3. Cessionnaires des droits d'auteur.

165. La faculté de céder les droits d'auteur est susceptible de toutes les divisions possibles, et peut s'exercer
de bien des manières. La cession peut porter : première-
ment, sur un ouvrage à faire; secondement, sur l'original matériel d'un ouvrage fait ou à faire, publié ou
non publié; troisièmement, sur le droit d'acquérir un
privilége; quatrièmement, sur un privilége déjà né, sur
tout ou partie des avantages qui y sont attachés; cin-
quièmement, sur une exploitation limitée à un certain
temps ou à un certain lieu, etc., etc.

Chacune des lois spéciales sur notre matière renferme
une disposition qui permet la cession des droits d'auteur.
En l'absence de toute prévision, nous trouverions cette
faculté dans les règles générales du Code civil. Mais
n'oublions pas que le droit lui-même est inhérent à la
personne de l'auteur, que la durée en est invariablement
fixée par sa condition légale, et que le cessionnaire acquiert seulement la jouissance, c'est-à-dire la faculté
d'en retirer les produits matériels.

166. Le mot *céder* est pris par la loi dans un sens
large; il signifie même autre chose que transmettre à
titre onéreux ou gratuit; il y a aussi cession dans le
contrat de louage. C'est sous ce droit de cession que
viennent s'abriter tous ceux qui font usage d'un ouvrage
légitime, puisqu'ils le tiennent de l'auteur, soit médiate-
ment, soit immédiatement.

167. Le contrat de cession n'étant assujetti à aucune
forme particulière, excepté pour l'avantage extraordinaire que la veuve doit tenir de son contrat de mariage

écrit ou non écrit, les règles du droit commun lui sont applicables. Il peut donc être fait verbalement ou constaté par écrit soit sous seing-privé soit authentique. Il ne faudrait pas s'arrêter ici au mot *écrit* de l'art. 3 des lois de 1791 et 1793, qui signifie seulement que le directeur d'un théâtre, le reproducteur ou le débitant, ne peut écarter la saisie pratiquée contre lui qu'en justifiant d'une cession écrite émanée du privilégié, sauf au saisi à repousser ensuite la poursuite judiciaire par tous les moyens de preuve que la loi met à sa disposition.

N'étant soumise à aucune condition spéciale au fond, la cession ou la vente peut, comme toute vente d'objet mobilier, être faite sous toute espèce de modalité.

Aucune qualité ou capacité particulière n'est exigée pour pouvoir céder ou devenir cessionnaire. Ce point rentre d'une manière absolue dans les règles du droit commun; par conséquent un privilége pour l'exécution d'une composition musicale peut passer à tout autre qu'à un artiste, à un individu comme à une corporation.

168. Ces sortes de traités, ayant en principe un caractère civil et non commercial, sont soumis, quant à la preuve de leur formation, aux règles tracées par le Code civil, de manière que la preuve testimoniale n'est admissible que dans la mesure fixée par les art. 1341, 1347 et 1348. Si par exception le traité constitue une opération commerciale, la preuve testimoniale est reçue conformément à l'art 109 du Code de commerce.

Ayant souvent un caractère mixte qui participe de la vente, de la cession et du louage d'industrie, quelquefois du mandat, c'est aux règles générales, tracées par le Code civil et le Code de commerce sur ces quatre espèces de contrats, qu'il faut recourir pour connaître et apprécier l'étendue des obligations qui lient réciproquement le vendeur et l'acheteur, le cédant et le cessionnaire.

169. La vente de l'original d'un ouvrage d'art est-elle censée comprendre la cession du droit de reproduction ? Déjà nous avons traité la question à l'égard d'un manuscrit ; les mêmes raisons se présentent ici avec plus de force. Nous avons démontré que ce sont deux choses distinctes, l'une matérielle l'autre immatérielle ; que celle-ci n'est pas l'accessoire de l'autre ; que chacune peut faire l'objet d'un contrat particulier : ainsi, le droit de graver peut être exercé indépendamment du tableau original ; il fait l'objet d'une industrie particulière et d'un art tout spécial. Celui qui a acheté la chose matérielle ne prouve pas qu'il ait acheté la chose immatérielle ; en outre, l'art. 2279 ne s'applique qu'aux choses matérielles. L'acheteur n'est pas fondé davantage à argumenter de l'art. 1602, car le vendeur lui répondrait qu'il lui a livré ce qu'il lui a promis, c'est-à-dire une chose matérielle (n° 135).

Je pense que le droit d'exploitation continue d'appartenir exclusivement à l'auteur, à la charge par lui de l'exercer sans nuire à l'acheteur ; car les conventions doivent être exécutées de bonne foi d'après l'intention commune des parties ; puis l'auteur doit procurer à l'acheteur une possession paisible conformément à l'art. 1625. Par conséquent il ne peut légitimement reproduire par le même art l'ouvrage vendu, par exemple son tableau par la peinture, sa statue par la statuaire ; il diminuerait la valeur vénale de l'original, lorsqu'en considération de son unité l'acheteur a donné un prix plus élevé.

L'auteur, au contraire, ne fait aucun tort à l'acheteur en reproduisant l'original par un art analogue ou diffé-

rent, par exemple son tableau par la gravure ou la
sculpture, sa statue par la peinture, la gravure, le moulage, la ciselure; il ne diminue aucunement la valeur de
l'original sous le rapport pécuniaire ni aux yeux des
amateurs.

Il suffit que de son côté l'acheteur ne nuise pas à
l'auteur ; il pourra donc faire tirer des copies du tableau
ou de la statue, pourvu qu'il n'en retire aucun profit
matériel.

A moins d'une réserve, l'auteur ne peut pas exiger
que l'acheteur conserve le tableau ou la statue, ni qu'il
le lui exhibe afin d'user de son droit de reproduction.
Cette absence de droit ne touche pas au privilége; elle
est fondée sur le principe que chacun dispose de sa chose
à sa volonté. Cela est tellement vrai, qu'une gravure
dont le privilége serait éteint ne pourrait pas être reproduite s'il n'en existait plus qu'un seul exemplaire, et
que le propriétaire refusât de le livrer ou vint à le détruire.

Cette solution est la même, n'importe que la vente
soit faite à un particulier, à un établissement public, à
l'Etat ou à une autre corporation. Néanmoins, si l'acheteur était un artiste ou un locateur d'objets d'art, cette
circonstance jointe à l'élévation du prix pourrait servir
à établir une présomption qu'il y a eu cession du droit
de reproduire.

170. Par application de l'art. 632 du Code de commerce, c'est dans la classe des entreprises de fournitures
que se rangent les souscriptions à des ouvrages littéraires
et même à des publications de produits des beaux-arts.
La proposition faite au public dans un prospectus est
jusqu'à son acceptation une offre révocable, qui devient
une promesse de vente relativement à celui qui l'accepte,

suivant l'art. 1589 du Code civil ; mais ce n'est qu'une promesse unilatérale qui lie définitivement l'éditeur sans lier le souscripteur, parce que telle est l'intention présumée des parties, tant qu'il n'y a pas eu de convention contraire.

171. Une lettre missive est une confidence faite au destinataire qui la reçoit. La morale et la bonne foi s'opposent à sa publication, tant qu'elle conserve son caractère confidentiel. Il n'en est pas moins vrai qu'elle appartient à celui qui l'a reçue, en l'absence de convention contraire : la suscription, la réception et l'intention mutuelle de l'envoyeur et du destinataire aboutissent à ce résultat, qui est encore protégé par l'art. 2279. Mais le propriétaire de la lettre a-t-il la faculté légale de la publier après qu'elle a cessé d'être dans les termes d'une confidence ? Cette faculté naît à son profit, non de sa qualité de propriétaire de la lettre, mais du consentement tacite de l'envoyeur qui a abdiqué tout droit sur cette lettre ; seulement il est passible de dommages-intérêts envers ce dernier, si la publication lui cause un préjudice. Je ne crois pas que cette solution puisse être contestée.

172. Les règles tracées par le Code civil sur l'interprétation des conventions seront souvent applicables aux cessions des droits d'auteur et de priviléges, notamment en matière de librairie et de représentation théâtrale. Presque toujours la difficulté portera sur l'étendue du droit cédé, question d'intention dont la solution dépendra de la nature de l'ouvrage et des usages relatifs à son exploitation..

173. En principe, l'écrivain qui prête sa collaboration à une feuille ou revue périodique n'est pas, par cela seul qu'il est salarié, censé avoir abdiqué tout droit

sur ses écrits. C'est le cas d'appliquer l'art. 1163, d'après lequel une convention conçue en termes généraux ne comprend que les choses sur lesquelles il paraît que les parties se sont proposé de contracter. Or, quel est le but du directeur d'une feuille ou revue? De remplir chaque numéro et de satisfaire ainsi ses abonnés. Sa publication ne vit que par la nouveauté; en s'attachant un écrivain, il lui demande les prémices de ses pensées, et si cet écrivain engagé envers lui à lui fournir un certain nombre d'articles ne les lui livrait qu'après une première publication, assurément le directeur pourrait obtenir la résolution du contrat pour inexécution avec des dommages-intérêts. Cela montre bien qu'ils se sont proposé de contracter uniquement pour la première publication d'un écrit. Par conséquent, l'auteur conserve seul le droit de publier chacun de ses articles séparément, ou de les réunir en recueil, ou de les fondre dans un nouvel ouvrage, pourvu qu'il ne cause aucun préjudice au directeur, les conventions devant être exécutées de bonne foi conformément à l'art. 1134. Il faut cependant admettre une exception lorsque la réimpression faite par le directeur intéresse le succès ou l'existence de sa feuille, ou qu'elle est justifiée par les circonstances. On doit facilement lui permettre cette réimpression, car il n'est pas probable qu'il en abuse, ni qu'il porte préjudice à l'écrivain. Tel est mon sentiment sur ce point.

174. La règle n'est pas aussi absolue en ce qui concerne les biographies, dictionnaires, encyclopédies et autres ouvrages composés d'articles d'auteurs divers; les raisons ne sont plus les mêmes : la nouveauté n'est plus l'élément substantiel de ces ouvrages; leur fond et leur forme ont plus de fixité ; on ne peut pas dire que le but du propriétaire soit atteint lorsqu'il a fait une pre-

mière publication. Sans aucun doute ce propriétaire a
une entière liberté pour la reproduction de son ouvrage
comme ensemble. Je pense qu'il pourra également
fondre dans un nouvel ouvrage les articles entrés dans
sa première collection ; mais l'écrivain a seul le droit
de publier ces mêmes articles soit isolément soit en
recueil.

175. Lorsque le contrat sujet à interprétation est
une cession du droit d'éditer soit un livre soit un objet
d'art, et que le doute porte sur le nombre d'éditions
concédées, il y a lieu, par application de l'art. 1159, de
consulter les usages du commerce, la nature et l'importance de l'ouvrage. Quand cela ne suffit pas pour lever le
doute, au lieu de recourir à l'art. 1602, qui ne me paraît
pas fait pour une question de cette nature, je crois que le
parti le plus conforme au droit et à l'équité est de décider
contre la prétention de l'éditeur. Il suffit, en effet, de la
concession d'une édition pour que le contrat soit parfait.
Celui qui rapporte un acte de cession prouve donc qu'il
a acquis le droit à une édition, et, s'il prétend avoir droit
à une autre, c'est à lui de le prouver par argument
d'analogie tiré de l'art. 1315, Entre une édition et
toutes celles dont un ouvrage est susceptible, la latitude
est immense ; et si, prenant l'art. 1602 à la lettre, on
l'appliquait à notre question, il en résulterait que l'éditeur qui prétendrait avoir acheté le droit à dix éditions
serait encore dans la limite de la vraisemblance, pour
certains ouvrages au moins, et il obtiendrait gain de
cause ; c'est ce que je ne puis admettre.

Le fait de publication d'une édition, au su de l'auteur,
sans contradiction de sa part, fait naître la présomption
du droit de publier cette édition.

176. D'après les articles 1711 *in fine* et 1787, lors-

qu'un traité entre un artiste et un autre particulier a pour objet un ouvrage à exécuter, par exemple une statue, il peut se présenter sous deux faces différentes : ou bien l'artiste fournit son travail et la matière, et le contrat participe du louage et de la vente ; ou bien il ne fournit que son travail, et il y a seulement louage. Les conséquences diffèrent comme nous allons le voir.

L'artiste (*locator operis*) fournit aussi la matière, et l'ouvrage vient à périr d'une manière quelconque avant la livraison et aussi avant que le cessionnaire (*conductor operis*) soit en demeure de le recevoir, alors la perte est pour l'artiste, parce qu'il y a là un contrat *sui generis*, une vente, non d'une chose préexistante, mais d'une chose à faire, une vente soumise à la condition suspensive que la statue sera agréée ; puis la perte prématurée empêche de vérifier si l'ouvrage était bien fait. Si le cessionnaire était en demeure de prendre livraison, la statue périt pour lui à cause de cette mise en demeure qui le constitue en faute (art. 1788).

177. L'artiste ne fournit que son travail, et l'ouvrage vient à périr par cas fortuit ou force majeure sans qu'il soit en retard ; c'est pour le cessionnaire qui est toujours resté propriétaire de la matière en vertu de la convention et des art. 570 et 1789. Il suffit à l'artiste de prouver par quel événement la perte est arrivée ; puis c'est au cessionnaire à prouver qu'il y a faute. Dans tous les cas, l'art. 1790 décide que l'artiste qui n'a fourni que son travail n'a pas de salaire à réclamer, parce qu'on ne peut plus vérifier s'il a bien travaillé ; à moins que la chose n'ait péri par suite d'un vice propre à la matière ; il faut ajouter : à moins encore que le cessionnaire ne fût en demeure de recevoir l'ouvrage. Lors même que l'artiste était en retard, sa responsabilité cesse dans le

cas où l'ouvrage eût également péri chez le cessionnaire aux termes de l'art. 1302 2°. Mais aussi, au lieu de pouvoir réclamer son salaire, il serait responsable du choix qu'il aurait fait lui-même de la matière vicieuse, si sa profession le mettait à même de connaître le vice, par argument d'analogie tiré de l'art. 1792.

178. L'ouvrage à faire est une unité, une statue, et la vérification n'a lieu qu'après son achèvement. Ou bien il est composé de plusieurs pièces, tant d'appartements à décorer, la vérification peut être partielle, et elle est réputée faite pour toutes les parties payées d'après l'article 1791, si le cessionnaire paie l'artiste en proportion de l'ouvrage fait. Mais, à moins de convention contraire, il n'est pas tenu de faire une vérification partielle ni de payer avant la livraison entière de l'ouvrage, par argument d'analogie tiré de l'art. 1651.

179. L'artiste doit exécuter l'ouvrage suivant les instructions qui lui ont été données, sans pouvoir s'en écarter; et, à défaut d'instructions, il doit suivre les règles de l'art, ainsi que le lui prescrit l'art. 1793.

180. Le cessionnaire est autorisé par l'art. 1794 à se départir du traité qui a eu lieu à forfait, même après que l'ouvrage est commencé, pourvu, non-seulement qu'il rende l'artiste indemne, mais encore qu'il lui tienne compte du bénéfice qu'il pouvait attendre de l'exécution du traité. Ce qu'il faut étendre au traité fait avec un écrivain ou un compositeur de musique.

181. Enfin, lorsqu'un auteur, soit écrivain, soit compositeur, soit artiste, meurt avant d'avoir achevé l'ouvrage qu'il a promis de faire, n'étant pas en retard de le livrer, le traité est anéanti de plein droit. Seulement, il ne faut pas que le cessionnaire s'enrichisse aux dépens de l'auteur : si donc il y a un commencement d'e

travaux qui puisse lui être utile, il doit en payer la valeur d'après une ventilation basée sur l'utilité et sur le prix porté au traité (art. 1795, 1796).

182. Il faut, au contraire, décider en principe que le traité relatif à un ouvrage futur ou déjà fait n'est pas résilié par la mort du cessionnaire, celui-ci le transmet à ses héritiers et ayant-cause suivant l'art. 1122.

Néanmoins, toutes les fois qu'il résultera de la nature de l'opération, des circonstances ou de l'intention des parties qu'il y a louage de l'industrie du cessionnaire, alors sa personne ayant été prise en considération par le cédant, l'art. 1795 sera applicable. On conçoit en effet qu'un auteur choisisse un éditeur pour ses connaissances et son talent personnels, qu'il n'ait voulu confier sa réputation et le succès de son ouvrage qu'à un homme d'une habileté éprouvée, et, pardessus tout, qu'il ait voulu éviter les inconvénients d'avoir pour agent et débitrice une succession.

183. Dans le même cas de louage de l'industrie du cessionnaire, sa mise en faillite est une cause de résolution du traité, puisque le failli, étant dessaisi de plein droit de l'administration de ses biens, ne peut plus prêter à l'auteur le concours personnel qu'il lui a promis (art. 443 Com., 1184 C. C.)

La disposition de l'art. 1795 étant fondée sur ce que la capacité de l'auteur était la cause principale de l'engagement du cessionnaire, en généralisant cette disposition nous dirons que le contrat est résilié toutes les fois qu'il a été formé en considération de la personne de l'auteur, et que celui-ci vient à être empêché de l'exécuter par une cause quelconque indépendante de sa volonté. Ce qui est également vrai du cessionnaire dont la personne a été prise en considération (art. 1237 C. C.).

184. Le cédant garantit au cessionnaire l'existence du droit cédé ainsi que la possession paisible. Par conséquent, il ne saurait légitimement publier ni faire représenter son ouvrage ni y faire des changements, tant que le cessionnaire exploite sa concession ; il ne peut y faire que des corrections. Et, au lieu d'apporter par son fait des obstacles à sa jouissance, il doit la lui rendre facile autant qu'il est en lui, par application des art. 1134 et 1135, d'après lesquels les conventions doivent être exécutées de bonne foi et obligent à toutes les suites que l'équité et l'usage comportent.

Le cédant pourrait même commettre le délit de contrefaçon s'il publiait son ouvrage au mépris de la cession, car il ferait une reproduction illégitime ; ou bien il pourrait commettre un délit analogue à celui de débit en faisant représenter son ouvrage. Il serait moins excusable que tout autre; l'art. 3 de la loi de 1793 est d'ailleurs conçu en termes généraux. Sans y avoir délit, les manœuvres du cédant donneront lieu quelquefois à une action civile ordinaire en dommages-intérêts.

185. De son côté, le cessionnaire étant substitué à la place du privilégié ne peut avoir plus de droits que lui. Il doit jouir en bon père de famille en conservant la substance de l'ouvrage, sans l'altérer aucunement ni en changer la destination, conformément aux articles 578 et 595. Et même le droit de modifier l'ouvrage étant exclusivement personnel à l'auteur ne passe jamais au cessionnaire, à moins de convention formelle. On arrive aux mêmes résultats en considérant celui qui est cessionnaire pour un certain temps ou pour un certain nombre d'éditions comme ayant un droit d'usufruit sur le privilége, d'après les art. 580, 581 et 588 combinés ; c'est ce qui aurait lieu évidemment si l'on faisait entrer dans une communauté conventionnelle la jouissance du privilége jusqu'à la dissolution de cette communauté seulement.

L'abus de jouissance du cessionnaire peut même constituer le délit de contrefaçon ou de débit suivant les circonstances ; par exemple quand il publie une édition malgré la limite fixée positivement dans le contrat ; ou bien, sans qu'il y ait délit, les manœuvres du cessionnaire peuvent donner lieu à une action civile ordinaire en dommages-intérêts.

186. Par application des mêmes principes, le cessionnaire ou l'acheteur ne doit rien faire qui nuise aux intérêts pécuniaires de l'auteur ni à sa réputation. Lorsque ce traité a eu pour objet la publication de l'ouvrage, soit écrit, soit objet d'art, l'éditeur ne peut se refuser à la faire ni la retarder sous un prétexte quelconque; il ne peut ni supprimer ni altérer l'ouvrage : de là dépendent la réputation et souvent la fortune de l'auteur.

187. Il sera quelquefois difficile de reconnaître l'intention des parties; la question dépendra de la nature et de l'importance de l'ouvrage, de la position du cessionnaire et des circonstances. Ainsi, en l'absence de convention précise, la cession faite à un libraire ne comprend que le droit d'imprimer et de vendre, la cession faite à un artiste que le droit de reproduire par les procédés propres à son art. Une distinction, qui peut guider dans la recherche des principes, se présente d'elle-même entre la vente de l'ouvrage original et du privilége entier et la cession du droit de faire une ou plusieurs éditions.

188. Le cessionnaire du droit d'éditer ne peut refuser de le faire sous un prétexte quelconque, par exemple parce que l'opération lui sera onéreuse ; il a contracté

une obligation qu'il doit exécuter, sinon l'auteur demandera la résolution de la convention avec des dommages-intérêts. Cette règle est surtout applicable lorsque l'auteur, au lieu de recevoir un prix une fois payé, conserve un intérêt proportionnel, mesuré sur le nombre des éditions ou sur l'étendue du débit; ou bien lorsqu'un auteur dramatique reçoit une part des recettes théâtrales.

Si la concession du droit d'éditer est illimitée, chacune des parties peut demander la résiliation du contrat, pourvu qu'elle ne le fasse pas intempestivement, par exemple, l'auteur ne serait pas admis à demander cette résiliation pendant la confection d'une édition, et il ne devrait pas personnellement en publier une avant que celle-ci fût épuisée.

Si le nombre des éditions est limité et qu'aucun délai n'ait été fixé pour le débit, le cessionnaire ne peut retarder ni paralyser ce débit par un moyen quelconque. En cas de difficulté sur ce point, les tribunaux fixeront un délai après lequel l'auteur sera libre de faire de nouvelles éditions.

189. Celui qui achète un droit d'auteur ou un privilége, sans convention sur le nombre des éditions à faire, contracte l'engagement tacite d'en publier au moins une : les circonstances serviront à décider si l'engagement est plus étendu. Au contraire, toutes les fois que la vente a porté principalement sur l'original matériel de l'ouvrage et que le droit d'auteur a aussi été cédé, l'acheteur n'est pas présumé s'être engagé à le publier. Cela tient à la nature du contrat de vente qui diffère de celle du contrat de cession : dans l'ordre des choses on achète un objet pour son usage personnel ou pour son agrément et non pour le multiplier. Mais, si l'acheteur vient à le publier

tôt ou tard, il doit éviter de nuire à la réputation de l'auteur.

190. En l'absence de toute convention, les cessions du droit de représentation théâtrale se règlent par les réglements et usages de chaque théâtre, lorsqu'ils ne sont pas contraires aux principes généraux du droit.

Le contrat entre un auteur et un directeur de théâtre ne se forme que par l'admission définitive de la pièce. Le moment de cette admission est, savoir : celui de l'acceptation du ballet ou de la musique pour un livret ou un poème; — celui de l'acceptation des corrections pour un ouvrage reçu à correction : — jusque-là l'auteur peut retirer son manuscrit.

Si la pièce est refusée, le théâtre restitue le manuscrit sans aucune redevance. Mais toute indiscrétion ou infidélité donnerait lieu à une action civile ordinaire en dommages-intérêts au profit de l'auteur.

Lorsqu'une pièce a été admise, l'auteur doit en faciliter la représentation autant que cela lui est possible; et le directeur ne peut, à peine de dommages-intérêts, refuser de la faire représenter à son tour de réception. La première représentation lui fait prendre place dans le répertoire du théâtre.

La distribution des rôles et la mise en scène appartiennent à la direction du théâtre, qui doit y apporter de la bonne volonté et de l'intelligence.

191. Lorsqu'une pièce est refusée par la censure ou que la représentation en est supendue par ordre de l'autorité publique, c'est un cas de force majeure qui dégage le directeur de son obligation, sans qu'il soit passible de dommages-intérêts, et qui donne lieu à la résiliation du contrat, conformément aux art. 1148 et 1184. Il ne suffirait pas, pour maintenir le traité, que l'auteur pro-

posât de faire à sa pièce les changements indiqués par l'autorité, si le directeur ne les admettait pas, car la pièce une fois modifiée ne sera plus la même que celle qu'il a eue en vue en traitant; et réciproquement l'auteur peut s'opposer à ce que sa pièce soit représentée sans les passages dont on demande la suppression.

192. L'auteur dont la pièce n'a pas été représentée dans un certain intervalle de temps, ordinairement une année, est autorisé à faire prononcer la résolution du traité; et cela le plus souvent sans dommages-intérêts, parce que le cédant est présumé s'en être rapporté à la bonne foi du directeur, qui a fait les dépenses et a couru les risques d'une première représentation.

193. Tout auteur d'un ouvrage au répertoire a ses droits d'entrée sur le théâtre, non-seulement pendant le jeu de sa pièce, mais encore pendant les répétitions, ce qui s'applique même aux décorations, dans les théâtres où les décorations sont l'une des parties principales du spectacle. Quant au mode de paiement du droit principal des auteurs, poètes, compositeurs, décorateurs ou autres, il est assez variable.

194. La cession pure et simple ne confère au directeur d'un théâtre que le droit de représentation, et seulement dans l'étendue de sa direction.

195. Une cession du droit de représentation théâtrale cesse à l'expiration de la direction, et ordinairement aussi en cas de faillite du directeur. Son successeur ne lui est subrogé ni activement, ni passivement, en ce qui concerne la convention faite avec l'auteur; seulement, cette convention peut être maintenue par un consentement tacite qui apparaîtra des circonstances, par exemple, si l'ouvrage a été représenté sans opposition sous

la direction nouvelle, ou bien si l'auteur a touché sa rétribution.

196. Jamais un acheteur, un cessionnaire ou un directeur de théâtre, quelle que soit l'étendue de son droit, ne peut, en publiant ou représentant un ouvrage, y faire sans le consentement de l'auteur des additions, changements, corrections ou rectifications, supprimer le nom de l'auteur ou placer les noms des collaborateurs d'un même ouvrage dans un autre ordre que celui qui figure dans le manuscrit : la gloire de l'auteur y est attachée, il n'y a pas renoncé, elle survit même à sa dépouille mortelle. Après lui ces empêchements continuent de subsister pendant toute la durée du privilège ; ses héritiers doivent veiller au maintien et même à l'accroissement de sa renommée. Ils ont action devant les tribunaux tant pour faire respecter le contrat que pour en demander la résolution pour inexécution.

Bien plus, lorsque tout privilège a cessé d'exister, les héritiers d'un auteur ont le droit de s'opposer à ce qu'un ouvrage de lui soit publié ou représenté sous son nom avec un changement quelconque, des corrections ou falsifications ; ce serait une usurpation de nom (n° 69).

Il pourra même arriver qu'après l'extinction du privilége un ouvrage soit publié sans nom d'auteur, avec des changements qui dénaturent la pensée originale . Si l'ouvrage est assez populaire pour être reconnu nonobstant les modifications, et que celles-ci soient de nature à porter atteinte au caractère de l'auteur, une action en justice sera ouverte, non-seulement à ses héritiers, mais encore à la société qui a mission de défendre ses gloires nationales.

197. En un mot, pour être à l'abri de tout reproche, il faut que l'édition modifiée soit publiée ou représentée

après l'extinction du privilége, avec indication que l'ouvrage a été revu ou augmenté par un autre que l'auteur.

198. Celui de deux acheteurs successifs, qui de bonne foi a le premier été mis en possession d'un ouvrage corporel, en devient propriétaire, quelle que soit la date de son titre; c'est là une application du principe d'après lequel en fait de meubles la possession vaut titre. Il en serait de même entre deux donataires ou deux coéchangistes, entre un acheteur et un donataire (art. 1141).

Ce principe ne concerne pas les meubles incorporels : aussi de deux cessions successives du droit d'auteur ou du privilége sur un ouvrage déjà fait, celle qui la première acquerra date certaine l'emportera toujours sur l'autre d'après l'art. 1328 , et cela lors même que le deuxième cessionnaire serait possesseur de l'ouvrage matériel et se retrancherait derrière les art. 1141 et 2279 1°; car nous avons vu que le droit d'auteur n'est pas la conséquence de la propriété matérielle. Seulement, si le possesseur était à juste titre devenu propriétaire de l'ouvrage matériel, il pourrait en continuant à le détenir paralyser le droit d'exploitation de l'autre cessionnaire ; dans ce cas les deux cessionnaires auraient chacun une action civile contre le cédant pour se faire indemniser à raison de l'entrave que par son fait il aurait mise à l'exercice du droit d'exploitation de chacun deux.

199. Au contraire , celui qui s'oblige envers une personne à composer un ouvrage, et qui d'avance le lui cède en entier ou seulement le droit de l'éditer, loue son travail et contracte une obligation de faire, qui, en cas d'inexécution, se résoudra en dommages-intérêts suivant l'art. 1142. De telle sorte que, s'il contracte le même engagement envers une autre personne, celle-ci pourra en obtenir l'exécution sans que le premier *conductor*

operis ait le droit de s'y opposer. Mais, bien qu'il soit permis de louer son travail pour exécuter un certain ouvrage, personne ne niera que c'est faire une action indigne du caractère de l'écrivain que de se mettre à la solde d'un homme, d'un parti ou d'un journal, en s'interdisant d'écrire pendant plusieurs années pour un autre que pour cet acheteur, le plus offrant et dernier enchérisseur.

200. Celui qui a cédé sous condition de réméré un privilége ou un droit d'auteur exerce valablement son action contre un cessionnaire subséquent, lors même que la faculté de rachat n'a pas été déclarée dans le nouveau contrat ; l'effet de l'exercice de cette action étant de résoudre le premier contrat et subsidiairement tous contrats subséquents. Mais la disposition de l'art· 1664 ne s'applique pas à la vente à réméré d'un ouvrage matériel : quand le deuxième acheteur de bonne foi a pris possession, il est devenu propriétaire sous la protection des articles 1141 et 2279.

201. La résolution du contrat de vente ou de cession peut être prononcée pour inexécution ou pour retard dans l'exécution ; elle a lieu de plein droit et sans sommation au profit du vendeur après l'expiration du terme convenu pour le retirement de l'ouvrage corporel (art. 1184, 1654,1657).

202. Lorsque le vendeur d'un ouvrage corporel manque à faire la délivrance dans le temps convenu, l'acheteur a le choix de demander la résolution de la vente ou sa mise en possession même *manu militari* puisqu'il est propriétaire , en concluant dans tous les cas à des dommages-intérêts. Notons comme règle générale que les dommages-intérêts pour inexécution d'une convention ne sont jamais dus avant que l'obligé ait été soit expres-

sément soit tacitement mis en demeure de remplir son engagement (art. 1139, 1146, 1610, 1611).

203. Celui qui a vendu et livré un ouvrage corporel dont le prix ne lui a pas été payé a plusieurs garanties suivant l'art. 2102 4° du Code civil.

Ainsi, quand la vente a été faite à terme ou sans terme, si l'ouvrage est encore en la possession de l'acheteur, qu'il soit identiquement le même sans avoir subi de métamorphose, et que le vendeur soit resté créancier en qualité de vendeur sans avoir nové sa créance, il a un privilége qui n'est primé que par le propriétaire du bâtiment dans lequel est déposé l'ouvrage ; et encore pour cela il faut que ce propriétaire ait ignoré que le prix fût dû.

Quand la vente a été faite sans terme , le vendeur resté créancier vendeur peut revendiquer la possession de l'ouvrage corporel vendu, pourvu qu'il le fasse dans la huitaine de la livraison, que l'ouvrage soit encore en la possession de l'acheteur, et qu'il y soit identiquement dans le même état qu'au moment de la livraison. C'est là une revendication de la possession *quasi-pignus*, qui n'empêche pas la vente de subsister et l'acheteur d'être propriétaire ; elle consolide seulement le privilége du vendeur, en lui donnant la garde de son gage qui ainsi ne passera pas à d'autres. Le vendeur a en outre le droit de poursuivre la résolution de la vente, afin de revendiquer ensuite la propriété de l'ouvrage, mais il préférera quelquefois faire exécuter la vente, et à cette fin il commencera par revendiquer la possession.

Ces principes sont également applicables à la cession soit du droit d'auteur, soit du privilége en totalité ou en partie. En effet l'art. 1654 est général comme l'art. 1184, et la faculté de demander la résolution est accom-

pagnée du privilége quand on n'y a pas renoncé ; la cause
du privilége existe, puisque le cédant a enrichi le patrimoine du cessionnaire, et le droit cédé rentre bien dans
l'expression générique d'effets mobiliers de l'art. 2102 4°
combiné avec l'art. 535 du Code civil.

204. D'après l'art. 550 du Code de commerce, ces
principes de droit civil ne sont pas applicables aux ventes faites à un individu qui vient à tomber en faillite ;
ils sont alors remplacés par les principes suivants :

Le vendeur peut revendiquer la possession à titre
de gage de l'ouvrage matériel vendu et expédié, tant
qu'il n'a pas été introduit chez le failli ou chez son commissionnaire ; à moins qu'avant son arrivée cet ouvrage
n'ait été vendu sans fraude sur facture et connaissement
ou lettre de voiture signée par l'expéditeur. Il a également le droit de retenir l'ouvrage matériel qu'il n'a ni
livré ni expédié au failli. Il n'importe pas dans l'une ou
l'autre hypothèse que le failli ait acheté l'ouvrage comme marchandise de son commerce ou pour son usage
particulier. Du reste les syndics, autorisés par le juge-
commissaire, ont la faculté de se faire délivrer l'objet de
la vente en payant intégralement le prix (art. 576, 577,
578 Com.).

La revendication de la possession et le droit de préférence cessent d'exister, quant au droit d'auteur et au
privilége, dès que le cessionnaire qui en a pris livraison
par l'exploitation ou autrement vient à tomber en faillite ; la disposition de l'art. 550 du Code de commerce
est générale et ne souffre aucune distinction. Et, quoique
l'art. 577 garde le silence sur les choses incorporelles,
il y a parité de raison pour décider que le cédant n'est
pas obligé de délivrer le droit d'auteur ou le privilége
qu'il a cédé au failli, à moins que le prix ne lui en soit

payé ; l'ouverture de la faillite a en effet rendu ce prix exigible, et il est de principe que, lorsqu'il n'y a pas de délai, on peut refuser de faire la délivrance jusqu'au paiement (art. 1612 C. C. — 444 Com.).

205. Si l'acheteur est depuis tombé en déconfiture, de sorte que le vendeur soit en danger de perdre son prix, celui-ci est autorisé par l'art. 1613 à exiger caution avant de faire la délivrance de l'ouvrage corporel vendu ; ce qui est également vrai de la cession du droit d'auteur ou du privilége faite à un déconfit. Mais cette disposition, primitivement applicable à un acheteur ou à un cessionnaire qui tombe en faillite, paraît avoir été modifiée par les art. 577 et 578 du Code de commerce, en ce sens qu'il ne suffit plus de donner caution, mais qu'il faut payer le prix pour obtenir forcément la livraison. (Quoique la déconfiture n'ait pas été organisée par notre législation, il n'est pas douteux que celui qui fait cession de biens se trouve dans cet état, qui est pour un particulier l'analogue de l'état de faillite pour un commerçant).

206. Enfin, lorsqu'un ouvrage corporel a été consigné à titre de dépôt ou pour être vendu pour le compte du commettant, celui-ci peut en revendiquer la propriété aussi longtemps que l'ouvrage existe en nature en tout ou en partie, si le dépositaire ou le consignataire vient à tomber en faillite. Lorsque ce dernier l'a vendu, le prix encore dû en tout ou partie sans qu'il y ait eu novation est subrogé à l'ouvrage, et le commettant est admis à le revendiquer (art. 575).

207. Pour l'exercice de la revendication dont nous venons de parler, on doit observer les règles tracées par les art. 826 et suivants du Code de procédure civile.

208. Le contrat de cession ou de vente est entaché

du vice de nullité s'il y a eu erreur du cessionnaire ou de l'acheteur, soit sur la substance de l'ouvrage, soit sur la considération du cédant, par exemple quand il a acheté un tableau qui est d'un autre maître que celui qu'il a eu en vue, ou bien quand il a commandé une statue à un sculpteur qui est autre que celui avec lequel il croyait traiter. Dans ce dernier cas, le cessionnaire est tenu d'indemniser le *locator operis* du préjudice qu'il lui cause en rompant le contrat, si celui-ci n'est pas en faute (art. 1110, 1382 C. C.).

209. En suivant la même idée, le cédant ou vendeur doit procurer au cessionnaire ou acheteur une possession utile. Il lui doit, par conséquent, garantie à raison des défauts cachés qui rendent la chose impropre à l'usage auquel l'acheteur la destinait ou qui diminuent tellement cet usage, qu'il ne l'aurait pas achetée ou n'en aurait donné qu'un moindre prix s'il les avait connus ; il y a là une erreur qui touche à la substance (art. 1625, 1641).

Le vendeur est tenu des vices cachés, lors même qu'il ne les connaissait pas, il ne doit pas s'enrichir aux dépens de l'acheteur ; seulement, sa responsabilité est moins grande, parce qu'il était de bonne foi : il ne rend que le prix et les frais de vente, à la différence de celui qui les connaissait, qui doit indemniser l'acheteur de toute la perte qu'il a éprouvée et de tout le bénéfice dont il a été privé (art. 1149, 1643, 1645, 1646).

Le vendeur en est également tenu, si sa profession le mettait à même de connaître les vices cachés ; mais alors, comme il y a faute sans dol, il ne doit que les dommages-intérêts prévus ou qu'on a pu prévoir (art. 1150, 1151).

Dans tous les cas, l'acheteur a le choix ou de résoudre le contrat en rendant la chose et répétant contre le ven-

deur le prix et les frais , ou d'exercer l'action *quanti
minoris* en gardant la chose et répétant une partie du
prix telle qu'elle sera arbitrée par des experts (art. 1644).

La perte de la chose vicieuse arrivée par suite de sa
mauvaise qualité tombe sur le vendeur, qui doit tenir
compte du prix et des dommages-intérêts. La perte
tombe sur l'acheteur quand elle est la suite d'un cas
fortuit qui est toujours difficile à constater (art. 1647).

Il n'est dû garantie qu'à raison des défauts cachés existant au moment de la vente : les défauts nés depuis seraient
à la charge de l'acheteur ; c'est à celui-ci à en prouver
l'existence au moment de la vente, d'après la règle *onus
probandi incumbit actori*, et pour cela l'action doit
être intentée dans un bref délai, suivant la nature du
vice et les usages du commerce (art. 1648).

Mais l'acheteur n'a pas été trompé si les vices étaient
apparents et qu'en outre il ait pu les remarquer : il n'a
pas de recours. Le vendeur, qui ne connaît pas ces vices,
peut aussi s'affranchir de la garantie par une stipulation
expresse, tandis que les connaissant il ne le peut pas.
Enfin, il n'est jamais dû de garantie dans les ventes faites
par autorité de justice (art. 1642, 1643, 1649).

210. Rigoureusement, l'effet d'un traité relatif à l'exploitation d'un privilége expire avec le droit du cédant.
Mais ce principe doit se concilier avec les besoins et les
usages du commerce, et aussi avec la bonne foi et l'é-
quité qui sont la règle des contrats : le cessionnaire aura
nécessairement , vis-à-vis soit du cédant soit des privilégiés de la seconde période, un délai suffisant pour
écouler l'édition qui sera dans son magasin ou en voie
de confection (art. 1135, arg. de 595).

211. Les créanciers d'un auteur ont un droit de gage,
non-seulement sur les ouvrages matériels qui représen-

tent sa pensée, mais encore sur le privilége acquis par la publication; par conséquent ils les feront saisir et vendre comme biens mobiliers, d'après les règles tracées pour la saisie-exécution (art. 2093 C. C., 583 et suiv. Pr. C.).

Cela est absolument vrai pour tout ce qui concerne le privilége et ses accessoires, sauf une exception dans l'intérêt de la veuve et des enfants de l'auteur : de même que les droits qui leur sont conférés spécialement par le décret de 1810 et la loi de 1844 ne peuvent pas être cédés par l'auteur, de même ils sont insaisissables par ses créanciers, puisqu'ils ne sont pas dans son patrimoine.

En outre, ces créanciers peuvent, en usant de l'article 1166, exercer les droits et actions de leur débiteur en se faisant autoriser judiciairement, soit à exploiter eux-mêmes le privilége, soit à poursuivre l'exécution des traités faits avec des acheteurs, cessionnaires, éditeurs, directeurs de théâtres ou autres.

212. Enfin, pour conférer un droit de gage, soit sur un ouvrage inédit et sur le droit d'obtenir un privilége en le publiant, soit sur un privilége déjà ouvert, il faut non-seulemeut dresser un acte authentique ou privé en le faisant enregistrer, mais encore mettre en la possession du créancier gagiste ou d'un tiers, dans le premier cas l'ouvrage corporel, soit tableau, soit manuscrit, dans le second cas le privilége. Toutes les fois qu'un ouvrage corporel est affecté à titre de gage, sans que les droits incorporels soient spécialement engagés, il n'est pas besoin d'écrit s'il s'agit d'une somme qui n'excède pas cent cinquante francs (art. 2073 et suiv.).

213. Nous avons vu que l'intention jointe à la détention d'un manuscrit inédit suffit à l'auteur pour con-

server la propriété exclusive de sa pensée; delà naît-il la conséquence nécessaire que ce manuscrit est insaisissable?

La raison de douter se tire du décret de l'an XIII, qui autorise et encourage les publications d'œuvres posthumes dans quelques mains qu'elles se trouvent. Tout ce qui a une valeur entre dans le patrimoine de l'auteur, la matière du manuscrit a une valeur : donc il fait partie du patrimoine, il est transmissible; et une fois au pouvoir d'un détenteur, soit acheteur, soit dépositaire, la publication sera légitime et fera naître le privilége dont les créanciers se feront attribuer l'émolument en vertu d'une réserve qu'ils auront attachée à la transmission de ce manuscrit : tel est le raisonnement qu'on peut faire. Mais ce serait, à n'en pas douter, prêter au décret un sens qu'il n'a pas, et en réduire l'esprit à un point de fait ; il aurait de la sorte organisé la brutalité et la violation des lois de l'humanité (n° 134).

Il est incontestable que la matière du manuscrit, le parchemin peut être saisi et vendu au profit des créanciers; mais la pensée doit-être respectée toutes les fois qu'elle est restée la propriété exclusive de l'auteur; elle ne peut faire l'objet d'une cession tant qu'il n'y consent pas, ou plutôt tant qu'il n'a pas manifesté l'intention bien arrêtée de la livrer à la publicité. Il serait vraiment étrange que l'on me fît auteur malgré moi !

Concluons de là qu'en principe un manuscrit inédit est insaisissable; et les créanciers de l'auteur ne conservent aucun droit éventuel sur la publication qui pourra être faite après sa mort pour la première fois. Il en est autrement d'un objet d'art inédit et des droits d'auteur qui y sont attachés; ils sont saisissables d'après la règle exposée plus haut (n° 105).

214. Il va sans dire qu'un auteur ne pourra jamais être contraint de céder pour une cause d'utilité publique quelconque ni son manuscrit inédit ni les droits d'auteur qui y sont attachés. Il peut, au contraire, pour une telle cause et en recevant préalablement une indemnité, être contraint de céder, soit son privilége sur toute espèce d'ouvrage de l'intelligence, soit un objet d'art encore inédit et les avantages qui y sont attachés ; cela *a fortiori* de ce que nous venons de décider pour la saisie-exécution (art. 545 C. C.).

215. Terminons sur les cessions, en faisant remarquer que, les lois n'ayant pas d'effet rétroactif à moins d'une déclaration contraire du législateur, les effets des traités relatifs à la cession des priviléges sont régis individuellement par la législation en vigueur lors de leur formation. Ainsi, un cessionnaire antérieur à la loi de 1793 ne peut réclamer le bénéfice de cette loi ; ce qui le prouve d'ailleurs, c'est la disposition de l'art. 7 qui serait absolument inutile si l'art. 2 avait réglé les droits des héritiers et des cessionnaires pour le passé comme pour l'avenir, puisque l'art. 7 ne parle que des héritiers sans étendre, comme l'art. 2, l'effet de la disposition aux cessionnaires.

SECTION DEUXIÈME.

Sujet et durée du privilége des inventeurs.

§ 1er. Des inventeurs.

216. D'après le principe exposé précédemment, un brevet d'invention doit être délivré à quiconque a formé une demande régulière en la forme, sans examen de son état ni de sa capacité civile (n°. 107).

Il doit donc en être délivré un à une femme mariée, à un mineur, à un interdit, nonobstant les art. 217 et

12

509 du Code civil, et les règles sur la tutelle, qui ne s'appliquent pas à ce point.

L'incapacité du breveté ne peut pas plus lui être opposée par la société, qu'il ne peut lui-même s'en prévaloir contre elle en l'absence d'un texte de loi qui l'y autorise (art. 1125 C. C.).

217. La nature du privilège exclut presque toujours la lésion de la formation du contrat ; mais la lésion pourrait naître d'un fait postérieur : ainsi, le breveté est astreint à certaines obligations dont l'inexécution est une cause de déchéance du brevet ; si cette déchéance était encourue par l'incapable, il se trouverait lésé et il pourrait demander immédiatement la rescision du contrat. En suivant rigoureusement les principes, le résultat final serait contre le mineur ou l'interdit, car le fait de la divulgation de sa découverte aurait transmis à jamais à la société le moyen d'en faire usage, et avec le moyen le droit qui, ne rencontrant plus d'obstacle légal, deviendrait absolu par la disparition du privilège. Mais la société protège la faiblesse, elle ne l'écrase pas : la société avertira le représentant du breveté qu'il ait à veiller mieux aux intérêts de l'incapable, en lui rappelant qu'il est responsable, et que c'est sur lui que rejailliraient les conséquences de la déchéance (art. 450 C. C. Voir cependant le n°. 248).

218. Il doit en être délivré un aux envoyés en possession des biens d'un absent, à une succession vacante, à une faillite, à un être moral (n°ˢ. 127, 128, 129, 130).

De même encore, à un mort civil qui, malgré cet état, peut faire tout ce qui concerne le trafic, *le commercium*, qui n'a perdu que les droits civils de particulier à particulier ; avec d'autant plus de raison que la société a tout à y gagner (art. 25 C. C. — n°. 125).

Il peut même en être délivré un à plusieurs individus collectivement, qui ne sont pas associés, sans qu'on ait à craindre les inconvénients qui ont été signalés pour les priviléges d'auteur, attendu que la durée est ici préfixe et invariable (n°. 128).

219. En présence de la loi nouvelle qui garde le silence sur la mise en société des brevets d'invention, et qui abroge toutes les lois spéciales antérieures, il est constant qu'un brevet d'invention peut faire l'objet d'une société; pourvu, si c'est d'une société anonyme, qu'elle soit autorisée par le gouvernement , à peine de nullité (art. 1833, C. C. 37, Com.).

220. Les étrangers sont assimilés aux français d'une manière presque absolue par la loi nouvelle, qui n'exige même pas leur résidence en France. Cette disposition a été dictée tout à la fois dans des vues de générosité et d'économie politique bien entendues; elle est conforme aux principes du droit des gens, qui ne reconnait pas de limites à l'industrie ni au commerce (art. 27, 28, 29, 47).

221. Nul n'étant tenu de rester dans l'indivision , ceux qui ont droit collectivement à un brevet peuvent toujours en provoquer le partage ou la licitation, car ici le partage en nature sera quelquefois possible sous le rapport de l'exploitation. Ceux qui exploitent un brevet en société peuvent également le partager ou liciter après la dissolution de cette société (art. 815, 1872, C. C.).

222. Un brevet d'invention entre comme mobilier dans la communauté conjugale du breveté, et, à la dissolution de celle-ci arrivée par une cause quelconque, il est sujet à partage ou à licitation. Lorsque le breveté survit, on n'éprouve plus à lui enlever tout ou partie du brevet les mêmes scrupules que ceux qui accompagnent la lici-

tation d'un privilège d'auteur, parceque les mêmes raisons n'existent pas ici ; nous n'avons plus d'ailleurs une disposition légale qui attache textuellement le droit d'exploitation à la personne du breveté (art. 1476. — n°. 152).

223. Un privilège, tel que nous l'avons défini, est exclusif de tout autre à raison de la même découverte ou d'une découverte identique. Il ne peut donc naître qu'une fois ; et comme c'est le fait de la publication joint à l'accomplissement de certaines formalités qui lui donne naissance, l'inventeur qui a fait le premier une demande régulière l'emporte sur les autres compétiteurs, parceque cette demande est déjà un commencement de publication ; sa date détermine par conséquent la priorité du brevet (n°ˢ. 238 et 246).

224. Néanmoins, un inventeur ou autre propriétaire auquel sa découverte a été usurpée peut en la revendiquant se faire attribuer le brevet d'invention avec tous ses avantages, comme s'il lui eût été délivré directement. Il n'y a à cela aucun inconvénient. La position de la société reste la même, puisque la durée du brevet est invariable, à la différence du cas ou il y a usurpation d'un droit d'auteur dont le privilège a une durée variable, selon la longévité de chaque privilégié. La transmission d'un ouvrage industriel matériel n'est pas par elle seule attributive du droit d'inventeur ; ce sont deux choses qui se détachent juridiquement l'une de l'autre, qui peuvent faire l'objet de deux contrats distincts. L'art. 2279 n'est pas applicable au droit d'inventeur qui est immatériel, et l'acheteur ne peut invoquer l'art. 1602, puisqu'il suffit à l'existence du contrat d'avoir pour objet l'ouvrage matériel. Le droit immatériel n'est donc transmis que par la volonté de l'inventeur : cette volonté apparaîtra souvent des circonstances, par exemple, si le prix de la

vente est élevé, ou bien que l'acheteur soit un artisan ou un commerçant dans le genre d'industrie brevetée (n⁰ˢ. 135 et 138).

§ 2. Durée, formes et conditions des brevets d'invention.

225. L'art 53 de la loi du 5 juillet 1844 est ainsi conçu : « Les brevets d'invention, d'importation et de per-
»fectionnement actuellement en exercice, délivrés confor-
»mément aux lois antérieures à la présente, ou prorogés
»par ordonnance royale, conserveront leur effet pendant
»tout le temps qui aura été assigné à leur durée. » Cette loi, promulguée le 8 juillet, est devenue tout à la fois exécutoire et obligatoire trois mois après, c'est-à-dire le 9 octobre, conformément à la disposition spéciale de l'art. 50 (n⁰ 244).

226. Aujourd'hui, pour arriver à l'obtention d'un brevet, soit principal, soit pour perfectionnement, chan-
gement ou addition, il faut préalablement adresser une demande au ministre de l'agriculture et du commerce. Il en est de même pour arriver à obtenir un certificat d'addition (art. 5, 16, 17).

La demande doit être déposée sous cachet au secrétariat de la préfecture, dans le département où l'inven-
teur est domicilié, ou dans tout autre département en y élisant domicile. Cette option laissée à l'inventeur a pour but de lui faciliter le choix du siège de ses affaires et les moyens d'étendre ses opérations industrielles. Il est dressé de ce dépôt un procès verbal, sans frais, dont une expédition est remise au déposant contre le remboursement du timbre (art. 5, 7).

Afin de faire connaître clairement au public l'objet du brevet, et peut-être aussi dans l'intérêt du fisc, la demande doit être limitée à un seul objet principal avec

les objets de détail et l'indication des applications. Elle doit en outre mentionner la durée que l'inventeur entend assigner à son brevet (art. 6).

L'administration est chargée de revêtir le contrat d'une forme extrinsèque, sans pouvoir modifier en aucun point les conditions intrinsèques. Aussi, l'art. 6 dit-il que la demande ne contiendra ni restrictions, ni conditions, ni réserves; par conséquent, elle doit être pure et simple; toute addition tendant à retarder la délivrance du brevet ou à obtenir une promesse de prolongation de durée est prohibée.

Afin de rendre les brevets d'invention faciles à reconnaître et à distinguer les uns des autres, la demande doit indiquer un titre renfermant la désignation sommaire et précise de l'objet de l'invention, à laquelle il servira, pour m'exprimer ainsi, de passeport pour voyager dans le monde industriel (art. 6).

L'inventeur doit déposer avec sa demande une description de la découverte, invention ou application faisant l'objet du brevet demandé, les dessins ou échantillons qui seraient nécessaires pour l'intelligence de la description et un bordereau des pièces déposées (art. 5).

227. Pour entourer la description de toutes les garanties possibles, l'art. 6 trace des formes extrinsèques, destinées à lui assurer un certain caractère d'authenticité.

Ainsi, la description ne peut être écrite en langue étrangère; ce qui n'exclut pas, bien entendu, l'emploi d'expressions techniques étrangères à la langue française.

Elle doit être sans altération et sans surcharges. Les mots rayés sont comptés, les pages et les renvois paraphés, afin d'éviter les altérations et les contestations.

Elle ne doit contenir aucune dénomination de poids ou de mesures autres que celles qui sont portées au tableau annexé à la loi du 4 juillet 1837, c'est-à-dire, d'après le système métrique décimal. Cette disposition écarte toute incertitude, à raison de ce que la loi de 1837, art. 5, n'interdit les anciennes dénominations que dans les actes publics ainsi que dans les actes sous seing-privé, les registres de commerce et autres écritures privées produites en justice. Elle révèle aussi l'opinion du législateur qui sait que le public se laisse involontairement entraîner par la force de l'habitude à l'usage des anciennes dénominations, nonobstant les diverses lois prohibitives.

Les dessins doivent être tracés à l'encre et d'après une échelle métrique, c'est-à-dire qu'ils peuvent être manuscrits, gravés ou lithographiés. Le premier moyen est le plus sûr pour éviter la perte de la nouveauté.

Un duplicata de la description et des dessins est joint à la demande, afin que l'un des doubles revienne au breveté et que l'autre reste aux archives du ministère.

Enfin, toutes les pièces doivent être signées par le demandeur ou par un mandataire dont le pouvoir reste annexé à la demande, pour prévenir les abus de nom et les désaveux.

228. Le ministre est juge des formes extrinsèques qui viennent d'être énumérées : en cas d'inobservation de l'une d'elles, la demande sera rejetée, dit l'art. 12. A la lecture de cet article, il semble qu'il n'y ait que le bordereau des pièces déposées qui ne soit pas prescrit impérativement; cependant, l'art. 5 ne prescrit l'annexe des dessins ou échantillons que lorsqu'ils sont nécessaires pour l'intelligence de la description, et il est clair que l'appréciation de cette nécessité appartient à ceux qui ont mission d'apprécier l'intelligence, c'est-à-dire, aux tribunaux civils seuls. L'absence de cette an-

nèxe n'est donc pas irritante de la demande en la forme ; mais il est au moins prudent de joindre ces éléments pour aider à l'intelligence de la description dont le défaut de clarté est une cause de nullité du brevet, d'après l'art. 30 6°. Par conséquent, l'administration ne peut jamais entrer dans l'appréciation de la nécessité de l'annexe des dessins ou échantillons, sous quelque prétexte que ce soit ; le demandeur est libre de ne pas la faire, il n'en répond que devant les tribunaux civils (n° 235).

229. Il est dans l'esprit de la loi que l'on emploie les dénominations légales des poids et mesures aussi bien dans le titre que dans la description ; mais, la disposition étant rigoureuse, le ministre ne peut par extension rejeter la demande par le seul motif que l'on a employé dans le titre une dénomination ancienne.

230. Le rejet de la demande la fait considérer comme n'ayant jamais existé, et l'inventeur peut en former une nouvelle qui soit régulière ; seulement, il a à craindre qu'une demande intermédiaire venant d'un tiers ne lui fasse perdre le droit de priorité (art. 12).

231. Quoique l'art. 12 soit conçu en termes impératifs, sans aucun doute un vice externe de la demande est toujours purgé par la délivrance du brevet, sans préjudice des causes de nullité ou de déchéance qui pourraient en résulter intrinsèquement. Ce vice externe n'est en effet classé ni dans les causes de nullité ni dans les causes de déchéance énumérées par les art. 30 et 32, et nous savons que les nullités ne peuvent être étendues d'un cas à un autre ; en outre, l'arrêté du ministre qui constitue le brevet est un acte de l'administration, qui seule est compétente pour décider de l'observation des formes extrinsèques de la demande (n° 235).

232. D'après l'art. 7, aucun dépôt de demande n'est

reçu que sur la production d'un récépissé constatant le versement de cent francs, à valoir sur le montant de la taxe à laquelle donne lieu chaque brevet, et qui est fixée par l'art. 4 ainsi qu'il suit :

Cinq cents francs pour un brevet de cinq ans ;

Mille francs pour un brevet de dix ans ;

Quinze cents francs pour un brevet de quinze ans.

Au premier aspect, on est surpris de ce prélèvement assez fort, imposé à une industrie qui ne fait que naître et qui ne produira peut-être que fort tard un bénéfice suffisant pour faire rentrer l'inventeur dans cette avance. On voudrait que l'industrie eût le champ libre, qu'elle n'éprouvât aucune entrave. C'est bien là aussi l'esprit de la législation actuelle ; mais nous savons que la liberté absolue dégénère en licence, et qu'il n'est pas une institution qui n'ait besoin d'être soumise à un certain tempérament. On aperçoit bientôt, en effet, le débordement de demandes futiles dont l'administration serait inondée s'il n'y avait une question d'argent destinée à le retenir. A cette raison se joint le besoin de faire face aux dépenses spéciales de l'institution des brevets. On cesse de se plaindre quand on considère que, chez une nation voisine qui a l'orgueilleuse prétention de donner l'impulsion à l'industrie, la taxe des brevets est décuple de la taxe française : en présence de ce fait, on ne peut pas dire que la France vende des monopoles.

Cette taxe est la même pour les brevets primitifs et les brevets pour perfectionnements, changements et additions, tandis que les certificats d'addition ont l'avantage de n'être soumis qu'à une taxe de vingt francs (art. 16, 17).

233. Elle est payable par annuités de cent francs, sous peine de déchéance, si le breveté laisse écouler un

terme sans l'acquitter (art. 4). Ce système, jusqu'alors
sans exemple, facilite aux inventeurs le moyen d'obtenir un brevet, en même temps qu'il leur laisse la libre
faculté d'y renoncer, en s'abstenant de payer une annuité après avoir recueilli les fruits des années précédentes ; en sorte qu'on peut dire que chaque brevet est
annuel. Il y a cependant un tempérament dans l'obligation d'acquitter toutes les annuités avant de céder un
brevet (n° 249).

Cette égalité proportionnelle grève surtout les brevets
de courte durée et principalement les brevets obtenus
pour des demandes hasardées; car ceux qui fructifieront
atteindront généralement le maximum de la durée.

Dans le silence de la loi, les versements de la taxe se
font, comme sous la législation précédente, à la caisse
du receveur général du département, suivant le droit
commun. Le versement qui précède la demande fait face
à la première annuité.

234. Le préfet du département est l'intermédiaire
entre l'inventeur et le gouvernement. Aussitôt après
l'enregistrement de la demande et dans les cinq jours
de la date du dépôt, il doit envoyer le paquet qui la
contient, sous le cachet du demandeur, au ministre de
l'agriculture et du commerce, en y joignant une copie
certifiée du procès-verbal du dépôt, le récipissé constatant le versement de la première annuité et le pouvoir
du mandataire si le demandeur a été représenté (art. 9).

235. A l'arrivée des pièces au ministère, il est procédé à leur ouverture, à l'enregistrement de chaque
demande et à l'expédition des brevets dans l'ordre de
la réception des demandes (art. 10).

L'administration doit rejeter la demande, lorsqu'elle
reconnaît qu'elle est irrégulière en sa forme extrinsèque,

ou bien, comme nous le verrons plus loin, qu'elle a pour objet une découverte imbrevetable. Dans le cas contraire, un arrêté du ministre, constatant la régularité, est délivré au demandeur et constitue le brevet d'invention. Aucune cause ne peut alors retarder cette délivrance, pas même une opposition qui y serait faite (art. 11, 13. — Nᵒˢ 228 et 243).

En même temps l'administration joint à cet arrêté le duplicata de la description et des dessins, et elle le rend au breveté, certifié par le ministre après que sa conformité avec l'expédition originale a été vérifiée et reconnue (art. 11).

La première expédition d'un brevet est délivrée sans frais. Toute expédition ultérieure, demandée par le breveté ou ses ayant-cause, donne lieu au paiement d'une somme de vingt-cinq francs. Les frais de dessin, s'il y a lieu, sont à la charge de l'inventeur (art. 11).

236. Pendant les trois mois qui suivent la notification du rejet de la demande, le pourvoi devant le conseil d'État est ouvert à l'inventeur; et, si l'arrêté est rejeté, on délivre le brevet avec effet rétroactif du jour du dépôt de la demande (art. 12).

237. Lorsque le rejet de la demande a pour cause un vice de forme extrinsèque, la moitié de la somme versée pour taxe est restituée à l'inventeur; et la totalité lui est rendue s'il reproduit sa demande dans le délai de trois mois à compter de la date de la notification du rejet (art. 12).

La somme versée pour taxe est restituée en entier lorsque l'administration rejette une demande formée pour compositions pharmaceutiques et remèdes, plans ou combinaisons de finances, qui sont imbrevetables (art. 13).

238. Elle est également restituée en entier lorsque

' inventeur retire sa demande ; ce qu'il peut faire, à mon avis, tant que le brevet ne lui est pas accordé, car jusque-là il n'y a pas concours des volontés de la société et de l'inventeur, il n'y a qu'une offre révocable suivant le droit commun. L'art. 8, qui fixe le départ de la durée du brevet au jour du dépôt de la demande, ne contredit point mon opinion : il signifie seulement que le brevet une fois délivré remonte rétroactivement au jour du dépôt, quant à sa durée et à ses effets juridiques. Mais, en retirant sa demande, l'inventeur a à craindre que son secret n'ait été ébruité, que le public ne s'en soit emparé, ou bien qu'un autre demandeur lui fasse perdre la priorité (n°s 106 et 223).

239. Une ordonnance royale, insérée au bulletin des lois, proclame tous les trois mois les brevets délivrés dans le trimestre (art. 14).

240. Maintenant que nous connaissons les formes extrinsèques, passons aux formes intrinsèques de la demande.

D'après l'art. 30 5°, le brevet est nul lorsque le titre sous lequel il a été délivré indique frauduleusement un objet autre que le véritable objet de l'invention, ce qui est à craindre surtout pour les remèdes secrets. Ce n'est pas le titre faux que la loi veut atteindre, ou plutôt ce n'est pas le titre inexact, parce qu'un homme loyal peut se servir d'une expression qui ne qualifie pas bien l'invention, c'est l'infidélité, l'intention mensongère, comme l'indique le mot *frauduleusement*. De là ressort la conséquence que le choix du titre appartient à l'inventeur seul.

Au commencement de chaque année, ce titre est porté à la connaissance du public par un catalogue officiel contenant l'indication nominative des brevets délivrés dans le courant de l'année précédente, indépendamment de la publication des descriptions et dessins qui se fait après le paiement de la deuxième annuité (art. 24):

241. Suivant l'art. 30 6°, le brevet est également nul si la description qui y est jointe n'est pas suffisante pour l'exécution de l'invention, ou si elle n'indique pas d'une manière complète et loyale les véritables moyens de l'inventeur.

Cette disposition est conservatrice des intérêts de l'inventeur et de la société : c'est elle qui garantit au public qu'il ne sera pas trompé sur l'étendue de la découverte, ou du moins qu'il ne le sera pas impunément ; elle lui garantit aussi qu'il ne sera pas dépouillé de la découverte par la disparition de son objet ; elle fait connaître avec précision l'invention brevetée, en même temps qu'elle trace exactement les limites du privilége ; elle sert de guide au juge pour l'appréciation de la contrefaçon, en le mettant à même de constater l'identité de l'industrie incriminée avec l'industrie décrite ; elle est en un mot la base des droits réciproques du breveté et du public.

Quelque dommageable que puisse être pour lui l'imperfection de la description, l'inventeur en supporte les conséquences dans toute leur étendue. Dans le doute sur le sens de cette description, l'interprétation tourne contre lui, sans considérer s'il est de bonne ou de mauvaise foi, car il a stipulé de la société, il n'a pas même eu à la consulter sur la rédaction de sa demande ; par conséquent, l'article 1162 du Code civil lui est applicable.

242. Un principe qui domine toute la matière des brevets d'invention, c'est que le gouvernement les délivre, sans examen préalable, aux risques et périls des inventeurs, et sans garantie, soit de la réalité, de la nouveauté ou du mérite de l'invention, soit de la fidélité ou de l'exactitude de la description (art. 11).

Ce principe, qui est sans exception, s'accorde avec le

régime de liberté qui règne en France. Il offre de nombreux avantages : il est un encouragement pour les inventeurs, qui n'ont point à redouter la divulgation de
leur secret toujours imminente en présence d'une discussion, l'ignorance ou la partialité des juges, les erreurs,
les incertitudes et les négligences. Il exempte l'administration d'une mission importune et d'une grave responsabilité. Enfin, il évite de créer une juridiction spéciale
et de toucher à la Constitution qui veut que nul ne soit
distrait de ses juges naturels.

243. Comment concilier ce principe avec l'art. 3
qui déclare imbrevetables les compositions pharmaceutiques ou remèdes de toute espèce, et les plans et combinaisons de crédit ou de finances? Si, à la seule inspection du titre ou de la description, sans avoir besoin
d'en consulter le sens, on reconnaît que la demande
tombe sous la prohibition, l'administration la repousse
péremptoirement sans autre examen ; si elle se cache sous
un faux titre et qu'elle parvienne à obtenir un brevet, il
est frappé de nullité d'après l'art. 30 2°, de sorte que
l'administration n'a pas même l'examen préalable de la
légalité de la découverte. Tel est le résultat de la combinaison des art. 3 et 13 (n° 235).

244. Le législateur voulant que le principe de non
examen portât des fruits, l'a sanctionné par l'art. 33,
qui est ainsi conçu : « Quiconque dans des enseignes,
» annonces, prospectus, affiches, marques ou estam-
» pilles, prendra la qualité de breveté sans posséder un
» brevet délivré conformément aux lois, ou après l'ex-
» piration d'un brevet antérieur, ou qui, étant breveté,
» mentionnera sa qualité de breveté ou son brevet sans
» y ajouter ces mots : *sans garantie du gouvernement*,
» sera puni d'une amende de cinquante à mille francs.

» En cas de récidive, l'amende pourra être portée au
» double. »

Le principe de non rétroactivité est respecté : la prescription de l'art. 33 n'atteint pas les brevets obtenus
sous l'empire de la législation précédente; mais, si à
l'expiration de ces brevets il y a une prolongation, elle
tombe sous l'application de cette injonction (n° 225).

245. Il ne suffirait pas de la publication trimestrielle
faite dans le bulletin des lois pour faire connaître réellement au public les brevets d'invention qui sont délivrés, car, lors même que ce bulletin serait lu par tout
le monde, il ne contient qu'une indication sommaire et
non la description qui peut seule satisfaire sur ce point.
Chacun a cependant intérêt à acquérir cette connaissance pour éviter, soit de violer un privilége, soit de se
faire délivrer un brevet pour une découverte déjà brevetée. D'autres moyens plus efficaces ont dû être ouverts
au public dans son intérêt aussi bien que dans l'intérêt
de l'inventeur.

D'après l'art. 23, toute personne est admise à prendre
communication, sans frais, des descriptions, dessins,
échantillons et modèles des brevets qui restent, jusqu'à
leur expiration, déposés au ministère de l'agriculture et
du commerce. Chacun peut, en outre, se faire délivrer,
à ses frais, copie des descriptions et dessins.

Un moyen de publicité plus rapide et plus étendu
consiste dans la publication des descriptions et dessins,
qui est faite, soit textuellement, soit par extrait, après
le paiement de la seconde annuité. Il est en outre publié au commencement de chaque année un catalogue,
espèce de table coordonnée sur chaque branche d'industrie, contenant les titres des brevets délivrés dans le
courant de l'année précédente (art. 34).

Chacun peut consulter, sans frais, le recueil des descriptions et dessins et le catalogue des titres qui, après leur publication, sont déposés au ministère de l'agriculture et du commerce et au secrétariat de la préfecture de chaque département (art. 25).

246. Suivant l'art. 8, la durée du brevet commence à courir du jour où le dépôt de la demande a été fait au secrétariat de la préfecture; par conséquent, c'est la date de ce dépôt qui fixe la priorité du droit et le point de départ des effets utiles attachés au brevet (n° 223).

Mais, à la différence du privilége d'auteur qui dure pendant la vie du privilégié et au delà, le brevet a une limite légale toujours préfixe et invariable, aux termes des art. 4 et 15.

247. La loi ne reconnaît que des brevets de cinq, dix ou quinze ans : le maximum de leur durée est donc de quinze ans et le minimum de cinq ans.

L'inventeur choisit librement entre ces trois périodes individuelles, sans pouvoir ni étendre ni restreindre chacune d'elles, de sorte qu'il ne serait pas admis à demander un brevet pour huit ans ou douze ans. Ce résultat est bien d'accord avec la disposition de l'art. 6 § 2.

Son choix est fixé provisoirement par le dépôt de sa demande à la préfecture. Il peut être révoqué ou modifié jusqu'à la délivrance du brevet, qui seule le rend irrévocable (n° 238).

248. Il n'y a qu'une loi qui puisse prolonger la durée d'un brevet, soit au delà de la limite de quinze ans, soit même en dedans de cette limite. Or, celui qui a obtenu un brevet pour cinq ans, doit s'adresser au pouvoir législatif pour obtenir une prolongation jusquà dix ans ou au delà; mais ce recours sera rarement mis en pratique, puisque chacun peut se faire délivrer un bre-

vet pour quinze ans et le laisser choir en n'acquittant
pas une annuité de la taxe.

Je crois cependant qu'un mineur ou un interdit, auquel on aurait délivré un brevet pour cinq ou dix ans
seulement, pourra, en s'adressant directement à la justice, obtenir une prolongation jusqu'à quinze années,
parce qu'autrement il serait lésé, et qu'il y a ainsi moyen
de lui éviter toute perte, en conciliant les principes avec
l'équité (art. 1305 C. C., n° 217).

249. Celui qui a obtenu un brevet pour dix ou quinze
ans a-t-il le droit d'en réduire la durée à cinq ou dix
ans? Distinguons.

Quoique nous ayons déjà reconnu au breveté le droit
de laisser choir son brevet en n'acquittant pas une annuité, aucun texte ne lui confère ce droit, il ne l'a pas
primitivement, ou plutôt, il ne le tient pas de la convention qu'il a faite avec la société ; cette convention est la
loi commune et obligatoire des parties ; seulement, si le
breveté renonce à son privilége, il procure à la société
un avantage qui compense et au delà celui qu'elle reti-
rerait du maintien du brevet, et il rend ainsi sans intérêt l'action qu'elle voudrait exercer contre lui. Une seule
chose est donc *in obligatione* du breveté, c'est de procurer à la société la jouissance de son invention ; mais
une autre chose, l'abandon du privilége est *in facultate
solutionis.* Cette faculté se fonde encore sur l'esprit de
la loi nouvelle, sur l'encouragement et la reconnaissance qui sont dus à l'inventeur, et sur l'équité qui n'admet pas qu'une récompense devienne pour lui un instrument de ruine (n° 233).

La question présente une autre face, lorsque le breveté
veut céder son brevet en totalité ou en partie. Ne pouvant le faire avant d'avoir acquitté la taxe entière, il

13

peut avoir intérêt à en réduire la durée, afin de payer moins d'annuités : sa volonté suffit-elle pour opérer cette réduction ? Les principes mènent à la négative.

Il est de règle que les conventions légalement for-mées tiennent lieu de loi à ceux qui les ont faites, et qu'elles ne peuvent être révoquées que de leur consentement mutuel ou pour les causes que la loi autorise. Nous venons de voir un cas de révocation admis par la loi ; mais il est exceptionnel et ne peut être étendu, d'autant moins que les motifs ne sont plus les mêmes : dans notre hypothèse, le breveté *certat de lucro captando*, tandis que, dans celle qui précède, *certat de damno vitando* ; en outre, la société ne trouve plus ici de compensation actuelle dans la réduction de la durée.

Le seul moyen pour le breveté de proposer une réduction est de s'adresser au pouvoir législatif. Tel est, à mon avis, le résultat nécessaire auquel on arrive en combinant l'art. 1134 du Code civil avec l'art. 15 de la loi nouvelle (n° 248).

250. Ces règles sont applicables indistinctement à tous les brevets délivrés, soit primitivement, soit pour perfectionnement, changement ou addition ; tandis qu'un certificat d'addition, s'incorporant au brevet primitif, a identiquement la même durée que lui (art. 16, 17).

La durée d'un brevet obtenu pour une découverte déjà brevetée ailleurs qu'en France ne peut, d'après l'art. 29, excéder la durée des brevets antérieurement pris à l'étranger. Il s'explique de soi-même qu'elle ne peut pas plus excéder la durée ordinaire des brevets français.

251. Un brevet expire ou par la révolution de la période pour laquelle il a été accordé, ou plutôt, lorsque

la déchéance absolue en a été prononcée par une décision judiciaire ayant acquis force de chose jugée.

Je cherche vainement dans la loi nouvelle une disposition qui, comme sous la législation de 1791, ordonne
que la découverte sera officiellement rendue publique à
l'expiration du brevet, pour prévenir la société qu'elle
peut désormais user de la découverte avec une entière
liberté; l'art. 26 veut seulement que les orignaux des
descriptions et dessins soient déposés au Conservatoire
royal des arts et métiers, qui est un musée ouvert au
public.

§ 5. De la mutation des brevets d'invention.

252. Un brevet d'invention une fois entré dans le
patrimoine du privilégié est, comme ses autres biens
incorporels, transmissible, soit à titre onéreux ou gratuit, soit héréditairement, que la succession s'ouvre par
la mort naturelle ou par la mort civile (art. 711 C. C.).

Toutes les mutations de brevets sont entourées de
certaines précautions, les unes obligatoires, les autres
facultatives; et spécialement la cession, c'est-à-dire, la
transmission entre-vifs est assujétie à des formalités et à
des conditions extrinsèques particulières qui sont toujours obligatoires. Ces diverses précautions ont pour but
de faciliter la publicité de la mutation, de pourvoir à la
sécurité des tiers et d'éviter des embarras à l'administration.

253. D'après l'art. 20, la cession totale ou partielle
d'un brevet ne peut avoir lieu qu'après le paiement de
toutes les annuités de la taxe pour la durée entière du
brevet. Cette disposition met les cessionnaires à l'abri de
la déchéance qui est la conséquence prochaine du défaut
de paiement d'une annuité; en même temps qu'elle as-

sure le recouvrement de la taxe entière, en évitant au Trésor l'inconvénient d'avoir pour débiteurs une multitude de cessionnaires d'un même brevet.

254. Pour prévenir les fraudes et les abus de confiance, le même art. 20 veut que la cession à titre gratuit ou onéreux ne soit faite que par acte notarié ; ce qu'il faut entendre, sans aucun doute, des cessions entre-vifs et non des dispositions testamentaires, ainsi que cela apparaîtra dans un instant.

255. Suivant le même article, aucune cession totale oupartielle n'est valable, à l'égard des tiers, qu'après avoir été enregistrée au secrétariat de la préfecture du département dans lequel l'acte a été passé. Ce moyen de saisir le cessionnaire vis-à-vis des tiers est analogue à celui qui est commandé non moins impérativement par l'art. 1690 du Code civil, pour saisir le cessionnaire d'une créance.

L'art. 20 ajoute que l'enregistrement des cessions et de tous autres actes emportant mutation sera fait sur la production et le dépôt d'un extrait authentique de l'acte de cession ou de mutation.

256. L'enregistrement est donc prescrit à peine de nullité de la cession vis-à-vis des tiers. La loi ne s'explique pas aussi formellement sur le défaut d'authenticité, mais ce point ne peut souffrir de difficulté : le préfet est autorisé à refuser l'enregistrement sur la production d'une pièce à laquelle il ne reconnaît pas un caractère authentique, sauf le recours de l'inventeur devant le conseil d'État. En supposant même qu'un acte de cession non notarié ait été enregistré par le préfet, je ne doute pas qu'il soit opposable aux tiers, car aucun texte ne fait une cause de nullité du défaut d'authenticité,

l'art. 20 n'attache de déchéance qu'à l'absence d'enregistrement.

257. Quant aux mutations opérées par décès, l'enregistrement se fait sur la production d'un acte de noto-
riété, d'un intitulé d'inventaire, d'un acte de partage ou
d'un testament. Ces divers actes doivent être notariés. Il
suffit cependant d'un testament olographe qui ait acquis
un caractère authentique par l'accomplissement des
formalités légales. Lorsque le testament est olographe
ou mystique, le légataire universel, qui a seul droit au
brevet, doit encore produire une ordonnance d'envoi en
possession. Enfin, lorsqu'il y a ou concours d'un légataire universel avec un héritier à réserve, ou des légataires à titre universel, ou des légataires particuliers, il
faut produire un acte de délivrance de legs notarié (art.
1004, 1007, 1008, 1011, 1014).

258. L'absence d'enregistrement ne produit qu'une
nullité relative, qui peut être invoquée par les tiers seuls,
et non par le cédant, ni par le cessionnaire, ni par leurs
héritiers et ayant-cause à titre universel.

Cet enregistrement se fait, sans frais, à la diligence
de l'une des parties intéressées, sans que le préfet puisse
y apporter le moindre retard, sous quelque prétexte que
ce soit, à peine d'en assumer sur lui les conséquences.

259. Dans les cinq jours de la date du procès-verbal
d'enregistrement, une expédition, accompagnée de l'extrait de l'acte qui constate la mutation, doit-être transmise par le préfet au ministre de l'agriculture et du
commerce (art. 20).

A l'arrivée de ces pièces au ministère, la mutation est
inscrite sur un registre spécial tenu à cet effet (art. 21).

Quoique l'absence de cette inscription n'invalide pas
la mutation à l'égard des tiers, le ministre doit la faire

opérer sans aucun retard et sans être arrêté par une cause quelconque, sinon, il est responsable. L'accomplissement de cette formalité peut être très utile au nouvel ayant-droit au brevet, en obligeant le ministère public à le mettre en cause s'il vient à demander la nullité ou la déchéance absolue du brevet (art. 38, n° 288).

Tous les trois mois, une ordonnance royale insérée au bulletin des lois proclame les mutations inscrites au ministère pendant le trimestre expiré (art. 21).

260. La loi ne s'explique pas sur la publicité à donner aux décisions judiciaires qui annulent une cession; mais il est dans son esprit et dans la nature des choses que ces décisions soient rendues publiques de la même manière que les actes de cession, sinon les tiers, trompés par l'apparence de l'existence d'une cession, traiteront valablement avec les cessionnaires apparents.

261. D'après l'art. 22, les cessionnaires d'un brevet et ceux qui auront acquis d'un breveté ou de ses ayant-droit la faculté d'exploiter la découverte ou l'invention, profiteront de plein droit des certificats d'addition qui seront ultérieurement délivrés au breveté ou à ses ayant-droit; réciproquement, le breveté ou ses ayant-droit profiteront des certificats d'addition qui seront ultérieurement délivrés aux cessionnaires (n° 99).

Cette disposition, applicable à toute cession totale ou partielle, découle du principe de l'indivisibilité du brevet et de ses accessoires. Elle n'est cependant qu'une présomption légale à laquelle une convention peut déroger. Elle a pour but d'éviter qu'un inventeur ne rançonne son cessionnaire, en lui livrant une invention imparfaite avec l'intention arrêtée d'avance de lui faire payer cher chaque addition; et pour être équitable, la loi établit la réciprocité.

Mais, pour rester dans les termes de la loi, il ne faut pas étendre cette disposition aux brevets principaux pour perfectionnements, changements ou additions se rattachant à une invention déjà brevetée, ainsi que cela est d'ailleurs confirmé par les discussions des Chambres législatives; de sorte que, pour annihiler le bienfait de la loi, il suffit de prendre un brevet au lieu d'un certificat d'addition.

Tous ceux qui ont droit de profiter des certificats d'addition, peuvent en lever une expédition au ministère de l'agriculture et du commerce, en payant la somme de vingt francs (art. 22).

262. A part la présomption dont nous venons de rendre compte, la volonté des parties sert de règle aux cessions de brevets, qui restent par conséquent soumises au droit commun sur l'interprétation des conventions.

Les règles du droit commun sont aussi applicables en ce qui concerne la capacité des cédants et des cessionnaires et la division de l'exploitation. Par conséquent, la cession peut porter sur le droit de fabriquer, avec réserve du droit de débiter, ou sur le droit de débiter dans tel rayon ou pendant tel délai. L'exploitation d'un brevet est même par sa nature susceptible d'une division plus variée et plus multipliée que celle d'un privilége d'auteur. Enfin, la cession peut être soumise à toute espèce de modalité.

Le mot *céder* est pris dans un sens large pour transmettre à titre gratuit ou onéreux, sous toutes les formes possibles, même à titre de louage. Tous ceux qui font usage d'un produit ou d'un procédé légitime de la découverte sont sous la protection du droit de cession, en vertu duquel ils tiennent ce produit ou ce procédé, soit directement, soit indirectement.

263. Le cédant garantit au cessionnaire l'existence actuelle du brevet et la non existence de cause de déchéance; il lui en garantit aussi la possession paisible. Il doit même, par application des art. 1134 et 1135 du Code civil, lui en faciliter l'exploitation autant qu'il est en son pouvoir. Il pourrait se rendre coupable du délit de contrefaçon ou de débit, s'il exploitait au mépris de la cession; ou bien, ses manœuvres donneraient lieu à une action civile ordinaire en dommages-intérêts.

264. Le cessionnaire, étant substitué au lieu et place du cédant, ne peut avoir des droits plus étendus et est astreint aux mêmes obligations que lui. L'abus de sa jouissance peut aller jusqu'au délit de contrefaçon ou de débit, ou bien ses manœuvres donneront lieu à l'action civile ordinaire en dommages-intérêts.

265. Le cessionnaire de tout le brevet acquiert le droit exclusif de l'exploiter en pleine liberté, son exploitation n'a pas de limite vis-à-vis du cédant.

Au contraire, le cessionnaire du droit exclusif d'exploitation pendant un temps limité est obligé envers le cédant à ne pas laisser le brevet tomber en déchéance; ce qui aurait lieu, suivant l'art. 32 2°, si la découverte n'était pas mise en exploitation dans les deux premières années de la durée du brevet, ou bien s'il y avait une lacune de deux années consécutives dans l'exploitation, à moins que, dans l'un ou l'autre cas, il ne fut justifié que l'inaction a eu une cause légitime; mais je pense qu'à moins de convention expresse, cette obligation ne pèserait pas sur le cessionnaire, lorsque le cédant aurait conservé de son côté le droit d'exploiter concurremment, quelque restreint qu'il fût, c'est alors à lui d'être actif, *namque vigilantibus jura succurrunt.*

266. Lorsqu'il résulte de l'intention des parties ou de

la nature de l'opération que là capacité du cessionnaire a
été prise en considération par le cédant, le contrat est
résilié toutes les fois que le cessionnaire vient à être empêché personnellement de l'exécuter par sa mort, son
impotence, sa faillite ou toute autre cause. C'est ce qui
arrivera ordinairement lorsque le cédant, au lieu de recevoir un prix une fois payé, conservera un intérêt proportionnel basé sur l'étendue du débit (art. 1184, 1795
C. C., 443 Com.).

267. De deux cessionnaires d'un brevet, celui-là l'emporte sur l'autre, qui a le premier fait enregistrer son
titre au secrétariat de la préfecture du département dans
lequel ce titre a été dressé; mais alors, l'autre a une action
civile ordinaire en dommages-intérêts contre le cédant
(n° 255).

268. Quant à ce qui concerne la résolution du contrat de vente d'un ouvrage corporel ou de cession d'un
privilége ou d'un droit d'inventeur, soit pour inexécution, soit pour retard dans l'exécution, soit pour la faculté de rachat, la livraison faite à l'un de deux acheteurs
ou de deux cessionnaires successifs, les diverses garanties du prix de la vente ou de la cession, selon que l'a-
cheteur est ou non en état de faillite, selon qu'il est ou
non en état de déconfiture, la revendication contre le
dépositaire ou le consignataire failli, le vice d'erreur sur
la substance de l'ouvrage ou sur la considération de
l'artisan, les défauts cachés de la chose vendue; sur tous
ces points, les règles qui ont été exposées sous les
n°s 198 et suivants jusques et compris le n° 209, en
traitant des droits d'auteur, s'appliquent également aux
droits d'inventeur, sauf quelques différences légères
provenant, soit de la législation spéciale, soit de la nature de l'ouvrage.

269. En supposant un cessionnaire à durée limitée, son droit d'exploitation expire rigoureusement à cette limite; cependant, la bonne foi, qui est la règle des conventions et des opérations commerciales, veut qu'il ait un délai suffisant pour débiter ses produits confectionnés (art. 578 et suiv. et 1135 C. C.).

270. Un brevet d'invention est, comme les autres biens du breveté, le gage commun de ses créanciers, qui peuvent le faire saisir et vendre en suivant les règles tracées pour la saisie-exécution. Pour se conformer au texte de la loi nouvelle, il est bon que le procès-verbal d'adjudication soit dressé par un notaire qui, du reste, a bien caractère pour cela; mais nous avons vu que l'omission de cette formalité serait couverte par l'enregistrement à la préfecture. Il est même prudent de faire une sorte de saisie-arrêt entre les mains, tant du préfet du département où est domicilié le breveté, que du ministre de l'agriculture et du commerce, par analogie de ce qui se pratique pour les rentes constituées sur particuliers, afin que l'enregistrement de la saisie révèle aux tiers qui consulteront le registre que le brevet est sous le coup d'une expropriation (art. 2093 C. C., 583, 637 Pr. C., 20 loi nouv.).

271. Pour conférer spécialement un droit de gage sur l'objet matériel d'une découverte, il suffit de se conformer aux art. 2074 et suivants du Code civil. Mais, pour conférer spécialement un droit de gage sur un brevet d'invention, il faut en outre que l'acte soit enregistré au secrétariat, tant de la préfecture du département dans lequel est domicilié le breveté, que du ministère de l'agriculture et du commerce: c'est, selon moi, le seul moyen légal de mettre le créancier en possession du gage et de concilier l'esprit de la loi nouvelle avec ses art. 20 et 21.

272. Les créanciers peuvent également, en vertu de l'art. 1166 du Code civil, exercer les droits et actions de leur débiteur, en se faisant autoriser en justice, soit à exploiter le brevet, soit à faire exécuter les traités arrêtés avec des tiers. De la même manière, ils obtiendront l'autorisation d'exploiter une découverte inédite, et de la faire breveter préalablement, puisqu'elle n'a rien d'exclusivement personnel à l'inventeur.

273. A plus forte raison, un inventeur peut toujours être contraint à céder, pour cause d'utilité publique et moyennant une indemnité préalable, tant son brevet qu'une découverte inédite et les avantages qui y sont attachés (art. 545 C. C.).

274. La cession anticipée du droit de faire breveter une découverte inédite et de l'exploiter est soumise aux règles du droit commun, tant sur le fond que sur la forme; elle ne tombe pas sous l'application des dispositions de la loi nouvelle. Par conséquent, pour conférer un droit de gage, soit sur l'objet matériel d'une découverte inédite, soit sur le droit de la faire breveter, il suffit de mettre cet objet en la possession du créancier ou d'un tiers, et de dresser un acte authentique ou privé qui soit soumis à la formalité de l'enregistrement fiscal, sans qu'il soit nécessaire de le faire enregistrer à la préfecture; et même jusqu'à cent cinquante francs, il n'est pas besoin d'écrit pour l'objet matériel seul.

§ 4. — Des dessins et marques de fabrique et des enseignes.

275. Les dessins de fabrique, soumis en principe à la loi du 19 juillet 1793, sont régis spécialement, quant à la manière d'en conserver le privilége et quant à sa durée,

par la loi du 18 mars 1806, et par l'ordonnance royale du 29 août 1825, rendue en conformité de cette loi.

Pour pouvoir revendiquer par la suite la propriété d'un dessin de son invention, tout fabricant doit en déposer un échantillon, pour les fabriques situées dans le ressort d'un conseil de prud'hommes, aux archives de ce conseil, et pour les fabriques situées hors du ressort d'un conseil, au greffe du tribunal de commerce, ou au greffe du tribunal de première instance dans les arrondissements où les tribunaux civils exercent la juridiction des tribunaux de commerce.

L'inventeur du dessin doit déclarer, en déposant son échantillon, s'il entend se réserver la propriété exclusive pendant une, trois ou cinq années, ou à perpétuité. De sorte que ce privilége entre dans le patrimoine du privilégié et est transmissible, comme ses autres biens, soit à titre onéreux, soit à titre gratuit, soit héréditairement. Mais, en fait, la réserve d'une durée perpétuelle se trouve toujours limitée plus ou moins par l'inconstance de la mode.

A part ces dérogations, les traités de cession ou de vente relatifs aux dessins de fabrique sont soumis uniformément aux règles tracées précédemment pour les traités concernant les ouvrages d'art (nos 262 et suiv.).

276. En vertu du décret du 22 germinal an XI, article 16, tout fabricant, manufacturier ou artisan a un droit exclusif à la jouissance des marques particulières qu'il applique sur les objets de sa fabrication.

Le décret du 16 juin 1809, art. 5, veut que, pour pouvoir revendiquer devant les tribunaux la propriété de sa marque, le fabricant en choisisse et établisse une assez distincte de celles des autres fabricants, pour qu'elles ne puissent être confondues; et le moyen d'établir lé-

galement cette marque est d'en déposer un modèle, soit
au secrétariat du conseil des prud'hommes, soit au greffe
du tribunal de commerce, conformément au décret de
l'an XI, art. 18, et aux autres dispositions légales qui
seront rapportées en traitant des actions.

La loi n'ayant pas fixé de limite à la jouissance exclusive des marques, elle peut être perpétuelle, et elle est
transmissible, soit à titre gratuit, soit à titre onéreux,
soit héréditairement, d'après le droit commun.

277. La jouissance exclusive des enseignes découlant
du même principe que celle des marques de fabrique,
se transmet de la même manière, avec cette différence,
que le propriétaire est dispensé par la nature de l'enseigne d'en faire le dépôt.

CHAPITRE V.

—

DES ACTIONS.

278. L'œuvre du législateur eût été imparfaite s'il se
fût borné à reconnaître des droits réciproques tant aux
auteurs et aux inventeurs qu'à la société, sans leur conférer les moyens juridiques de faire respecter ces droits,
de faire réprimer les infractions qui y seraient apportées,
et d'en obtenir la juste réparation. Nous trouvons ces
moyens dans les lois spéciales de la matière, et dans les
dispositions générales de nos codes.

Ce n'est pas sans regret que je me vois obligé de scin-
der ce chapitre, au lieu de le ramener à des principes uni-
formes embrassant toutes les actions relatives à notre
sujet; cependant, je ne suis pas persuadé, qu'alors même
que le temps me permettrait de méditer ce point, je ne

m'arrêterais pas au parti que je prends aujourd'hui involontairement. Heureux si je gagne en clarté et surtout en
exactitude ce que je perds sous le rapport de l'uniformité.

Action en nullité ou en déchéance.

279. Nous avons eu occasion de remarquer que l'intérêt est la mesure des actions. Il n'est pas de principe
plus constant dans notre droit ; la plupart de nos lois
renferment une disposition textuelle qui en est l'application. Nous en trouvons un exemple dans l'art. 34 de
la loi du 5 juillet 1844, ainsi conçu : « L'action en nul-
« lité et l'action en déchéance pourront être exercées par
« toutes personnes y ayant intérêt. » Il est clair que
tout consommateur a cet intérêt ; c'est aux tribunaux
à décider s'il est suffisant pour justifier l'exercice de
l'action.

280. Il y a cette différence entre la nullité et la résolution, qu'un contrat nul est censé n'avoir jamais existé,
qu'il est mort-né ; tandis qu'un contrat résolu est celui
qui a existé et qui a cessé d'être avant l'époque fixée par
la convention.

La cause de la nullité est antérieure ou au moins inhérente à la formation du contrat ; la cause de la résolution
est postérieure à cette formation.

La nullité ou la résolution est absolue ou relative ;
absolue, le contrat est anéanti à jamais pour tout le
monde ; relative, le contrat est anéanti seulement entre
les parties qui l'ont fait prononcer, il continue à subsister pour tous autres.

La nullité ou résolution relative est le principe, et
celle absolue l'exception ; c'est l'application de la règle
de droit : *res inter alios judicata aliis neque nocet*

neque prodest, règle sans laquelle une législation ne saurait être bonne, et qui est en matière contentieuse l'analogue de celle qui régit les conventions : *res inter alios acta aliis neque nocet neque prodest.*

281. Ainsi est relative la nullité ou la résolution d'un brevet d'invention obtenu par une personne qui a agi dans son intérêt privé : cette personne seule peut s'en prévaloir contre le breveté ; et réciproquement, si elle eût succombé dans son action, la sentence n'eut été opposable qu'à elle seule.

282. La nullité ou la résolution absolue suppose donc que la société entière a été partie à la décision judiciaire, ou du moins, qu'elle y a été représentée, que ses intérêts y ont été défendus.

Le ministère public est le représentant, le mandataire légal de la société comme être moral, comme collection formant une personne distincte de chacun des individus qui la composent. Il a mission d'agir, soit comme partie principale, soit comme partie intervenante, dans toute instance qui met en question les intérêts collectifs de la société ; et toute décision judiciaire, rendue sur une pareille question avec la participation du ministère public, est, après avoir acquis force de chose jugée, opposable à la société et à chacun de ses membres, de même que chacun d'eux peut en revendiquer le bénéfice (art. 1351 C. C.).

Mais quand la société a-t-elle un intérêt collectif ? On ne peut guère faire de réponse absolue.

Sans aucun doute, cet intérêt existe quand le point dont il s'agit touche immédiatement à l'existence de l'être moral ; quand la lésion de cet intérêt relâcherait les liens organiques de cet être, en lui faisant éprouver une perturbation qui mettrait sinon sa vie, du moins son repos en danger. C'est ce qui arrive toutes les fois qu'un crime ou un délit a été commis : le ministère public est là pour faire rétablir l'ordre troublé par cet attentat.

De même au point de vue civil, le ministère public représente la société dans les questions concernant l'état et la capacité des personnes, parce que ces questions intéressent la constitution et la conservation de la collection.

De même, au point de vue pécuniaire, l'Etat est représenté par le ministère public, toutes les fois que ses intérêts matériels sont mis en question, par exemple, quand il s'agit des biens affectés au domaine de la Couronne, parceque là encore, il s'agit d'un intérêt collectif, de la conservation de biens destinés à faire face aux charges communes.

Des textes formels ont prévu ces trois cas et plusieurs autres, en déléguant au ministère public la mission de représentant de la société comme collection (art. 83 Pr. C. , 22 Ins. Cr.).

283. Cet intérêt collectif existe-t-il dans les questions concernant l'existence du privilège, soit d'auteur, soit d'inventeur? Je ne le crois pas ; je ne vois dans cette question qu'un intérêt pécuniaire qui concerne chaque membre de la société individuellement. Qu'importe, en effet, à l'être moral appelé société, qu'un livre soit vendu par l'auteur, ou bien que la reproduction en soit permise à tous? Assurément, sa constitution n'a rien à y gagner, rien à y perdre, son repos n'y est pas attaché. Ce qui intéresserait l'existence de la société serait qu'elle fut menacée de perdre la jouissance intellectuelle de l'ouvrage ; mais nous avons vu que sa nature intelligente la met à l'abri d'un semblable danger, et que, si par accident, ce danger existait , on ne pourrait en ar-

rêter l'évènement. D'ailleurs, si cette question pouvait se présenter, elle intéresserait non pas la société française seule, mais l'humanité tout entière ; et pour être logique, il faudrait aller jusqu'à dire que chaque nation devra se faire représenter aux débats.

En considérant ces diverses propositions comme vraies, je crois en définitive qu'on peut poser en principe que la société a un intérêt collectif toutes les fois que le point en question touche à son existence ou à son repos, ce qui revient à dire toutes les fois que ce point intéresse l'ordre public. C'est ainsi que me paraît devoir être entendu l'art. 46 de la loi du 20 avril 1810.

284. On ne peut néanmoins méconnaître que les intérêts pécuniaires de la masse ne soient intéressés à la question d'existence du privilége ; mais c'est là un fait qui ne touche pas au principe en lui-même. Un autre intérêt plus vif et qui touche de plus près au repos de la société, est d'opposer un frein à la foule nombreuse des procès engendrés par les brevets d'invention, et d'empêcher que le public ne soit victime de la collusion d'un breveté et d'un plaideur qui n'auraient à débattre entre eux qu'un intérêt individuel. C'est en prenant cet intérêt pour point de départ que le législateur a fait une transaction avec le principe dans l'art. 37 de la loi nouvelle, qui a conféré limitativement au ministère public des attributions en matière de brevets d'invention.

Ainsi, le ministère public a le droit de se rendre partie intervenante dans toute instance en nullité ou en résolution intentée par un particulier.

Il peut se pourvoir directement par action principale, pour faire prononcer la nullité dans trois cas déterminés : si l'invention est imbrevetable, si elle est contraire à

14

l'ordre ou à la sûreté publique, aux bonnes mœurs ou aux lois du royaume, ou bien si le titre donné dans la demande du brevet indique frauduleusement un autre que le véritable objet de l'invention.

Mais il n'a jamais l'action principale en résolution.

285. La nullité ou la résolution du brevet d'invention est absolue quand elle a été obtenue avec la participation du ministère public agissant dans la mesure de son mandat légal, et qu'elle a acquis force de chose jugée; elle peut être invoquée par la société entière et par chacun de ses membres. Réciproquement, toute décision judiciaire, rendue avec la participation du ministère public, quoique défavorable à la société, est opposable à chacun de ses membres.

Cette proposition est vraie, soit que le ministère public ait agi principalement, soit qu'il n'ait été que partie intervenante; dans l'un et l'autre cas, la société a été mise en cause, elle a été représentée légalement : c'est donc avec raison que la loi ne fait pas de distinction.

286. Malgré la généralité des termes de l'art. 34, un particulier ne peut pas intenter une nouvelle action en nullité ou en résolution appuyée sur la même cause que celle déjà invoquée par le ministère public qui a succombé : il est enchaîné par la chose jugée avec son mandataire, suivant les art. 1351 et 1998. Comment la justice pourrait-elle ne pas repousser cette action, en considérant un demandeur, qui méconnaît une sentence parce qu'elle lui est défavorable, tandis qu'il en réclamerait le bénéfice si elle lui était favorable? La justice ne peut avoir deux poids et deux mesures. Sans doute, il est dur pour ce particulier d'être lié par un jugement qui aurait pu être différent s'il avait fait valoir

ses propres moyens ; cela prouve que le ministère public n'est pas le représentant naturel des individus, qu'il leur est imposé par la loi : *dura lex sed lex*.

Mais, après avoir succombé dans une action en nullité ou en résolution, fondée sur une première cause, aucun membre de la société ne sera repoussé par la chose jugée ; si lui ou le ministère public intente une nouvelle action ou que celui-ci y intervienne en s'appuyant sur une autre cause ; par exemple si, après avoir succombé sur le moyen tiré de l'imbrevetabilité, il invoque maintenant l'illégitimité de l'invention, il y a bien même objet, mêmes parties agissant en la même qualité ; la cause seule est différente, et cela suffit pour que le procès soit différent (art. 1351).

287. L'art. 46, par application du principe que le juge de l'action est juge de l'exception, autorise le tribunal correctionnel, saisi d'une action pour délit de contrefaçon, à statuer sur les exceptions tirées par le prévenu, soit de la nullité ou de la déchéance du brevet, soit des questions relatives à la propriété de ce brevet : faut-il conclure de cette disposition combinée avec l'article 37, que le ministère public peut joindre sa réquisition à l'exception du prévenu, pour obtenir la nullité ou la déchéance du brevet ? Je pense qu'il n'a pas ce droit ; la disposition de l'art. 37 est rigoureuse ; elle est une grave dérogation aux principes, et elle doit être plutôt restreinte qu'étendue. La place qu'occupe cet article, sous une rubrique qui embrasse uniquement la juridiction civile, à la différence de l'art. 46, qui concerne la juridiction correctionnelle, et les règles sur l'interprétation des lois, concourent à dénier ce droit au ministère public.

288. Les ayants-droit au brevet sont intéressés à ce que la nullité ou la résolution absolue n'en soit pas pro-

noncée hors leur présence ; aussi, toutes les fois qu'elle est demandée, soit principalement, soit par intervention, le ministère public doit mettre en cause tous les ayants-droit dont les titres ont été enregistrés au ministère de l'agriculture et du commerce (art. 38, n° 259).

289. Lorsque la nullité ou la résolution absolue d'un brevet a été prononcée par une décision judiciaire ayant acquis force de chose jugée, il en est donné avis au ministre de l'agriculture et du commerce. Elle est ensuite rendue publique par une ordonnance royale qui, dans les trois mois, est insérée au Bulletin des lois (art. 39).

290. Je ne vois pas qu'il y ait jamais intérêt pour le public à demander par action principale la nullité ou la résolution du contrat fait avec l'auteur d'un ouvrage de littérature, de science ou d'art. Si ce contrat n'existe pas, il n'y a rien à annuler, rien à détruire. Quand il naît, c'est spontanément, sans prendre aucune forme extrinsèque ; par conséquent, il ne peut naître entaché du vice de nullité. Ou bien il naît valable, ou bien il ne naît pas. Etant né valable, il peut y avoir lieu à résolution pour une cause ultérieure ; nous avons vu que le principe de la résolution existe bien, mais que la nature d'un ouvrage de littérature, de science ou d'art, soustrait l'auteur personnellement à toute action à cet égard. Cependant, à la mort de l'auteur d'un manuscrit émis oralement et resté inédit, tout propriétaire de ce manuscrit est invité à le publier pour acquérir un privilége, lors même que le droit d'auteur ne lui appartiendrait pas ; ce qui équivaut à une résolution tacite du premier privilége ouvert par l'édition orale (n°° 111, 134, 135, 136).

291. C'est à chaque individu à user à ses risques et périls du droit qu'il croit avoir vis-à-vis de quiconque

se comporte comme privilégié. Tant qu'il n'est pas actionné comme contrefacteur ou débitant, il n'a besoin de faire aucune démonstration. S'il vient à être actionné, il lui suffit d'appointer le poursuivant à prouver l'existence de son privilége : cette preuve faite, il la combattra ; et quelle que soit l'issue du procès, il n'y aura chose jugée qu'entre eux deux. Du reste, la seule exception de nullité qui puisse être opposée à l'auteur, est le défaut de nouveauté de l'ouvrage ; si cette exception est vérifiée, le contrat n'a jamais existé faute d'objet, et le prétendu privilégié ne peut pas exciper de l'art. 1304, pour consolider ce contrat, sous prétexte que la nullité est couverte par un délai de plus de dix ans; l'adversaire lui répondrait : *quod ab initio nullum est nunquam producit effectum.*

Il en est autrement d'un brevet d'invention, qui est un titre faisant preuve de l'existence du privilége, lors même qu'il est entaché d'un vice originel. Pour en détruire la force au moins apparente et rétablir les choses dans leur état primitif, il faut s'adresser à la justice par l'entremise du ministère public. Telle est la troisième raison qui sert à justifier la dérogation au principe, introduite par la loi nouvelle (nos 113, 284).

292. Les tribunaux sont surtout intéressés à ce qu'un prétendu privilégié n'abuse pas des moments de la justice, en réitérant ses poursuites avides et malveillantes contre le public, sous prétexte de délit de contrefaçon ou de débit. C'est à eux à faire raison de cet excès d'audace et de mauvaise foi, en condamnant le faux privilégié à des dommages-intérêts assez élevés pour le forcer à faire trêve.

293. Nous avons maintenant à constater quelle est la durée de l'action en résolution, c'est-à-dire, dans

quel délai la justice doit être saisie de cette action, pour que la déchéance du brevet ne soit pas couverte.

En présence du silence de la loi nouvelle, cette action reste soumise au droit commun, elle tombe sous la prescription la plus longue de notre droit qui est de trente ans; par conséquent, elle dure autant que le brevet, quinze ans au plus. (art. 2262 C. c.).

294. Mais la déchéance est-elle encourue par l'arrivée de l'une des causes prévues par la loi, de telle sorte qu'elle soit radicale et ne puisse jamais être couverte ni par le temps ni par un fait postérieur? Je crois qu'il faut distinguer entre les trois causes de déchéance.

La première est le défaut de paiement de l'annuité avant le commencement de chaque année. Ce point mérite d'autant plus notre attention, qu'il a été traité par le législateur avec la rapidité qui accompagne ordinairement les amendements. Il est à craindre que cette cause, en soulevant de graves difficultés dans la pratique, ne soit appelée à faire retentir souvent les tribunaux.

L'art. 4 de la loi, après avoir échelonné la taxe proportionnellement à la durée du brevet, décide que « cette « taxe sera payée par annuités de cent francs, sous « peine de déchéance si le breveté laisse écouler un « terme sans l'acquitter. »

Lors même que la loi ne s'en serait pas expliquée, nous aurions décidé avec les principes que la déchéance est une peine, c'est-à-dire une peine civile.

Puisqu'elle est une peine, ou du moins qu'elle participe de la nature des peines, la déchéance doit être juste, c'est-à-dire méritée; et pour être méritée, il faut que le breveté soit en faute. Consultons les principes.

En règle générale, l'échéance du terme ne suffit pas

pour constituer le débiteur en faute : *dies non inter-pellat pro homine.* Tant que le créancier n'a pas manifesté officiellement l'intention d'être payé, on peut croire que son silence équivaut à la tolérance d'un modique délai, ou bien, que le débiteur n'a pas pensé à exécuter son obligation ; et l'équité veut qu'on ne traite pas durement un homme qui n'a pas par sa faute causé un préjudice à son créancier.

Partant de là, le Code civil décide qu'il n'est dû de dommages-intérêts que lorsque le débiteur est en demeure de remplir son obligation, soit par une sommation ou autre acte équivalent, soit par l'effet de la convention lorsqu'elle porte que, sans qu'il soit besoin d'acte et par la seule échéance du terme, le débiteur sera mis en demeure (art. 1139, 1146 C. c.).

La mise en demeure, non suivie d'exécution, équivaut toujours à une faute ; mais encore, pour que le débiteur en soit responsable, il faut qu'elle ait fait tort au créancier ; aussi, le Code civil ajoute que les dommages-intérêts sont en général de la perte que celui-ci a faite et du gain dont il a été privé. Nous l'avons déjà dit : l'intérêt est la mesure des actions (art. 1149).

La loi nouvelle est muette sur la mise en demeure du breveté ; elle dit seulement qu'il sera déchu de tous ses droits, s'il laisse écouler un terme sans l'acquitter. Cette disposition de l'art. 4, répétée dans des termes analogues par l'art. 32 1°, laisse subsister dans toute sa force la règle générale tracée par le Code civil. Je ne connais pas de disposition de loi administrative ou autre qui dispense le Trésor de mettre le breveté en demeure de payer : d'où je conclus qu'il doit le faire, s'il veut constituer ce dernier en retard et lui en faire supporter les conséquences.

Tel est, selon moi, le résultat de la loi nouvelle combinée avec les principes généraux ; qu'il ait été ou non dans l'intention du législateur, l'Administration doit l'accepter. Il est probable que cette obligation va lui susciter des ennuis et des embarras ; mais je crois que le remède est à côté du mal, qu'il lui suffira, pour écarter ces inconvénients, d'insérer dans chaque brevet la clause de mise en demeure par le seul fait de l'échéance de chaque annuité, sans avoir besoin de sommer le breveté de payer ; la loi nouvelle, combinée avec l'art. 1139 du Code civil, ne s'oppose pas à cette insertion, et l'inventeur doit s'y soumettre ou renoncer à se faire breveter.

Lorsque le législateur a voulu que les débiteurs de l'Etat fussent constitués en faute par la seule échéance du terme, il s'en est expliqué. Ainsi, l'art. 64 de la loi du 22 frimaire an VII porte que « le premier acte de « poursuite, pour le recouvrement des droits d'enregis- « trement et le paiement des peines et amendes pronon- « cées par la présente, sera une contrainte..... » Néanmoins, nonobstant cette disposition, les receveurs ont des instructions formelles qui leur enjoignent de donner avis préalable aux débiteurs qui sont connus. La loi du 17 avril 1832, sur la contrainte par corps, renferme des dispositions analogues. Pour le recouvrement des impositions directes, matière si multiple et si minutieuse, la loi prescrit toutes les précautions pour garantir le contribuable du moindre préjudice ; ce n'est qu'après un premier avis public et général, au moyen de la publication et de l'affiche des rôles, et après un premier avertissement sans frais et sans résultat, qu'il est permis au percepteur de commencer à diriger des poursuites légales. Il n'y avait aucune raison pour qu'il en fût autrement en matière de brevets d'invention.

De ces propositions ressort la conséquence que le défaut de paiement d'un terme à son échéance n'entraîne pas irrévocablement la déchéance du brevet. Il ne me paraît pas douteux que le paiement ultérieur de cette annuité, fait avant la déclaration judiciaire de la résolution, relève le breveté de l'action sous le coup de laquelle son retard l'a placé. Le législateur aurait méconnu les principes s'il avait décidé que la résolution s'opérerait *ipsa vi*, il a été mieux inspiré : il n'a même conféré au ministère public que le droit de se rendre partie intervenante pour demander la résolution absolue; ce qui implique la conséquence que le brevet peut être exploité et produire des effets, même après l'échéance de plusieurs annuités non payées, car si un particulier n'en provoque pas la résolution, soit comme demandeur principal, soit comme défendeur à une action en contrefaçon ou débit, le ministère public ne pouvant prendre l'initiative, le breveté continuera paisiblement à exploiter, au mépris de la loi qu'il a acceptée pour règle de son contrat. Il est évident que la loi eût été plus énergique en déléguant au ministère public l'exercice de l'action principale.

Je ne pense pas que cette solution souffre le plus léger doute ; néanmoins, pour la fortifier, rapprochons-en les dispositions tracées par le Code civil sur la résolution des contrats.

L'art. 1184, posant en règle générale que la condition résolutoire pour inexécution est toujours sous-entendue dans les conventions synallagmatiques, décide que le contrat n'est point résolu de plein droit; que la partie envers laquelle l'engagement n'a pas été exécuté, peut à son choix contraindre l'autre à l'exécution ou en demander la résolution avec dommages-intérêts. Nous avons vu **une exception en faveur du breveté qui laisse choir son** brevet en n'acquittant pas une annuité, sans que la société puisse exiger de lui ni exécution ni dommages-intérêts.

Une objection se présente de suite : puisque le breveté est libre, en n'acquittant pas ses annuités, de continuer l'exploitation et de se relever de sa déchéance en payant avant la décision de la justice, le public ne sera jamais en sûreté en usant gratuitement de l'industrie avant d'avoir fait prononcer la déchéance. Cette objection aurait moins de force si le législateur avait armé le ministère public de l'action principale. Mais il est facile d'atténuer la gravité des résultats que cet état de choses produirait pour le public, si l'Administration ne lui venait en aide : voici, à mon avis, la voie à suivre.

Aucun texte ne confère au breveté le droit de laisser choir son brevet, en s'abstenant de payer une annuité; il est lié par le contrat et il peut être contraint à l'exécuter; seulement, s'il abandonne son privilége, il procure à la société un avantage qui rend sans intérêt l'action que celle-ci voudrait exercer contre lui. L'Administration, usant du pouvoir qu'elle a de faire rentrer les deniers publics, poursuivra le breveté en retard, et le mettra ainsi dans la nécessité d'opter positivement entre le paiement et l'abandon du brevet. Assurément, on ne pourra pas dire que l'Administration élude la disposition de l'art. 37, qu'elle outrepasse son droit, car elle ne demandera pas la résolution du brevet. Je crois que c'est le moyen d'arriver le plus efficacement à l'exécution et à l'observation de la loi.

Le Code civil va plus loin : il suppose qu'un vendeur et un acheteur ont fait entre eux le pacte commissoire, qu'il a été convenu formellement qu'à défaut de paiement du prix à l'échéance, la vente serait résolue *de plein droit.* Ils ont ainsi employé les expressions les plus énergiques.

L'acheteur ne paie pas : cette convention doit être prise
à la lettre, car les conventions font loi entre les parties;
il y a sans doute résolution sans avis préalable? Eh bien !
non; le législateur y met un tempérament : il autorise
l'acheteur à payer, même après le délai, tant que le vendeur n'a pas manifesté officiellement l'intention d'user du
pacte; on peut encore croire que son silence équivaut à
la tolérance d'un modique délai; il faut une mise en demeure expresse, tant que les parties n'ont pas ajouté au
pacte commissoire la clause de mise en demeure par la
seule expiration du terme; l'avantage du pacte consiste
seulement en ce qu'après la sommation le juge ne peut
plus accorder de délai. Cette disposition de l'art. 1656,
qui ne prévoit textuellement que le défaut de paiement
du prix, s'appliquerait également au pacte commissoire
pour inexécution d'un autre chef du contrat.

Assurément, les expressions de la loi nouvelle sur la
déchéance ne sont pas aussi énergiques que celles
du Code civil : on n'y trouve ni les mots *de plein
droit* ni aucun terme équivalent; par conséquent, un
argument *a fortiori* conduit à décider que le breveté est
toujours à temps de payer valablement et de se relever
de la déchéance, même après la mise en demeure, jusqu'à ce que la résolution ait été prononcée en justice; il
faut lui appliquer les art. 1184 et 1654 et non l'art. 1656,
car le contrat fait par le breveté avec la société est un
échange; on peut même dire qu'il participe de l'échange
et de la vente, deux contrats qui sont soumis aux mêmes
règles, d'après l'art. 1707.

Qu'on ne dise pas que l'art. 1656 ne concerne que
les ventes d'immeubles, car la généralité des termes de
l'art. 1654 nous démontre qu'il s'applique également
aux ventes de meubles. La rédaction de l'art. 1656 vient

de ce que les auteurs consultés par le législateur trai-
taient du pacte commissoire à l'occasion des ventes d'immeubles ; mais cet article n'est qu'énonciatif.

On peut douter de l'efficacité de la clause portant qu'à
l'expiration du délai le brevet sera résolu de plein droit
sans sommation. Je la crois cependant valable, car elle
n'est contraire à aucun texte de loi, ni à l'esprit d'aucune loi, ni à l'ordre public, ni aux mœurs ; l'art. 1656
ne donne qu'une règle d'interprétation de la volonté des
parties, sans leur ôter la liberté d'user de l'art. 1139.
Par conséquent, toutes les fois que cette clause aura été
insérée dans un brevet, et qu'un délai moral suffisant
aura suivi l'échéance sans exécution, le breveté ne pourra
plus se faire relever de la déchéance, même en offrant
le paiement, elle sera nécessairement prononcée par le
juge auquel un particulier la demandera.

Au résumé, sur le premier chef de notre question, je
pense que le breveté n'est pas en faute par la seule
échéance du terme sans paiement ; qu'il faut une mise
en demeure expresse pour le constituer en retard, à moins
que le brevet ne renferme une clause de mise en demeure tacite ; que le breveté peut payer valablement
tant que la résolution n'a pas été prononcée en justice,
et échapper ainsi à la déchéance ; que l'Administration
poursuivra bien le breveté pour avoir le paiement de la
taxe et l'obliger à opter entre le paiement et l'abandon
du brevet ; que la clause de résolution du brevet par la
seule échéance du terme sans sommation à défaut de
paiement aura pour effet nécessaire d'empêcher le breveté d'échapper à la déchéance.

295. La seconde cause de déchéance est celle dont sera
atteint le breveté qui n'aura pas mis sa découverte en
exploitation en France dans le délai de deux ans à dater

du jour de la signature du brevet, ou qui aura cessé de l'exploiter pendant deux années consécutives ; à moins, ajoute l'art. 32, que dans l'un ou l'autre cas il ne justifie des causes de son inaction. Cette restriction me porte à penser que la résolution sera couverte toutes les fois qu'une exploitation réelle et sérieuse aura suivi la cause de déchéance ; le vice sera purgé.

296. Je pense, au contraire, que la troisième déchéance ne peut pas se couvrir ; c'est celle qui a pour cause l'introduction en France d'objets fabriqués en pays étranger et semblables aux objets garantis par le brevet français de l'introducteur ; je ne vois aucun moyen d'effacer ce vice.

297. Passons à la procédure.

L'action en nullité et l'action en résolution sont portées devant le tribunal de première instance. Il en est de même de toutes contestations relatives à la propriété des brevets (art. 34).

Elle est déférée au tribunal du domicile du défendeur, et, s'il n'en a pas, au tribunal de sa résidence, d'après le droit commun (art. 59 Pr. C.).

Cet article veut que, s'il y a plusieurs défendeurs, ils soient assignés devant le tribunal du domicile de l'un d'eux, au choix du demandeur. Mais, par exception à cette règle, l'art. 35 de la loi nouvelle veut que la demande, dirigée en même temps contre le titulaire et contre un ou plusieurs cessionnaires partiels, soit portée devant le tribunal du domicile de l'un d'eux.

L'action est soumise au préliminaire de la conciliation, à moins qu'elle ne soit formée contre plus de deux parties encore qu'elles aient le même intérêt (art. 48, 49 Pr. c.).

Et, d'après l'art. 36 de la loi nouvelle, l'affaire est instruite et jugée dans la forme prescrite pour les matières sommaires par les articles 405 et suivants du Code de procédure civile. Elle est communiquée au procureur du roi.

A part les exceptions qui viennent d'être signalées ; l'action en nullité ou en résolution est soumise aux règles ordinaires de la procédure ; on peut prendre les voies légales autorisées pour attaquer un jugement, soit directement par l'opposition ou l'appel, soit par les moyens extraordinaires.

SECTION DEUXIÈME.

Action en réparation de la violation des droits d'auteur.

298. Deux voies judiciaires sont ouvertes pour faire réprimer chacun des délits de contrefaçon et de débit : ce sont l'action publique et l'action privée ; qui peuvent marcher soit séparément soit simultanément d'après l'art. 3 du Code d'instruction criminelle ; tellement qu'on peut transiger sur l'action privée, sans entraver l'exercice de l'action publique, suivant l'art. 2046 du Code civil.

L'action publique est exercée par le ministère public pour obtenir satisfaction de l'offense faite à la société ; l'action privée appartient à la partie lésée dans ses intérêts pécuniaires pour en obtenir la réparation.

Occupons-nous de cette dernière.

299. Avant toute poursuite dirigée par le ministère public, la plainte à fins civiles pour contrefaçon ou débit peut être portée principalement par la partie lésée devant le tribunal correctionnel ou devant le tribunal civil, à son choix. Dans l'un ou l'autre cas, l'instance n'aboutit jamais pour le plaignant qu'à faire statuer sur les réparations civiles.

Lorsque la partie lésée intente principalement l'action devant la juridiction correctionnelle, elle la défère, à son gré, au tribunal du lieu du délit, ou du lieu de la résidence du prévenu, ou bien du lieu où il est trouvé. Le ministère public peut devenir partie jointe (art. 63 et suiv. Instr. cr.).

De même, lorsque le ministère public commence par intenter principalement l'action correctionnelle, elle est portée indistinctement devant l'un des trois tribunaux qui viennent d'être indiqués (art. 3, 23, 63 Instr. cr.).

Par application de la règle, le criminel tient le civil en état, le même art. 3 veut que l'exercice de l'action civile soit suspendu, tant qu'il n'a pas été prononcé sur l'action publique intentée avant ou pendant la durée de l'action civile.

Mais, en déférant l'action principale à la juridiction civile, on rentre dans la règle du droit commun : *actor sequitur forum rei*, le tribunal du domicile du défendeur ou de l'un des défendeurs est seul compétent (art. 2, 59 Pr.c.).

Dans tous les cas, tous les auteurs du même délit, par exemple, de contrefaçon, peuvent être compris dans une seule action à raison de ce délit, lors même que tous ou quelques uns d'eux ont en outre participé à la perpétration du délit de débit des produits de la contrefaçon ; car chaque fait de débit donne lieu à une action distincte de la première, *aut vice versâ*.

300. Suivant le droit commun, l'action dirigée principalement au civil doit être déférée, savoir : au tribunal de la justice de paix, qui statue en dernier ressort si la demande n'excède pas la valeur de cent francs, et en premier ressort depuis cent jusqu'à deux cents francs ;

au tribunal civil de première instance qui, au-dessus de
cent francs, statue en dernier ressort jusqu'à la valeur
de quinze cents francs, et en premier ressort au-dessus
de cette valeur (loi du 11 avril 1838, art. 1, 2, — loi
du 25 mai 1838, art. 1er).

L'action portée devant le tribunal civil de première
instance est en principe soumise au préliminaire de la
conciliation (art. 48, 49 Pr. c.).

301. Aucun texte ne dérogeant au principe d'après
lequel le juge de l'action est juge de l'exception, il en
résulte que le tribunal correctionnel saisi de l'action est
compétent pour statuer sur les exceptions qui sont op-
posées pour combattre la demande, par exemple sur la
question d'existence du privilége.

Mais il faut bien prendre garde que cette compétence extraordinaire doit être strictement limitée aux
cas où les questions proposées accessoirement forment
de véritables exceptions, c'est-à-dire des défenses à l'action principale ; car, si au fond elles cachent des actions
civiles principales et distinctes, qui n'ont aucune influence sur l'existence du privilége ou sur le fait de contrefaçon, le tribunal doit décider la question qui lui est
soumise par la demande, et se déclarer incompétent
quant aux autres questions.

302. Conformément au principe ci-dessus exposé, la
poursuite en réparation civile pour contrefaçon ou débit
ne peut être déférée à la juridiction commerciale, et cela
est facile à expliquer. La contrefaçon est la violation
d'un droit analogue à la propriété ; elle produit une action complexe qui donne à examiner deux questions,
celle de l'existence du privilége qui est analogue à une
question de propriété, et celle de son infraction ; et les
tribunaux civils sont seuls compétents pour connaître

des questions de cette nature. La juridiction commerciale est exceptionnelle, et notre matière ne rentre aucunement, ni dans l'esprit de son institution, ni dans l'énumération de ses attributions fixées limitativement par les art. 631 et suivants du Code de commerce : cette doctrine, que je crois à l'abri de toute controverse sérieuse, peut encore être étayée de la disposition de l'art. 15 de la loi du 18 mars 1806, qui a déféré exceptionnellement à la juridiction commerciale l'action en revendication des dessins de fabriques (nos 119 et 360).

303. L'exercice de l'action civile ou correctionnelle relative à l'infraction du privilége n'est soumis à aucune régle spéciale, soit quant à l'instruction, aux formes et aux délais de la procédure, soit quant à la capacité des parties.

304. L'action en contrefaçon ou en débit de contrefaçon appartient au véritable propriétaire, c'est-à-dire, à celui qui a une jouissance exclusive, et conséquemment au cessionnaire tant que lui seul a le droit d'exploitation. Lorsque ce droit est divisé entre un cessionnaire et le privilégié, tous deux peuvent poursuivre le délinquant, soit conjointement, soit séparément (art. 5, loi de 1793, 429 C. Pén.).

305. Cette action est exercée par le privilégié lui-même ou par son représentant légal, savoir :

Par le tuteur du privilégié mineur ou interdit, sans avoir besoin de l'autorisation du conseil de famille (art. 450, 457, 509 C. C.);

Par le mineur émancipé, sans être assisté de son curateur (arg. contr. de l'art. 482) ;

Par le pourvu d'un conseil judiciaire avec son assistance (art. 513);

Par le curateur à une succession vacante (art. 813);

Par l'héritier bénéficiaire (art. 803);

15

Par le gérant ou les administrateurs, ou par tous les associés ou l'un d'eux, selon la nature de la société (art. 1856 à 1860);

Par le mari pour la communauté et pour le privilége de sa femme non entrée en communauté, ou sous le régime exclusif de la communauté, ou sous le régime dotal quand le privilége est dotal (art. 1421, 1428, 1528, 1531, 1549);

Quant à son privilége paraphernal ou quand elle est séparée de biens, la femme exerce elle-même l'action avec l'autorisation maritale, ou avec l'autorisation de la justice, si le mari est mineur, interdit ou absent, ou s'il refuse de l'autoriser (art. 215, 218, 221, 222, 224, 1536, 1576);

Par les syndics d'une faillite (art. 443, 487 Com.);

Par le curateur spécial d'un mort civil, nommé par le tribunal où l'action est portée (art. 25 C. C.).

306. D'après le droit commun, l'étranger, demandeur principal ou intervenant dans une instance relative à son privilége, doit fournir la caution *judicatum solvi* pour le paiement des frais et des dommages-intérèts ; excepté dans les quatre cas suivants :

S'il en est dispensé par les traités internationaux ;

S'il est propriétaire sur le territoire français d'immeubles d'une valeur suffisante ;

S'il y réside et y jouit des droits civils ;

S'il consigne la somme fixée par le tribunal.

Cette fin de non recevoir doit être présentée par le défendeur *in limine litis* (art. 11, 13, 16 C. C. — 166, 167 Pr. C.).

On cherche en vain une cinquième exception dans l'art. 40 du décret de 1810; quelque effort que l'on fasse on ne peut l'y trouver.

307. Le caractère complexe de la contrefaçon nous oblige à rechercher d'abord quels sont les modes de preuve de l'existence du privilége et les conditions préalables à l'admission de l'action ; nous verrons ensuite comment se constatent les actes d'infraction.

Celui sur la tête duquel s'est ouvert le privilége prouve son droit en établissant que, par le fait de la publication de sa pensée, il a réalisé le contrat dont les conditions lui étaient offertes par la société (n° 106).

La veuve, les enfants, les héritiers ou successeurs irréguliers établissent leur droit en ajoutant à cette première preuve celle de la mort de leur auteur et de la qualité qui les appelle à lui succéder.

Les cessionnaires prouvent leur droit en établissant, tant cette qualité d'après les règles ordinaires, que le droit de ceux dont ils sont les représentants. Celui qui est poursuivi pour contrefaçon ou débit opposerait en vain au cessionnaire l'irrégularité de son titre, car il suffirait à celui-ci de représenter un mandat du privilégié ou de l'appeler en cause, pour repousser cette exception à raison de laquelle il devient défendeur (article 3 de Pr. C.).

308. Ces preuves ne suffisent pas pour valider l'action, comme nous allons le voir.

Dans l'intérêt des lettres, des arts et des sciences, et peut-être aussi comme mesure de police, la loi de 1793, art. 6, enjoint à tout individu qui mettra au jour un ouvrage de littérature ou de gravure, dans quelque genre que ce soit, d'en déposer deux exemplaires à la bibliothèque ou au cabinet national des estampes dont il recevra un reçu, faute de quoi, il ne pourra être admis en justice pour la poursuite des contrefacteurs.

Le nombre des exemplaires à déposer a été modifié

par l'art. 48 du décret de 1810, l'art. 3 d'une ordonnance royale du 24 octobre 1814 et l'art. Ier d'une autre ordonnance royale du 9 janvier 1828, qui ont substitué la formalité du dépôt à la direction de la librairie à Paris et au sécrétariat des préfectures dans les départements à celle du dépôt direct à la bibliothèque royale. En outre, d'après ces nouvelles dispositions, le dépôt à faire aujourd'hui n'est jamais que d'un exemplaire des écrits imprimés et de deux épreuves des planches et estampes pour la bibliothèque royale, d'un exemplaire et d'une épreuve pour la bibliothèque du ministère de l'intérieur.

Par les mots *imprimés ou gravés* de l'art. 3 de la loi de 1793, il faut entendre toutes les copies faites par un procédé même analogue à l'imprimerie ou à la gravure, tel que l'autographie ou la lithographie.

L'effet immédiat de l'absence du dépôt est de paralyser l'action du privilégié, et je crois bien que c'est là son seul effet, qu'elle ne va pas jusqu'à détruire le privilége ; cela résulte du texte de l'art. 6 de la loi de 1793 et s'explique par la double raison qui a dicté cet article. Les règles sur l'interprétation mènent aussi à ce résultat, car, en écartant même l'esprit de la loi, on reste avec sa lettre qui est rigoureuse et ne peut conséquemment être étendue.... *faute de quoi, il ne pourra être admis en justice pour la poursuite des contrefacteurs,* dit l'art. 6. Ce refus de toute action est une sanction qui suffit à l'observation du vœu du législateur. Comment concevoir qu'un orateur, qui a acquis un privilége par la simple émission orale, en soit déchu irrévocablement par cela seul qu'il fait débiter son discours imprimé sans en avoir déposé deux exemplaires ?

Cette opinion s'appuierait sur ce que l'auteur, en ne remplissant pas la formalité du dépôt, ferait un abandon tacite à la société ; mais nous savons que personne n'est présumé abandonner facilement sa chose (n°87).

Le même esprit et la lettre de la loi de 1793 conduisent à cette conséquence, que la poursuite de contrefaçon est valable ; toutes les fois qu'elle est précédée du dépôt, lors même qu'il est postérieur au délit, car le privilégié obtient ainsi à temps un récépissé qui lui sert de titre pour étayer son action.

310. Ce qui prouve que le dépôt ne donne pas le privilège, c'est que cette formalité n'est pas générale ; elle s'applique seulement aux exemplaires qui par leur nature sont susceptibles d'être placés dans une biliothèque, c'est-à-dire, aux ouvrages de littérature, de sciences ou d'art, reproduits par l'imprimerie ou la gravure, suivant l'art. 3 de la loi de 1793 ; et encore elle ne s'y applique que quand ils sont mis au jour. Par conséquent, sont dispensés de cette formalité les ouvrages suivants :

Les œuvres dramatiques qui sont représentées sans être imprimées ;

Les leçons des professeurs, les discours et les sermons non imprimés ;

Les ouvrages d'art exécutés sur une matière solide et compacte, tels que la sculpture.

L'absence de dépôt ne constitue pas à leur égard une fin de non-recevoir opposable aux poursuites dirigées contre les contrefacteurs ou débitants.

311. Les termes généraux de la loi de 1793 indiquent que la formalité du dépôt est imposée à quiconque met un ouvrage au jour et non à l'auteur personnellement, mais le décret de 1810 , art. 48, et la loi du 21 octobre 1814, art. 11, en font une obligation personnelle à l'imprimeur, aussi bien dans son intérêt que dans celui de l'auteur ou de ses représentants.

312. C'est après avoir prouvé son droit exclusif d'exploitation, et, en outre, le dépôt quand il est exigé, que le poursuivant est admis à faire la preuve du délit de contrefaçon ou de débit devant les tribunaux.

La loi n'a prescrit, à peine de nullité, aucun mode de constatation des contraventions et délits en matière de contrefaçon ou débit ; de manière que les faits peuvent être prouvés par les voies ordinaires, même par témoins conformément à l'art. 1348 1° du Code civil.

Néanmoins, la loi indique spécialement la saisie des produits de la contrefaçon comme un préliminaire de l'action. Quand le propriétaire requiert qu'il y soit procédé, elle doit, à sa demande, comprendre les produits de la contrefaçon, d'après l'art. 3 de la loi de 1793, et les planches, moules ou matrices dont parle l'art. 427 du Code pénal ; elle peut porter, en outre, sur tous autres objets, notamment sur ceux qui seraient destinés spécialement à l'achèvement du corps du délit ; mais la saisie est toujours facultative et sa nullité n'empêcherait pas la validité des poursuites, ainsi qu'il résulte implicitement de l'art. 429 du Code pénal.

313. En suivant logiquement le principe d'après lequel le privilégié a le droit de faire réprimer toute infraction apportée à son droit exclusif, on arrive nécessairement à décider que la saisie peut être pratiquée sur tous les produits de cette infraction, en quelques mains qu'ils se trouvent. Cela est d'accord avec les termes généraux du Code pénal et avec les diverses lois de la matière qui autorisent la saisie sans faire de distinction. De là, la conséquence que la saisie d'un objet illégitime est bien faite entre les mains d'une personne qui prétend l'avoir acheté pour son usage personnel ; mais serait nulle la saisie d'un objet illégitime qu'une personne

aurait acheté pour sa seule satisfaction intellectuelle, tout aussi bien que celle d'une copie qu'elle aurait faite dans le même but. Du reste, la saisie n'est jamais qu'un acte conservatoire qui ne préjuge rien sur la question de délit.

314. Les contraventions et délits sont constatés, savoir :

Par les officiers de paix, pour toute espèce d'ouvrage, d'après l'art. 3 de la loi du 19 juillet 1793;

Par les commissaires de police, dans les lieux où il y en a, à l'exclusion des juges de paix, pour toute espèce d'ouvrage, d'après la loi du 13 juin 1795;

Par les officiers de police, pour les livres, et par les préposés aux douanes, pour les livres venant de l'étranger, suivant l'art. 45 du décret de 1810. Ce décret confiait aussi cette fonction aux inspecteurs de l'imprimerie et de la librairie, qui ont été supprimés et remplacés pour cette fonction par les commissaires de police, suivant une ordonnance royale du 13 septembre 1829.

Ces divers officiers ont mission de faire saisir les produits de contrefaçon, et ils sont tenus de se rendre aux réquisitions des parties intéressées.

315. Quand il s'agit de livres et écrits, le procès-verbal est transmis au directeur général de l'imprimerie et de la librairie par l'intermédiaire du préfet départemental, conformément au décret de 1810, art. 45.

En outre, toutes les fois qu'il est dressé un procès-verbal de saisie, il sert de base à l'instance judiciaire, sans cependant exclure les autres modes de preuve. Il prouve le fait de détention du corps du délit par le prévenu, place les objets saisis sous la main de la justice, vient en aide aux magistrats pour l'appréciation de ce délit, établit une sorte de confiscation provisoire, et rend possible la confiscation judiciaire.

316. Le caractère mixte qui affecte notre matière, sous le rapport des condamnations, puisqu'elles participent le plus souvent des peines et des réparations civiles, nous indique que les dispositions légales, qui y sont relatives, doivent être strictement limitées aux cas qu'elles prévoient.

L'art. 429 du Code pénal, joint à l'art. 43 du décret de 1810, a modifié la loi de 1793, qui déterminait une somme fixe pour l'indemnité à payer par le contrefacteur ou le débitant; et il résulte de ces dispositions combinées que l'appréciation et la détermination du quantum de l'indemnité appartiennent aujourd'hui aux tribunaux, qui doivent prendre en considération les circonstances particulières à chaque cause.

317. Les lois de 1791 et de 1793, art. 3, et le décret de 1810, art. 42, autorisent la confiscation, au profit de la partie lésée, des recettes provenant des représentations théâtrales et des produits de contrefaçon. En outre, l'art. 427 du Code pénal, voulant que l'on fasse disparaître les traces et les instruments du délit, décide que la confiscation de l'édition contrefaite, c'est-à-dire illégitime, sera prononcée, tant contre le contrefacteur que contre l'introducteur et, le débitant et que les planches, moules ou matrices des objets illégitimes seront aussi confisqués.

Enfin, l'art. 429 du Code pénal porte que le produit des confiscations ou les recettes confisquées seront remises au propriétaire pour l'indemniser d'autant du préjudice à lui occasionné, que le surplus de son indemnité, ou l'entière indemnité s'il n'y a eu ni vente d'objets confisqués ni saisie de recettes, sera réglé par les voies ordinaires.

318. Ainsi, le tribunal correctionnel, après avoir

constaté l'existence du délit, prononce la confiscation des objets qui sont sous la main de la justice au profit de la partie lésée ; il évalue les dommages-intérêts qui lui sont dus ; estime si elle se trouve suffisamment indemnisée par cette remise d'objets en nature ; et, en cas d'insuffisance, il prononce une condamnation pécuniaire de la différence.

Les dispositions, tant des art. 427 et 429 du Code pénal, que de l'art. 42 du décret de 1810, sont impératives : le tribunal ne peut se dispenser de prononcer la confiscation, c'est-à-dire, le tribunal correctionnel jugeant criminellement ; car, étant mise au rang des peines par l'art. 11 du Code pénal, elle ne peut être prononcée ni par le tribunal correctionnel statuant seulement sur les réparations civiles, ni par le tribunal civil dans aucun cas. Mais alors le tribunal civil ou le tribunal correctionnel statuant civilement doit ordonner, au profit de la partie lésée, la remise des recettes, produits et objets provenant du délit. Ce qui me décide à adopter cette opinion, c'est que la confiscation n'a plus ici un caractère purement pénal, l'art. 429 ayant sur ce point modifié l'art. 11 ; la confiscation participe ici de la peine et de la réparation civile, et même en réalité c'est ce dernier caractère qui l'emporte, puisqu'elle sert d'indemnité à la partie lésée, surtout si l'on suppose, ce qui arrivera le plus souvent, que le délinquant n'offre aucune solvabilité. D'ailleurs, il n'est pas douteux que d'après l'art. 429, le tribunal correctionnel, statuant sur les réparations civiles seulement, doit prononcer au profit de la partie lésée la remise en nature des objets illégitimes, et que cette remise a le caractère de simple réparation civile et nullement celui de pénalité ; or, je vois la plus grande analogie entre un tribunal correctionnel statuant seulement sur les réparations civiles et un tribunal civil ordinaire.

319. Le tribunal correctionnel ne peut jamais ordonner la confiscation que des objets qui ont été saisis, car confisquer d'avance des objets qui ne sont pas sous la main de la justice, ce serait conférer à l'officier chargé de la saisie ultérieure une mission qui dépasse la limite de ses attributions, ce serait l'autoriser à apprécier le caractère d'incrimination de tels ou tels objets, ce serait transformer son rôle d'instrument en celui de juge. C'est au privilégié à faire des investigations pour découvrir les détenteurs d'objets illégitimes, et à pratiquer une saisie pour arriver ainsi à une nouvelle action qu'il soumettra aux lumières des magistrats. Si l'on décidait autrement, il arriverait que la condamnation étant pénale se prescrirait par cinq ans, tandis que la condamnation à une simple remise étant civile se prescrit par trente ans; ce résultat bizarre ne peut pas se présenter quand il y a confiscation d'objets actuellement sous la main de la justice, puisqu'il y a exécution immédiate.

320. Mais le tribunal civil ou correctionnel statuant sur les réparations civiles peut, sans y être obligé, ordonner la remise à la partie lésée des objets qui ne sont pas sous la main de la justice et qui sont reconnus être illégitimes, par exemple, lorsqu'il y a aveu du défendeur. Il en est autrement lorsque le tribunal n'a pas la preuve acquise de l'illégitimité de ces objets; je pense qu'il ne peut sur un soupçon prendre une décision aussi rigoureuse.

321. Toutes les fois qu'un tribunal, statuant sur les réparations civiles, ordonne qu'une remise d'objets aura lieu ultérieurement, comme elle viendra par imputation

sur la condamnation pécuniaire qui accompagne cet ordre, le tribunal peut commettre un expert pour en faire l'estimation, si les parties contendantes ne tombent pas d'accord sur la valeur de ces objets. En outre, un tel ordre crée une obligation de faire, qui, en cas d'inexécution, se résoudra en dommages-intérêts d'après l'article 1142 du Code civil. Dans la prévoyance de la mauvaise volonté du débiteur, les juges peuvent même fixer un délai pour effectuer cette remise, en statuant qu'à défaut d'exécution à l'échéance, après une mise en demeure ou sans qu'il soit besoin de mise en demeure, le débiteur paiera au créancier une somme déterminée dans le jugement, conformément aux art. 1139 et 1152 du Code civil.

322. Suivant les principes fondamentaux de la matière, les dommages-intérêts doivent être calculés, non sur le préjudice réel causé au privilégié, mais sur l'étendue de la perturbation que le délit a répandue dans son exploitation par la possibilité du préjudice, par les risques auxquels celle-ci a été exposée (nos 2 à 13).

323. Lorsque la confiscation a lieu, s'il y a impossibilité de séparer matériellement le corps du délit d'un autre corps qui est légitime, les tribunaux ne peuvent se dispenser de prononcer la confiscation de l'objet composé de ces deux corps, attendu que l'art. 427 est impératif, et que le fait du contrefacteur ou du débitant lui est imputable.

324. On voit par ces propositions que, nonobstant l'abolition de la confiscation des biens prononcée par l'art. 57 de la Charte, la confiscation spéciale continue de subsister dans les cas que nous venons d'indiquer et dans certains autres, comme cela résulte de l'état actuel du Code pénal ainsi modifié par la loi du 28 avril 1832.

325. Un troisième et dernier mode de réparation consiste dans l'impression et l'affiche du jugement de condamnation, qui peuvent être ordonnées par le tribunal, soit civil, soit correctionnel statuant civilement, conformément à l'art. 1036 du Code de procédure civile. Cette forme de réparation a pour effet de mettre le public en garde contre les offres qui lui seraient faites de produits de contrefaçon, en lui faisant connaître les individus qui se rendent coupables de ce honteux trafic.

Les juges sont toujours libres d'ordonner ou de ne pas ordonner l'impression et l'affiche suivant les circonstances et en tel nombre qu'ils veulent. Il ne peut pas en être répandu un plus grand nombre que celui fixé par le jugement, et dans aucun cas sans une décision du tribunal ; le tout à peine de dommages-intérêts.

326. Il est superflu d'ajouter que les réparations civiles sont accordées à celui qui a l'action. Même au cas de délit d'introduction en France, quand il y a eu saisie pratiquée par la douane, il est dans l'esprit de la législation de notre matière que la remise des objets saisis soit faite à la partie lésée, nonobstant les lois du 28 avril 1816 et du 27 mars 1817 qui prononcent la remise au profit de la douane; car s'il en était autrement, la vente de ces objets, que ferait celle-ci à son profit, causerait au privilégié le dommage qu'il a cherché à éviter. Il ressort de là qu'il est aussi dans l'esprit de la législation que la remise soit faite en nature, ce qui est corroboré par les textes.

327. D'après l'art. 55 du Code pénal, tous les individus condamnés pour un même délit sont tenus solidairement des restitutions, des dommages-intérêts et des frais, ce qui doit s'entendre des individus qui ont participé au même délit, soit comme agents principaux, soit comme complices ; mais les faits de reproduction et de débit constituant deux délits différents, l'art. 55 s'applique à chacun d'eux séparément.

328. Toutes les fois qu'un tribunal correctionnel ne reconnaît pas le caractère de délit qualifié au fait qui lui est déféré, il doit se déclarer incompétent et renvoyer devant qui de droit. Alors, le privilégié lésé peut, suivant le droit commun, porter son action devant la juridiction civile par application de l'art. 1382 du Code civil, et non en vertu de l'art. 3 du Code d'instruction criminelle. Mais, pour réussir dans sa nouvelle demande, le privilégié doit prouver qu'il a éprouvé un dommage , soit parcequ'il a fait une perte, soit parcequ'il a manqué à faire un gain, tandis que, quand il appuie son action civile ou correctionnelle sur un fait constitutif du délit de contrefaçon, il suffit au privilegié, pour réussir, de prouver qu'il y a eu pour lui possibilité de préjudice quoique non suivi d'effet. Puis, il y a cette autre différence que le tribunal civil saisi de l'action ordinaire doit se contenter, s'il constate un dommage, de prononcer une condammation pécuniaire, sans ordonner aucune remise d'objets saisis ou non saisis. Nous verrons une troisième différence quant au délai pour intenter l'action.

Ce que nous venons de dire doit être généralisé à toute action civile ordinaire en dommages-intérets, quelle que soit la nature de la cause sur laquelle elle est fondée (n° 13 et 18).

329. Indépendamment de la contrainte par corps conventionnelle, à laquelle peut se soumettre la caution judiciaire pour une somme d'au moins trois cents francs, et qui est exécutoire sans jugement aux termes des art. 2040, 2060 et 2065 du Code civil et 519 du Code de procédure civile, cette voie d'exécution contre la per—

sonne est quelquefois ordonnée par la loi indépendamment de toute convention, sans que les juges puissent refuser de la prononcer, quelquefois permise par la loi et
laissée au pouvoir discrétionnaire des juges. La contrainte
est appelée, dans le premier cas, légale, dans le second
cas, judiciaire; faisons en l'application à notre matière.

La contrainte par corps peut être prononcée pour
dommages-intérêts en matière civile, quelle qu'en soit la
cause, au-dessus de trois cents francs; et le même jugement peut, en exprimant les motifs, suspendre l'exécution de la contrainte pendant un certain temps, à l'expiration duquel cette exécution aura lieu sans nouveau jugement (art. 2060 C. C., 126 Pr. C.).

Elle est nécessairement prononcée contre toute personne condamnée pour délit de contrefaçon ou de débit
au profit de l'État ou d'un particulier à des amendes,
restitutions, dommages-intérêts et frais, quel qu'en soit le
chiffre. Néanmoins, elle n'atteint la partie civile et les
personnes civilement responsables qu'à raison des frais
(art. 467, 469 C. Pén., 156, 157, 174, décret
du 18 juin 1811).

330. L'étranger domicilié en France est traité comme
un Français. Mais la contrainte par corps légale est de
droit commun au profit d'un Français contre un étranger non domicilié, pour toute condamnation civile à une
somme principale non inférieure à cent cinquante francs.
Et même avant le jugement de condamnation, le président du tribunal de première instance dans l'arrondissement duquel se trouve l'étranger non domicilié, peut
ordonner son arrestation provisoire quand il y a concours des cinq conditions indiquées par les articles 14,
15 et 16 de la loi du 17 avril 1832.

331. Il y a quelques exceptions à ces règles. Ainsi,

elle ne peut jamais être prononcée contre le débiteur au profit de son conjoint, de ses descendants, ascendants, frères, sœurs et alliés au même degré. Elle ne peut pas l'être davantage contre les femmes, les filles, les mineurs, les septuagénaires, à raison des dommages-intérêts en matière civile ordinaire; tandis qu'aucun d'eux n'en est dispensé pour les amendes, restitutions, dommages-intérêts et frais dus par suite d'une condamnation correctionnelle, il peut seulement y avoir réduction de la durée en faveur du septuagénaire (art. 19, 40 loi de 1832, art. 467, 469 C., Pén.).

332. Indépendamment des dépens que supporte le demandeur qui succombe dans son action, soit civile, soit correctionnelle, il peut être condamné à des dommages-intérêts dont l'appréciation appartient au tribunal à raison du tort que sa prévention cause au défendeur (art. 130, 131 Pr. C. , 368 Instr. Cr.).

333. Les règles du droit commun, tant sur l'opposition et sur l'appel, que sur les voies extraordinaires ouvertes contre les jugements, sont applicables aux décisions judiciaires rendues en matière d'infraction, soit quant aux délais, soit quant à la compétence, soit quant aux formes de la procédure.

334. Pour ne pas priver le défendeur d'un dégré de juridiction, l'appelant ne peut pas ajouter à sa première demande une demande nouvelle ; il peut seulement réclamer les accessoires échus depuis le premier jugement et des dommages-intérêts pour le préjudice souffert depuis la même époque (art. 464 Pr. C.).

« A moins, ajoute cet article, qu'il ne s'agisse de compensation ou que la demande nouvelle ne soit la défense » à l'action principale; » de sorte que le prévenu de contrefaçon peut proposer pour la première fois en appel tout moyen qui, s'il est prouvé, détruit la demande au fond.

En outre, un moyen tiré de la prescription peut être invoqué en tout état de cause, même devant le tribunal d'appel, à moins qu'il ne résulte des circonstances qu'il y a été renoncé (art. 2224 C. C.).

335. Les jugements et arrêts en dernier ressort peuvent aussi être attaqués par la voie du recours en cassation suivant les règles du droit commun. Mais les jugements de justice de paix ne peuvent être déférés à la Cour de cassation que pour cause d'incompétence ou d'excès de pouvoir (art. 77 loi du 27 ventôse an VIII — art. 1 loi du 25 mai 1838).

SECTION TROISIÈME.

Action en réparation de la violation des droits d'inventeur.

336. Toute infraction aux droits qui résultent d'un brevet d'invention constitue le délit de contrefaçon ou le délit de débit, dont la répression a lieu par la voie tant de l'action privée que de l'action publique, qui peuvent être exercées séparément ou simultanément (art. 3 Instr. Cr.).

337. L'art. 54 de la loi nouvelle veut que les procédures commencées avant sa promulgation soient mises à fin conformément aux lois antérieures, et que toute action en contrefaçon, non encore intentée, soit suivie conformément aux dispositions de la loi nouvelle, alors même qu'il s'agirait de brevets délivrés antérieurement.

338. Chacune des actions publique et privée est instruite et jugée d'une manière uniforme à celle qui a été indiquée pour les droits d'auteur, excepté en quelques points assez rares, dont la différence tient à la nature des brevets d'invention ou à la volonté du législateur de

1844. Occupons nous à constater ces différences, en suivant le même ordre que celui qui a été adopté dans la section précédente.

339. D'abord, l'art. 45 de la loi nouvelle renferme une exception au principe que l'action publique est indépendante de l'action civile ; il porte que l'action correctionnelle pour l'application des peines ne pourra être exercée par le ministère public que sur la plainte de la partie lésée. Le silence du breveté est considéré par la loi comme un consentement tacite de sa part au fait qui a eu lieu, ou comme un oubli du tort que lui a causé ce fait, et elle suppose que la société ne veut pas récriminer plus que le breveté. Le texte de l'article et l'esprit de la loi conduisent à décider que l'action publique, déjà exercée soit principalement soit accessoirement, tombe par cela seul que la partie civile retire sa plainte (n° 298).

340. L'article 46 de la loi nouvelle est ainsi conçu : « Le tribunal correctionnel, saisi d'une action pour dé-« lit de contrefaçon, statuera sur les exceptions qui se-« raient tirées par le prévenu, soit de la nullité ou de la « déchéance du brevet, soit des questions relatives à la « propriété dudit brevet ».

Cette disposition, qui ne fait que confirmer le principe du droit commun d'après lequel le juge de l'action est aussi juge de l'exception, a eu pour but de lever toute espèce de doute qui aurait pu naître à raison de l'importance de la question posée dans l'exception. Elle est fondée sur l'intérêt que les titulaires de brevets ont à faire décider promptement les diverses questions nées sur une poursuite en contrefaçon, intérêt que l'unité du tribunal est plus à même de satisfaire que la pluralité.

Il va sans dire que le silence de la loi nouvelle laisse

16

subsister le principe pour le délit de débit poursuivi devant la juridiction correctionnelle. Il en est de même, lorsque le juge de paix est saisi de l'action, soit en contrefaçon, soit en débit.

341. L'affinité qui existe entre l'industrie et le commerce pourrait porter à croire que le breveté est en principe justiciable de la juridiction commerciale ; ce serait se tromper : il est soumis à la juridiction civile toutes les fois qu'il n'a pas exceptionnellement assigné un caractère commercial à l'exploitation de son brevet, par exemple, en en faisant l'objet d'une société de commerce. Et même, dans cette dernière hypothèse, l'action en répression du délit de contrefaçon ou de débit est de la compétence des tribunaux, soit correctionnels, soit civils proprement dits. On peut argumenter en ce sens de la loi de 1844, qui exige que l'étranger breveté fournisse une caution, toutes les fois qu'il veut faire procéder à une saisie préalablement à une action en contrefaçon ou en débit (art. 20 loi du 25 mai 1838, 34, 47 loi nouvelle, nos 119 et 302).

342. De là, il résulte que l'étranger, demandeur principal ou intervenant à raison de son brevet, reste soumis au droit commun, qui dans toute matière non commerciale, l'astreint à fournir la caution *judicatum solvi* au défendeur qui la demande *in limine litis*, à moins qu'il n'en soit dispensé par les traités internationaux, ou qu'il soit propriétaire d'immeubles suffisants situés en France, ou qu'il y jouisse des droits civils et y réside, ou qu'il consigne la somme fixée par le tribunal ; ou enfin, à moins qu'il n'ait fait pratiquer une saisie avant l'instance, puisqu'alors, il a nécessairement fourni une caution préalable (art. 11, 13, 16 C. C., 166, 167 Pr. civ., n° 306).

343. Le breveté prouve son droit en justifiant de son brevet. Ses héritiers ou autres successeurs à titre universel établissent leur droit en joignant à cette première preuve celle de la mort de leur auteur et de la qualité qui les appelle à lui succéder; les cessionnaires à titre singulier, en justifiant que leur titre a été enregistré au sécrétariat de la préfecture, cet enregistrement étant indispensable à l'égard des tiers, d'après l'art. 20 de la loi nouvelle.

Lorsque ces preuves sont faites, le droit qui en résulte peut être combattu par le défendeur en se fondant ou sur la nullité du brevet, ou sur sa déchéance, ou sur l'expiration de sa durée, ou sur toute autre allégation dont il doit à son tour faire la preuve, d'après la règle: *reus excipiendo fit actor*.

Les produits de l'industrie sont par leur nature dispensés du dépôt dans un lieu public quelconque; la loi nouvelle n'a pas même eu besoin de s'en expliquer.

344. Il suffit donc au poursuivant de prouver son droit exclusif d'exploitation pour être admis à prouver l'existence du délit de contrefaçon ou de débit. Nous allons rapporter quelques dispositions particulières introduites sur ce point dans la loi nouvelle.

Au lieu d'être facultatif comme pour les priviléges d'auteurs, l'exercice du droit de saisie est, en matière de brevets d'invention, entouré de certaines précautions destinées à protéger celui qui est inculpé contre une démarche quelquefois hasardée et toujours rigoureuse. L'art. 47 de la loi nouvelle, autorise même un mode authentique de constatation des faits de contrefaçon sans qu'il y ait saisie.

Ainsi, le breveté peut faire procéder à la désignation et à la description détaillées avec ou sans saisie des prétendus produits de contrefaçon, mais seulement en vertu d'une ordonnance du président du tribunal de première instance du lieu où se fait l'opération.

Pour obtenir cette ordonnance, le breveté justifie de son brevet en même temps qu'il présente une requête au président. Celui-ci a la faculté d'autoriser, soit une simple description sans saisie, soit une saisie totale ou partielle qui sera toujours accompagnée d'une description; ou bien, il refuse l'une et l'autre.

La description ou la saisie est faite par un huissier dont le choix appartient au requérant. Le président peut nommer un expert qu'il choisit lui-même pour aider l'huissier dans la description avec ou sans saisie.

345. L'ordonnance qui permet la saisie peut imposer au requérant un cautionnement dont il est tenu de faire la consignation préalable.

Le cautionnement est toujours imposé à l'étranger breveté qui requiert la saisie. Et même, l'art. 47 étant conçu en termes généraux, il n'y a pas à distinguer si l'étranger a été admis ou non à la jouissance des droits civils en France.

Il est laissé au détenteur des objets décrits ou saisis une copie tant de l'ordonnance que de l'acte constatant le dépôt de cautionnement, à peine de nullité et de dommages-intérêts contre l'huissier.

346. Pour mettre l'inculpé à l'abri contre des lenteurs volontaires qui pourraient lui causer un grave préjudice, l'art. 48 frappe de nullité la saisie ou description qui n'a pas été suivie d'une action civile ou correctionnelle dans la huitaine de sa date, outre un jour par trois myriamètres de distance entre le lieu où se trouvent les objets saisis ou décrits et le reproducteur, recéleur, introducteur ou débitant.

Mais, la saisie n'étant pas indispensable pas plus que
la simple description, la déchéance ou la nullité soit de
l'une soit de l'autre n'a aucune influence sur la validité
de l'action, en telle sorte que la preuve des faits avancés
peut se faire par les moyens ordinaires, même par témoins, suivant l'art. 1348 1° du Code civil.

347. En outre, le poursuivant peut être condamné à
des dommages-intérêts envers celui dont les objets ont
été décrits ou saisis, à raison du préjudice éprouvé par ce
dernier, par suite du retard que le poursuivant aurait
mis à porter l'action en justice, lors même que ses poursuites seraient reconnues fondées. Il va sans dire qu'il
est également responsable du préjudice qu'il cause au
prévenu, par cela seul que ses poursuites ne sont pas
fondées. Mais, dans tous les cas, il est laissé à l'appréciation du tribunal de décider s'il est dû ou non des
dommages-intérêts; cela ressort de l'art. 48 qui le décide ainsi, lors même que la saisie tombe pour retard
dans l'exercice de l'action.

348. Le procès-verbal de simple description a pour
but de constater les faits de contrefaçon et de faciliter
l'instruction en justice ; à la différence du procès-verbal
de saisie qui, en plaçant les objets saisis sous la main de
la justice, établit une sorte de confiscation provisoire et
rend possible la confiscation judiciaire.

349. Le breveté ayant la faculté légale de faire réprimer toute infraction apportée à son droit exclusif,
peut, en vertu de l'ordonnance du président, faire saisir
tous les produits de cette infraction en quelques mains
qu'ils se trouvent. Serait même valable, à mon avis,
la saisie d'un objet industriel illégitime qu'une personne
aurait acheté pour sa seule satisfaction intellectuelle,
connaissant le vice de son origine, parce qu'il y a recel

et que l'art. 41 de la loi nouvelle a voulu, dans tous les cas, atteindre l'auteur de ce fait, qui se rend ainsi complice du délit de débit ; tandis qu'il ne serait pas repréhensible s'il reproduisait, pour sa satisfaction intellectuelle, le même ouvrage qu'il saurait être privilégié, pourvu que l'exemplaire copié fût légitime. Cette solution, que je crois conforme à l'esprit et à la lettre de la loi nouvelle, est une juste compensation de la faveur exceptionnelle accordée au détenteur d'un objet industriel illégitime, de n'être pas coupable de délit, lorsqu'il ignore son origine vicieuse.

350. Ici, comme dans la matière des droits d'auteur, les condamnations ont un caractère mixte qui participe de la nature des peines et des réparations civiles ; elles consistent dans la confiscation, les dommages-intérêts, l'impression et l'affiche du jugement.

L'art. 49 de la loi nouvelle est ainsi conçu : « La « confiscation des objets reconnus contrefaits et, le cas « échéant, celle des instruments ou ustensiles destinés « spécialement à leur fabrication seront, même en cas « d'acquittement, prononcées contre le contrefacteur, le « recéleur, l'introducteur ou le débitant. Les objets con- « fisqués seront remis au propriétaire du brevet, sans « préjudice de plus amples dommages-intérêts et de « l'affiche du jugement, s'il y a lieu. »

Ainsi, le tribunal correctionnel, après avoir constaté l'existence du délit, prononce la confiscation des objets qui sont sous la main de la justice au profit de la partie lésée ; il évalue les dommages-intérêts qui lui sont dus ; estime s'il la trouve suffisamment indemnisée par cette remise d'objets en nature ; et, en cas d'insuffisance, il prononce une condamnation pécuniaire de la différence.

351. La disposition qui ordonne dans tous les cas,

même celui d'acquittement, la confiscation des objets reconnus illégitimes et leur remise au breveté, est impérative et ne saurait être transgressée par le tribunal statuant correctionnellement, lors même que ces objets seraient un composé de légitimité et d'illégitimité. Elle est fondée sur la raison que ce serait autoriser le débit des objets illégitimes que de les laisser au détenteur.

352. Le tribunal correctionnel, qui constate l'existence du délit, ne peut pas prononcer la confiscation des objets simplement décrits, puisqu'ils ne sont pas sous la main de la justice. Il peut seulement, en statuant sur les réparations civiles et lorsqu'il a acquis la certitude qu'ils sont illégitimes, ordonner que le détenteur les remettra à la partie lésée en déduction de la condamnation pécuniaire qui accompagne cet ordre; et en même temps, il commettra un expert pour en faire l'estimation, si les parties contendantes ne tombent pas d'accord sur la valeur de ces objets. Je pense que le tribunal civil peut rendre une pareille décision dans les mêmes circonstances.

Au contraire, le tribunal qui acquitte le prévenu n'a pas le pouvoir d'ordonner la remise des objets simplement décrits, pas plus qu'il n'a celui d'en prononcer la confiscation, quand il reconnaît l'existence du délit : la disposition de l'art. 49 étant rigoureuse doit être restreinte plutôt qu'étendue.

353. Le tribunal civil, ou le tribunal correctionnel statuant seulement sur les réparations civiles, ne peut prononcer la confiscation des objets illégitimes qui ont été saisis ; mais il doit ordonner la remise de ces objets en nature à la partie lésée, remise qui, lorsqu'elle est exécutée, produit des effets analogues à ceux de la confiscation, avec cette différence qu'elle n'a pas le caractère pénal (n° 318).

354. Toutes les fois qu'un tribunal, statuant sur les réparations civiles, ordonne qu'une remise d'objets aura lieu ultérieurement, il crée une obligation de faire qui, en cas d'inexécution, se résoudra en dommages-intérêts, d'après l'art. 1142 du Code civil. Pour fortifier cet ordre, le tribunal peut, en fixant un délai pour la remise, statuer qu'à défaut d'exécution après une mise en demeure, ou même sans mise en demeure, le débiteur paiera au créancier une somme déterminée par le jugement, conformément aux art. 1139 et 1152 du Code civil.

355. Le troisième mode de réparation civile consiste dans l'impression et l'affiche du jugement de condamnation que le tribunal, soit civil, soit correctionnel statuant civilement, est libre d'ordonner suivant les art. 1036 du Code de procédure civile et 49 de la loi nouvelle.

356. A part les différences que nous venons d'indiquer, les actions relatives aux brevets d'invention sont soumises aux mêmes règles que les actions concernant les droits d'auteur, soit quant à la capacité des parties, à la compétence, à l'instruction, à l'opposition, à l'appel, au pourvoi en cassation et aux autres voies extraordinaires pour attaquer les décisions judiciaires, soit quant à la contrainte par corps, soit sous tout autre rapport.

357. La loi de 1844 renferme encore quelques dispositions nouvelles sur les peines à infliger à celui qui est convaincu devant la juridiction correctionnelle du délit de contrefaçon, de débit, de recel, d'introduction ou d'exposition en vente.

Le délinquant est nécessairement condamné à une amende de cent à deux mille francs, à moins que le tribunal correctionnel n'admette des circonstances atténuantes, cas dans lequel l'amende peut être réduite même

au dessous de seize francs (art. 40 , 41, 44 loi nouv.,
463 C. Pén.).

La peine de l'emprisonnement d'un mois à six mois
peut en outre être prononcée si le contrefacteur est un
ouvrier ou un employé ayant travaillé dans les ateliers
ou dans l'établissement du breveté, ou si le contrefacteur, s'étant associé avec un ouvrier ou un employé du
breveté, a eu connaissance par ce dernier des procédés
décrits au brevet. Dans ce dernier cas, l'ouvrier ou
l'employé peut être poursuivi comme complice (art. 42
loi nouv.).

La peine de l'emprisonnement d'un mois à six mois
peut également être prononcée, outre l'amende, dans le
cas de récidive, c'est-à-dire, lorsqu'il a été rendu contre
le prévenu, dans les cinq années antérieures, une condamnation pour un des délits de contrefaçon, débit, recel, exposition et introduction, en matière de brevets d'invention, ce qu'il ne faudrait pas étendre en dehors de
cette matière, ni au delà de ces cinq délits (art. 43).

La condamnation à l'emprisonnement n'est ordonnée
impérativement pour aucun cas, pas même pour celui de
récidive : le tribunal qui reconnaît des circonstances atténuantes peut réduire l'emprisonnement à sa volonté,
ou condamner à une amende seulement (art. 44 loi
nouv. , 463 C. Pén.).

Enfin, les peines établies par la loi nouvelle ne peuvent être cumulées. La peine la plus forte est seule prononcée pour tous les faits antérieurs au premier acte de
poursuite (art. 42).

SECTION QUATRIÈME.

Action en réparation de la violation des droits des propriétaires
de dessins, marques de fabriques et enseignes.

358. Soumis en principe à la loi de 1793, les dessins de fabriques sont régis spécialement, quant à la
manière d'en conserver le privilége, par la loi du
18 mars 1806 et l'ordonnance royale du 29 août 1825,
ainsi que nous l'avons dit (n° 275).

Celui qui revendique la propriété d'un dessin doit
prouver qu'il en a le premier déposé un échantillon, pour
les fabriques situées dans le ressort d'un conseil de
prud'hommes, aux archives de ce conseil, et pour les fabriques situées hors du ressort d'un conseil, au greffe du
tribunal de commerce, ou au greffe du tribunal de première instance dans les arrondissements où les tribunaux
civils exercent la juridiction des tribunaux de commerce.

Dans le silence de la loi et d'après son esprit, il y a
lieu de décider que le dépôt est valablement fait à un
autre greffe que celui du lieu où l'inventeur du dessin a
sa fabrique, et qu'il suffit d'un seul dépôt lorsqu'il a
plusieurs fabriques dans des localités ou des ressorts
différents. L'échantillon déposé reste en effet sous enveloppe jusqu'au moment où l'on a besoin d'en constater
l'identité ou jusqu'à l'expiration de la durée du privilége. Si, au contraire, le dépôt était destiné à faire connaître au public que le dessin est privilégié, on concevrait
la nécessité qu'il fût fait dans la localité même où il serait
exploité; ce qui a lieu et est ordonné formellement par
la loi pour les marques de fabriques, comme nous allons
le voir.

359. Celui qui revendique la propriété d'un dessin
établit son droit, en rapportant un certificat délivré par

le conseil des prud'hommes ou par le tribunal de commerce, attestant qu'il a le premier déposé un échantillon.

S'il ne fait pas cette preuve, il n'est pas admis dans
sa demande en revendication ; il n'est pas admis davantage à exercer l'action en contrefaçon ou en débit ; je
crois même qu'il ne peut intenter l'action civile ordinaire en dommages-intérêts. Il éprouve une déchéance
formelle sur laquelle il ne peut rester aucun doute en
présence du texte de la loi de 1806 ; l'art. 15, en effet,
parle du dépôt à faire par celui qui voudra revendiquer
par la suite, et l'art. 18 oblige le déposant à déclarer
s'il entend se réserver la propriété et pendant combien de
temps. Il ne suffirait donc pas qu'il prouvât qu'il a le premier effectué le dépôt depuis le fait qui a motivé l'action.

On voit par l'art. 18 que le dépôt légalement fait
ne donne pas la propriété, qu'il la conserve ; ce qui suppose que cette propriété préexistait. Or, nous avons vu
que le droit d'exploitation est attaché à la qualité d'auteur ou d'inventeur ; si un autre que l'inventeur du
dessin le devance à faire le dépôt sans que celui-ci lui
ait cédé son droit, le privilége sera né pour l'inventeur
qui pourra le revendiquer.

360. Suivant le même art. 15, l'action en revendication est de la compétence exclusive des tribunaux de
commerce, qui statuent également sur la réparation du
dommage causé, par exclusion de la juridiction des
tribunaux de première instance. Cette dérogation aux
principes s'explique par le caractère et la destination des
dessins, et aussi par l'aptitude spéciale de la juridiction
commerciale.

Mais la loi de 1806 n'est pas exclusive de la juridiction correctionnelle, d'autant moins qu'elle a précédé
le Code pénal de 1810, dont les art. 425 et 426 parlent

des œuvres du dessin sans distinctions et font dériver le délit de contrefaçon ou de débit du mépris des lois sur les droits d'auteur, ce qui comprend aussi bien la loi de 1806 que celle de 1793. D'où ressort la conséquence que l'action en contrefaçon ou en débit peut toujours être déférée à un tribunal correctionnel, en suivant les règles tracées dans la deuxième section pour les actions relatives aux droits d'auteur, soit quant à la procédure, soit quant à la saisie préalable, soit enfin quant aux voies ordinaires ou extraordinaires qui sont ouvertes pour attaquer les décisions judiciaires.

361. Celui qui revendique une marque de fabrique ou qui poursuit les contrefacteurs est aussi tenu de faire quelques justifications préalables.

La législation sur les marques est loin d'être compacte. Elle se compose d'un grand nombre de dispositions qui se sont succédé et modifiées l'une l'autre sans s'abroger formellement; nous avons à extraire de leur combinaison celles de ces dispositions qui sont encore en vigueur.

Le décret du 16 juin 1809, art. 5, veut que, pour pouvoir revendiquer devant les tribunaux la propriété de sa marque, le fabricant en établisse une assez distincte de celles d'autrui pour qu'elles ne puissent être confondues.

Les conseils de prud'hommes sont chargés de veiller à la conservation et à l'observation des mesures conservatrices de la propriété des marques. Ils sont investis du droit d'arbitrer la suffisance ou l'insuffisance de différence entre les marques déjà adoptées et les nouvelles qui seraient proposées, ou même entre celles déjà existantes; et, en cas de contestation, elle est portée au tribunal de commerce, qui prononce après avoir vu l'avis du conseil des prud'hommes (art. 4 et 6 décret de 1809).

L'art. 10 explique que les conseils de prud'hommes ne connaissent que comme arbitres, des contestations entre fabricants et marchands à raison des marques.

Il résulte clairement de ces deux articles 6 et 10, que la mission des conseils est toute de conciliation, sans aucun caractère judiciaire, de sorte qu'elle ne constitue pas un degré de juridiction; ce qui est confirmé par un avis du conseil d'Etat, approuvé le 20 février 1810 et inséré au Bulletin des lois.

362. L'art. 18 du décret du 22 germinal an XI est ainsi conçu : « Nul ne pourra former action en contre-« façon de sa marque, s'il ne l'a préalablement fait con-« naître d'une manière légale par le dépôt d'un modèle « au greffe du tribunal de commerce d'où relève le « chef-lieu de la manufacture ou de l'atelier. »

Et l'art. 7 du décret de 1809 porte que « nul ne « sera admis à intenter action en contrefaçon de sa « marque, s'il n'a déposé un modèle de cette marque au « secrétariat du conseil des prud'hommes. »

De la combinaison de ces dispositions avec celles que nous allons indiquer, résultent les conséquences suivantes :

Le tribunal de commerce qui reçoit le dépôt est nécessairement celui d'où relève le chef-lieu de la fabrique. Et, quoique le décret de 1809 ne s'en explique pas, il faut décider sans hésiter que le conseil des prud'-hommes est nécessairement aussi celui d'où relève la fabrique ou l'atelier. Cette différence avec le dépôt des dessins de fabriques, qui peut être fait à un conseil de prud'hommes ou à un tribunal de commerce quelconque, s'explique ainsi : d'abord, la loi l'exige textuellement pour les marques, et elle garde le silence pour les dessins ; ensuite, l'échantillon du dessin est déposé sous une

enveloppe qui reste fermée, tandis que le modèle de la
marque est déposé à découvert, c'est-à-dire, empreint
sur des tables communes, comme l'indique l'art. 9 de
l'avis du conseil-d'État de 1810.

Lorsque la fabrique est située hors du ressort d'un
conseil de prud'hommes, le dépôt doit être fait au greffe
du tribunal de commerce, suivant l'art. 18 du décret de
l'an XI qui n'a pas été abrogé, et par analogie de ce qui
se pratique pour les dessins de fabriques d'après l'ordonnance royale du 29 août 1825.

Lorsque, au contraire, la fabrique est située dans le
ressort d'un conseil de prud'hommes, il faut appliquer
l'art. 7 de l'avis du conseil-d'État de 1810, ainsi conçu :
« Indépendamment du dépôt ordonné par l'art. 18 de
« la loi du 22 germinal an XI au greffe du tribunal de
« commerce, nul ne sera admis à intenter action en
« contrefaçon de sa marque, s'il n'a en outre déposé un
« modèle de cette marque au secrétariat du conseil des
« prud'hommes. »

Il en est du dépôt de la marque comme de celui du
dessin de fabrique; il doit être effectué avant le fait qui
donne lieu à la poursuite en contrefaçon; autrement, il
est tardif.

363. Le fabricant a la plus grande latitude pour
marquer ses produits; il n'importe pas que la marque
soit incorporée ou qu'elle soit seulement appliquée. L'esprit de la loi s'accorde avec son texte pour repousser
toute distinction qu'on voudrait établir sur ce point,
d'autant plus que certains produits échappent par leur
nature à toute incorporation de marque, et ne peuvent la
recevoir que sur une étiquette ou une enveloppe, tels
sont les produits filés et les liquides.

Il suffit que la marque fasse connaître distinctement

les produits, quels que soient les mots qui composent cette marque, l'art. 17 du décret de l'an XI ayant été abrogé par les dispositions législatives qui l'ont suivi. Il y a quelques exceptions qui prescrivent des marques particulières pour certaines industries; elles résultent des deux décrets du 22 décembre 1812 et de l'ordonnance royale du 8 août 1816.

364. Indépendamment de l'action civile qui est toujours ouverte au fabricant dont la marque a été contrefaite ou le nom usurpé, l'action criminelle peut être portée, savoir : devant la cour d'assises, lorsqu'il y a contrefaçon de la marque, suivant l'art. 16 du décret de l'an XI, qui prononce la peine du faux; devant le tribunal correctionnel, lorsqu'il y a usurpation du nom, suivant la loi du 24 août 1824, qui a modifié sur ce point le décret de l'an XI.

Ces actions sont instruites et jugées conformément aux règles du droit commun, et les décisions qui en sont la suite peuvent être attaquées par les voies ordinaires et extraordinaires que les lois générales autorisent, notamment pour l'action correctionnelle les voies indiquées dans la section deuxième.

365. Enfin, l'usurpation d'une enseigne, donne lieu à l'action civile ordinaire en dommages-intérêts; cette usurpation ayant pour but de retirer un profit pécuniaire de l'achalandage attaché à l'enseigne et non de sa reproduction comme œuvre d'art, il n'y a pas délit de contrefaçon. L'action en revendication pourra aussi être intentée dans certaines circonstances.

*De la revendication des ouvrages et des droits d'auteur
ou d'inventeur.*

366. Plusieurs fois nous avons reconnu, soit aux
auteurs, soit aux inventeurs, le droit de revendiquer,
tantôt leur qualité d'auteurs ou d'inventeurs à raison
d'un ouvrage inédit, tantôt leur privilége sur un ouvrage édité, tantôt l'exemplaire inédit de leur pensée,
tantôt l'exemplaire édité.

Voyons quelle voie leur est ouverte pour se faire res-
tituer en nature ces divers biens, qui sont pour eux une
propriété mobilière, ou un droit analogue à la propriété
mobilière.

Cette voie est l'action réelle, qui prend ordinairement
le nom de revendication. Il n'y a pas à distinguer entre
l'action possessoire et l'action pétitoire; cette distinction,
établie textuellement pour les immeubles par les art. 23
et suivants du Code de procédure civile, ne s'applique
ni aux meubles corporels, ni aux meubles incorporels;
à leur égard, on ne sépare point le pétitoire du possessoire : le Code de procédure civile, en statuant ainsi, n'a
fait qu'imiter la coutume de Paris et beaucoup d'autres
qui étaient unanimes, notamment pour les meubles incorporels.

367. Cette action est portée, savoir : devant le juge
de paix qui statue en dernier ressort jusqu'à la valeur de
cent francs, et en premier ressort depuis cent jusqu'à
deux cents francs; au tribunal civil de première instance qui, au-dessus de cent francs, statue en dernier ressort jusqu'à la valeur de quinze cents francs, et en pre-

mier ressort au-dessus de cette valeur (art. 1er. lois du 11 avril et du 25 mai 1838).

Le tribunal compétent est celui du domicile du défendeur, s'il n'a pas de domicile celui de sa résidence. S'il y a plusieurs défendeurs, c'est le tribunal du domicile de l'un d'eux au choix du demandeur (art. 2, 59, Pr. C.).

Cette action est en principe soumise au préliminaire de la conciliation (art. 48, 49).

Elle est introduite et suivie par les mêmes personnes agissant dans les mêmes qualités que celles qui sont indiquées dans la section deuxième (n° 305).

L'étranger demandeur est tenu de fournir la caution *judicatum solvi*, ainsi qu'il est expliqué dans la même section (n° 306).

368. Celui qui revendique, soit un ouvrage corpor soit un droit d'auteur ou d'inventeur, soit un privilége, doit suivre les règles du droit commun.

Lorsque la propriété lui est déniée, le demandeur doit en faire la preuve, en établissant qu'il est l'auteur ou l'inventeur, ou bien que la chose lui a été vendue ou donnée, ou enfin qu'elle lui appartient à tout autre titre, suivant les modes indiqués dans les deuxième et troisième sections (n°s 307 et 343).

Cette preuve étant faite, si le possesseur se retranche derrière l'art. 2279 1°, sa possession seule est pour lui un titre qui le dispense de toute preuve : il est réputé propriétaire de l'ouvrage corporel, et il faut examiner contre lui, notamment, si l'art. 2279 2° n'est pas applicable. Il reste encore à ce possesseur à prouver que le droit d'auteur est à lui.

S'il invoque une vente ou une cession à titre onéreux,

17

soit de l'ouvrage, soit du droit d'auteur, il doit la prouver, car elle est seulement dispensée de formes.

S'il invoque une donation manuelle, qui est admise
dans la législation française, comme cela résulte implicitement des art. 852, 868 et 948 du Code civil, après
qu'il est devenu constant qu'il y a eu donation, on peut
l'attaquer en soutenant qu'elle n'était pas irrévocable,
que l'auteur l'avait faite en vue de la mort, sous la réserve de reprendre l'ouvrage s'il survivait à la maladie
dont il était atteint ou à tel autre événement ; ce qui serait une disposition nulle, d'après les art. 893, 894 et
895. Mais il ne faut pas poser comme règle générale que
le don manuel d'un manuscrit est fait à cause de mort.
Il va sans dire, que celui qui établit la validité d'un don
manuel à son profit, ne prouve pas par là que le droit
d'auteur soit à lui : il n'y a que les ouvrages corporels
qui puissent être donnés manuellement.

369. Le revendiquant peut conclure en même temps
à la restitution des fruits, si le possesseur a été de mauvaise foi, et à des dommages-intérêts (art. 549, 1382,
C. C.).

370. Les règles du droit commun sur la procédure et
l'instruction, sur les voies ordinaires et extraordinaires
ouvertes contre les jugements, sur les délais, sur l'étendue des moyens et sur tous autres points, sont applicables
aux décisions judiciaires en matière de revendication.

CHAPITRE VI ET DERNIER.

—

DE LA PRESCRIPTION.

371. Lorsqu'une décision judiciaire a acquis force de chose jugée, elle est susceptible d'être exécutée sur tous les biens du débiteur et quelquefois sur sa personne ; mais, pour être exécutoire forcément, il faut qu'elle soit intitulée au nom du Roi, chef du pouvoir exécutif, et terminée par un mandement adressé aux officiers ses délégués (art. 146, 545, Pr. C.).

372. En outre tout jugement rendu par un tribunal étranger n'est susceptible d'exécution forcée en France, qu'après avoir été rendu exécutoire par un tribunal français, sauf les dispositions contraires des lois politiques et des traités internationaux. Et même, un acte rédigé par un officier étranger ne peut être exécuté forcément, à moins encore de dispositions contraires des traités ou des lois politiques, sans qu'un tribunal français puisse lui imprimer la force exécutoire (art. 2123, 2128 C. C , 546 Pr. C.).

373. Les condamnations qui résultent de ces sentences peuvent, d'après le droit commun, s'éteindre par divers moyens distincts du paiement , notamment par la prescription.

Le délai de la prescription diffère selon que la condamnation est pénale ou civile, Ainsi, toute condamnation civile, prononcée par un tribunal quelconque, se prescrit par trente ans à partir du jour où le créancier a pu valablement agir pour se faire payer, tandis que les peines correctionnelles se prescrivent par cinq ans à

compter de la date de la décision judiciaire rendue en
dernier ressort; et à l'égard des peines prononcées par
les tribunaux de première instance, à compter du jour
où la décision ne peut plus être attaquée par la voie de
l'appel (art. 2262 C. C. , 636, 642 Inst. Cr.).

374. Bien qu'il n'y ait que deux sortes de délits qualifiés dans notre matière, la contrefaçon et le débit, nous
avons reconnu plusieurs faits différents qui rentrent dans
ces deux délits, ce sont la fabrication, la vente, le louage,
la représentation théâtrale, l'introduction en France, le
recel et l'exposition en vente. Chacun de ces faits pris
isolément constitue un délit, sujet à une action qui est
également susceptible de s'éteindre par la prescription.

C'est ainsi que, suivant les art. 637 et 638 du Code
d'instruction criminelle, l'action civile et l'action publique, résultant d'un délit, se prescrivent par trois ans
écoulés depuis le jour où le délit a été commis, sans que
dans l'intervalle il ait été fait aucun acte d'instruction
ni de poursuite; plus tard le délinquant ne peut plus
être poursuivi. Par conséquent, la contrefaçon étant un
délit complexe et successif, la prescription ne commence
à courir que du jour de l'achèvement de la fabrication ,
ou au plustôt du jour où la fabrication commencée a été
suspendue. Au contraire, la prescription a son point de
départ à chaque fait spécial pour le délit de débit, de recel, d'exposition ou d'introduction qui est toujours simple.

375. Ainsi, d'après les art. 637 et 638, toute action
civile, qui s'appuie sur un fait constitutif du délit de
contrefaçon ou de débit, peut être écartée par la prescription triennale, sans que la partie lésée puisse se sous-
traire à l'exiguité de ce délai, en demandant l'application
de l'art. 1382 du Code civil pour prolonger la durée de

l'action; la disposition de l'art. 1382, toute générale qu'elle est, souffre quelques exceptions devant lesquelles elle doit céder. Il est d'ordre public que, du moment où l'action pénale est prescrite, l'action civile le soit aussi ; et l'auteur du délit ne pourrait pas renoncer à cette dernière prescription, l'art. 2223 n'étant pas applicable en matière criminelle ; de même, le juge doit suppléer d'office cette prescription, parcequ'il serait scandaleux qu'un homme fut condamné à payer des dommages-intérêts pour un délit resté impuni. Si, au contraire, le fait peut n'être pas qualifié délit, la partie lésée a l'action civile ordinaire en dommages-intérêts pendant trente ans d'après l'art. 2262.

376. Nous nous sommes précédemment rendu compte des motifs qui font que l'auteur d'un ouvrage manuscrit, toujours traité favorablement, n'encourt jamais de déchéance personnelle à raison de l'inexécution de ses obligations envers la société, notamment à raison du plus ou moins d'extension qu'il donne à sa publication ; nous savons seulement que c'est un legs qu'il fait quelquefois à ses successeurs. Mais il en est autrement de la déchéance par le non usage ; car tout privilége d'auteur étant un usufruit, peut s'éteindre par cela seul qu'on a cessé de l'exercer pendant trente ans, suivant l'art. 617 du Code civil ; et cette déchéance frappe aussi bien l'auteur, que les privilégiés de la seconde période et tous autres ayant droit (n°s 111 et 136).

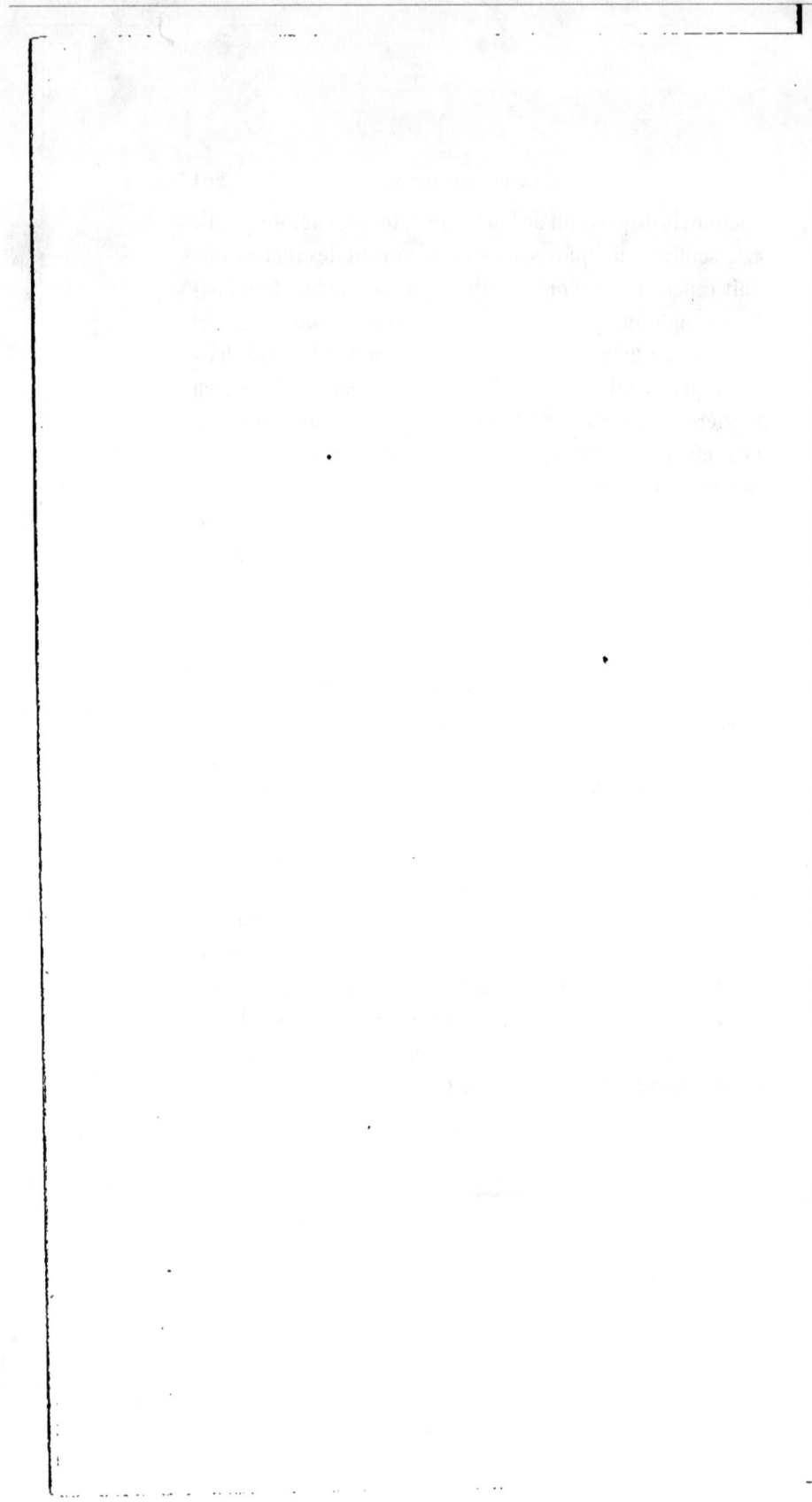

TEXTE

DES

LOIS, DECRETS, ORDONNANCES ET AVIS DU CONSEIL D'ETAT.

SECTION PREMIÈRE. — TEXTES CONCERNANT LES DROITS D'AUTEUR.

LOI

du 13—19 janvier 1791,

SUR LES SPECTACLES.

ARTICLE 1er. Tout citoyen pourra élever un théâtre public, et y faire représenter des pièces de tous les genres, en faisant, préalablement à l'établissement de son théâtre, sa déclaration à la municipalité des lieux.

ART. 2. Les ouvrages des auteurs morts depuis cinq ans et plus sont une propriété publique, et peuvent, nonobstant tous anciens priviléges qui sont abolis, être représentés sur tous les théâtres indistinctement.

ART. 3. Les ouvrages des auteurs vivants ne pourront être représentés sur aucun théâtre public, dans toute l'é-tendue de la France, sans le consentement formel et par écrit des auteurs, sous peine de confiscation du produit total des représentations au profit des auteurs.

ART. 4. La disposition de l'art. 3 s'applique aux ou-vrages déjà représentés, quels que soient les anciens ré-glements; néanmoins les actes qui auraient été passés entre des comédiens et des auteurs vivants, ou des au teurs morts depuis moins de cinq ans, seront exécutés.

ART. 5. Les héritiers ou les cessionnaires des auteurs seront propriétaires de leurs ouvrages, durant l'espace de cinq années après la mort de l'auteur.

ART. 6. Les entrepreneurs ou les membres des différents théâtres seront, à raison de leur état, sous l'inspection des municipalités; ils ne recevront des ordres que des officiers municipaux, qui ne pourront arrêter ni défendre la représentation d'une pièce, sauf la responsabilité des auteurs et des comédiens, et qui ne pourront rien enjoindre aux comédiens que conformément aux lois et aux réglements de police, réglements sur lesquels le comité de constitution dressera incessamment un projet d'instruction. Provisoirement les anciens réglements seront exécutés.

ART. 7. Il n'y aura au spectacle qu'une garde extérieure, dont les troupes de ligne ne seront pas chargées, si ce n'est dans le cas où les officiers municipaux leur en feraient la réquisition formelle. Il y aura toujours un ou plusieurs officiers civils dans l'intérieur des salles, et la garde n'y pénétrera que dans le cas où la sûreté publique serait compromise, et sur la réquisition expresse de l'officier civil, lequel se conformera aux lois et aux réglements de police. Tout citoyen sera tenu d'obéir provisoirement à l'officier civil.

LOI

du 19 juillet — 6 août 1791,

RELATIVE AUX SPECTACLES.

ART. 1er. Conformément aux dispositions des articles 3 et 4 du décret du 13 janvier dernier, concernant les spectacles, les ouvrages des auteurs vivants, même ceux qui étaient représentés avant cette époque, soit qu'ils fussent ou non gravés ou imprimés, ne pourront être représentés sur aucun théâtre public, dans toute l'étendue du royaume, sans le consentement formel et par écrit des auteurs, ou sans celui de leurs héritiers ou cessionnaires pour les ouvrages des auteurs morts depuis moins de cinq ans, sous peine de confiscation du produit total des représentations au profit de l'auteur ou de ses héritiers ou cessionnaires.

ART. 2. La convention entre les auteurs et les entrepreneurs de spectacles sera parfaitement libre, et les officiers municipaux, ni aucuns autres fonctionnaires publics ne pourront taxer lesdits ouvrages, ni modérer ou augmenter le prix convenu; et la rétribution des auteurs, convenue entre eux ou leurs ayant-cause et les entrepreneurs de spectacle, ne pourra être ni saisie ni arrêtée par les créanciers des entrepreneurs du spectacle.

LOI

du 10 —24 juillet 1793,

RELATIVE AUX DROITS DES AUTEURS D'ÉCRITS EN TOUT GENRE, COMPOSITEURS DE MUSIQUE, PEINTRES ET DESSINATEURS.

ART. 1er. Les auteurs d'écrits en tout genre, les compositeurs de musique, les peintres et dessinateurs qui feront graver des tableaux ou dessins, jouiront, durant leur vie entière, du droit exclusif de vendre, faire vendre, distribuer leurs ouvrages dans le territoire de la république et d'en céder la propriété en tout ou en partie.

ART. 2. Leurs héritiers ou cessionnaires jouiront du même droit durant l'espace de dix ans après la mort des auteurs.

ART. 3. Les officiers de paix seront tenus de faire

confisquer à la réquisition et au profit des auteurs, compositeurs, peintres ou dessinateurs et autres, leurs héritiers ou cessionnaires, tous les exemplaires des éditions imprimées ou gravées sans la permission formelle et par écrit des auteurs.

ART. 4. Tout contrefacteur sera tenu de payer au véritable propriétaire une somme équivalente au prix de trois mille exemplaires de l'édition originale.

ART. 5. Tout débitant d'édition contrefaite, s'il n'est pas reconnu contrefacteur, sera tenu de payer au véritable propriétaire une somme équivalente au prix de cinq cents exemplaires de l'édition originale.

ART. 6. Tout citoyen qui mettra au jour un ouvrage soit de littérature ou de gravure, dans quelque genre que ce soit, sera obligé d'en déposer deux exemplaires à la bibliothèque nationale ou au cabinet des estampes de la république, dont il recevra un reçu signé par le bibliothécaire, faute de quoi, il ne pourra être admis en justice pour la poursuite des contrefacteurs.

ART. 7. Les héritiers de l'auteur d'un ouvrage de littérature ou de gravure, ou de toute autre production de l'esprit ou de génie qui appartienne aux beaux-arts, en auront la propriété exclusive pendant dix années.

LOI

du 10 fructidor an IV (27 août 1796),

CONCERNANT L'IMPRESSION DES OUVRAGES ADOPTÉS COMME LIVRES ÉLÉMENTAIRES.

Le Conseil des Cinq-cents, considérant que par la loi du 11 germinal dernier, relative à l'impression des ouvrages qui doivent servir de livres élémentaires, il n'a point été dérogé à la loi du 19 juillet 1793, qui assure aux auteurs d'écrits et à leurs héritiers ou cessionnaires, le droit exclusif de les faire imprimer, vendre et distribuer, et qu'il est instant de lever les obstacles qui pourraient retarder l'impression des livres élémentaires,

Déclare qu'il y a urgence.

Le Conseil, après avoir déclaré l'urgence, prend la résolution suivante :

ART. 1er. Les auteurs des ouvrages adoptés comme livres élémentaires et leurs héritiers ou cessionnaires sont maintenus dans le droit exclusif de les faire imprimer, vendre, distribuer, conformément aux dispositions de la loi du 19 juillet 1793.

ART. 2. Le Directoire exécutif est autorisé à traiter pour le nombre de mille exemplaires, avec lesdits auteurs, leurs héritiers ou cessionnaires, qui auront fait imprimer leurs ouvrages.

ART. 3. Les ouvrages élémentaires, dont les auteurs ou leurs cessionnaires auront déclaré qu'ils ne veulent ou ne peuvent en faire l'édition, seront imprimés aux frais et à l'imprimerie de la république.

ART. 4. La présente résolution sera imprimée.

DÉCRET

du 1er germinal an XIII (22 mars 1805),

CONCERNANT LES PROPRIÉTAIRES D'OUVRAGES POSTHUMES.

NAPOLÉON, empereur des Français, sur le rapport du ministre de l'intérieur, vu les lois sur les propriétés littéraires ;

Considérant qu'elles déclarent propriétés publiques les ouvrages des auteurs morts depuis plus de dix ans;

Que les dépositaires, acquéreurs, héritiers ou propriétaires des ouvrages posthumes d'auteurs morts depuis plus de dix ans, hésitent à publier ces ouvrages dans la crainte de s'en voir contester la propriété exclusive, et dans l'incertitude de la durée de cette propriété;

Que l'ouvrage inédit est comme l'ouvrage qui n'existe pas, et que celui qui le publie a les droits de l'auteur décédé, et doit en jouir pendant sa vie;

Que cependant, s'il réimprimait en même temps et dans une seule édition, avec les œuvres posthumes, les ouvrages déjà publiés du même auteur, il en résulterait en sa faveur une espèce de privilége pour la vente d'ouvrages devenus propriété publique;

Le Conseil d'Etat, entendu,

Décrète:

ART. 1er. Les propriétaires par succession ou à d'autre titre d'un ouvrage posthume ont les mêmes droits que l'auteur, et les dispositions des lois sur la propriété exclusive des auteurs et sur sa durée leur sont applicables; toutefois à la charge d'imprimer séparément les ouvrages posthumes, et sans les joindre à une nouvelle édition des ouvrages déjà publiés et devenus propriété publique.

ART. 2. Le grand-juge ministre de la justice et les ministres de l'intérieur et de la police générale sont chargés de l'exécution du présent décret.

DÉCRET

du 7 germinal an XIII (29 mars 1805),

CONCERNANT L'IMPRESSION DES LIVRES D'ÉGLISE, DES HEURES ET DES PRIÈRES.

NAPOLÉON, empereur des Français, sur le rapport du ministre des cultes, décrète:

Art. 1er. Les livres d'église, les heures et prières, ne pourront être imprimés ou réimprimés que d'après la permission donnée par les évêques diocésains; laquelle permission sera textuellement rapportée et imprimée en tête de chaque exemplaire.

Art. 2. Les imprimeurs, libraires, qui feraient imprimer, réimprimer des livres d'église, des heures ou prières, sans avoir obtenu cette permission, seront poursuivis conformément à la loi du 19 juillet 1793.

Art. 3. Le grand-juge ministre de la justice et les ministres de la police générale et des cultes sont chargés de l'exécution du présent décret.

DÉCRET

du 8 juin 1806,

CONCERNANT LES THÉATRES.

Napoléon, etc., sur le rapport de notre ministre de l'intérieur, notre Conseil d'Etat entendu, nous avons décrété et décrétons ce qui suit :

Titre 1er. *Des théâtres de la capitale.*

Art. 1er. Aucun théâtre ne pourra s'établir dans la capitale sans notre autorisation spéciale, sur le rapport qui nous en sera fait par notre ministre de l'intérieur.

Art. 2. Tout entrepreneur qui voudra obtenir cette autorisation sera tenu de faire la déclaration prescrite par la loi, et de justifier, devant notre ministre de l'intérieur, des moyens qu'il aura pour assurer l'exécution de ses engagements.

Art. 3. Le théâtre de l'Impératrice sera placé à l'Odéon, aussitôt que les réparations seront achevées.

Les entrepreneurs du théâtre Montansier, d'ici au

1er janvier 1807, établiront leur théâtre dans un autre local.

ART. 4. Les répertoires de l'Opéra, de la Comédie-Française et de l'Opéra-Comique, seront arrêtés par le ministre de l'intérieur, et nul autre théâtre ne pourra représenter à Paris des pièces comprises dans les répertoires de ces trois grands théâtres sans leur autorisation, et sans leur payer une rétribution qui sera réglée de gré à gré, et avec l'autorisation du ministre.

ART. 5. Le ministre de l'intérieur pourra assigner à chaque théâtre un genre de spectacle dans lequel il sera tenu de se renfermer.

ART. 6. L'Opéra pourra seul donner des ballets ayant les caractères qui sont propres à ce théâtre et qui seront déterminés par le ministre de l'intérieur.

Il sera le seul théâtre qui pourra donner des bals masqués.

TITRE II. *Théâtres des départements.*

ART. 7. Dans les grandes villes de l'empire, les théâtres seront réduits au nombre de deux. Dans les autres villes, il n'en pourra subsister qu'un. Tous devront être munis de l'autorisation du préfet, qui rendra compte de leur situation au ministre de l'intérieur.

ART. 8. Aucune troupe ambulante ne poura subsister sans l'autorisation des ministres de l'intérieur et de la police. Le ministre de l'intérieur désignera les arrondissements qui leur seront destinés, et en préviendra les préfets.

ART. 9. Dans chaque chef-lieu de département, le théâtre principal jouira seul du droit de donner des bals masqués.

TITRE III. *Des auteurs.*

ART. 10. Les auteurs et les entrepreneurs seront

libres de déterminer entre eux, par des conventions mutuelles, les rétributions dues aux premiers par somme fixe ou autrement.

ART. 11. Les autorités locales veilleront strictement à l'exécution de ces conventions.

ART. 12. Les propriétaires d'ouvrages dramatiques posthumes ont les mêmes droits que l'auteur, et les dispositions sur la propriété des auteurs, et sur sa durée, leur sont applicables ainsi qu'il est dit au décret du 1ᵉʳ germinal an XIII.

Dispositions générales.

ART. 13. Tout entrepreneur qui aura fait faillite, ne pourra plus rouvrir de théâtre.

ART. 14. Aucune pièce ne pourra être jouée sans l'autorisation du ministre de la police générale.

ART. 15. Les spectacles de curiosité seront soumis à des réglements particuliers et ne porteront plus le titre de *Théâtres.*

ARR. 16. Nos ministres de l'intérieur et de la police générale sont chargés de l'exécution du présent décret.

DÉCRET

du 29 juillet 1807,

CONCERNANT LES THÉATRES.

NAPOLÉON, etc., sur le rapport de notre ministre de l'intérieur, notre conseil d'Etat entendu, nous avons décrété et décrétons ce qui suit :

TITRE Iᵉʳ. *Dispositions générales.*

ART. 3. Aucune nouvelle salle de spectacle ne pourra être construite ; aucun déplacement d'une troupe d'une salle dans une autre ne pourra avoir lieu dans notre bonne ville de Paris, sans une autorisation donnée par nous, sur le rapport de notre ministre de l'intérieur.

TITRE II. *Du nombre des théâtres et des règles auxquelles ils sont assujettis.*

ART. 4. Le maximum du nombre des théâtres de notre bonne ville de Paris est fixé à huit; en conséquence, sont seuls autorisés à ouvrir, afficher et représenter, indépendamment des quatre grands théâtres mentionnés en l'art. 1er du réglement de notre ministre de l'intérieur en date du 25 avril dernier, les entrepreneurs ou administrateurs des quatre théâtres suivants :

1° Le théâtre de la Gaîté, établi en 1760, celui de l'Ambigu-Comique, établi en 1772, boulevart du Temple, lesquels joueront concurremment des pièces du même genre désignées aux § 3 et 4 du réglement de notre ministre de l'intérieur ;

2° Le théâtre des Variétés, boulevart Montmatre, établi en 1777, et le théâtre du Vaudeville, établi en 1792, lesquels joueront concurremment des pièces du même genre désignées aux § 3 et 4 de l'art. 3 du réglement de notre ministre de l'intérieur.

ART. 5. Tous les théâtres non autorisés par l'article précédent seront fermés avant le 15 août. En conséquence, on ne pourra représenter aucune pièce sur d'autres théâtres dans notre bonne ville de Paris que ceux ci-dessus désignés, sous aucun prétexte, ni y admettre le public même gratuitement, faire aucune affiche, distribuer ancun billet imprimé ou à la main, sous les peines portées par les lois et réglements de police.

ART. 6. Le réglement susdaté, fait par notre ministre de l'intérieur, est approuvé, pour être exécuté dans toutes les dispositions auxquelles il n'est pas dérogé par le présent décret.

ART. 7. Nos ministres de l'intérieur et de la police générale sont chargés de l'exécution du présent décret.

DÉCRET

du 20 février 1809,

CONCERNANT LES MANUSCRITS DES BIBLIOTHÈQUES ET AUTRES ÉTABLISSEMENTS PUBLICS DE L'EMPIRE.

NAPOLÉON, etc., sur le rapport de notre ministre des relations extérieures, notre conseil d'Etat entendu ; nous avons décrété et décrétons ce qui suit :

ART. 1er. Les manuscrits des archives de notre ministère des relations extérieures, et ceux des bibliothèques impériales, départementales ou communales, ou des autres établissements de notre empire, soit que ces manuscrits existent dans les dépôts auxquels ils appartiennent, soit qu'ils en aient été soustraits, ou que leurs minutes n'y aient pas été déposées aux termes des anciens réglements, sont la propriété de l'Etat, et ne peuvent être imprimés et publiés sans autorisation.

ART. 2. Cette autorisation sera donnée par notre ministre des relations extérieures, pour la publication des ouvrages dans lesquels se trouveront des copies, extraits ou citations des manuscrits qui appartiennent aux archives de son ministère, et par notre ministre de l'intérieur pour celle des ouvrages dans lesquels se trouveront des copies, extraits ou citations des manuscrits qui appartiennent à l'un des autres établissements publics mentionnés dans l'article précédent.

ART. 3. Nos ministres des relations extérieures et de

18

l'intérieur sont chargés, chacun en ce qui le concerne, de l'exécution du présent décret.

DÉCRET

du 5 février 1810,

CONTENANT RÉGLEMENT SUR L'IMPRIMERIE ET LA LIBRAIRIE.

TITRE VI. *De la propriété et de sa garantie.*

ART. 39. Le droit de propriété est garanti à l'auteur et à sa veuve pendant leur vie, si les conventions matrimoniales de celle-ci lui en donnent le droit, et à leurs enfants pendant vingt ans.

ART. 40. Les auteurs, soit nationaux, soit étrangers, de tout ouvrage imprimé ou gravé, peuvent céder leur droit à un imprimeur ou libraire, ou à toute autre personne qui est alors substituée en leur lieu et place, pour eux et leurs ayant-cause, comme il est dit à l'article précédent.

TITRE VII.— SECTION 1re. *Des délits en matière de librairie, et du mode de les punir et de les constater.*

ART. 41. Il y aura lieu à confiscation et amende au profit de l'Etat, dans les cas suivants, sans préjudice des dispositions du Code pénal :

... 7° Si c'est une contrefaçon, c'est-à-dire si c'est un ouvrage imprimé sans le consentement et au préjudice de l'auteur ou éditeur, ou de leurs ayant-cause.

ART. 42. Dans ce dernier cas, il y aura lieu, en outre, à des dommages-intérêts envers l'auteur ou éditeur, ou leurs ayant-cause; et l'édition ou les exemplaires contrefaits seront confisqués à leur profit.

ART. 43. Les peines seront prononcées et les dommages-intérêts seront arbitrés par le tribunal correctionnel ou criminel, selon les cas et d'après les lois.

ART. 44. Le produit des confiscations et des amendes sera appliqué, ainsi que le produit du droit sur les livres venant de l'étranger, aux dépenses de la direction générale de l'imprimerie et de la librairie.

SECTION 2. *Du mode de constater les délits et contraventions.*

ART. 45. Les délits et contraventions seront constatés par les inspecteurs de l'imprimerie et de la librairie, les officiers de police; et en outre par les préposés des douanes pour les livres venant de l'étranger.

Chacun dressera procès-verbal de la nature du délit et contravention, des circonstances et dépendances, et le remettra au préfet de son arrondissement, pour être adressé au directeur général.

ART, 46. Les objets saisis sont déposés provisoirement au secrétariat de la mairie, ou commissariat général de la sous-préfecture, ou de la préfecture, la plus voisine du lieu où le délit ou la contravention sont constatés, sauf l'envoi ultérieur à qui de droit.

ART. 47. Nos procureurs généraux ou impériaux seront tenus de poursuivre d'office, dans tous les cas prévus à la section précédente, sur la simple remise qui leur sera faite d'une copie des procès-verbaux dûment affirmés.

TITRE VIII. *Dispositions diverses.*

ART, 48. Chaque imprimeur sera tenu de déposer à la préfecture de son département, et à Paris à la préfecture de police, cinq exemplaires de chaque ouvrage, savoir :

Un pour la bibliothèque impériale, un pour le ministre de l'intérieur, un pour la bibliothèque de notre conseil d'État, un pour le directeur général de la librairie.

CODE PÉNAL

du 28 février 1810.

Art. 425. Toute édition d'écrits, de composition musicale, de dessin, de peinture ou de toute autre production imprimée ou gravée en entier ou en partie, au mépris des lois et réglements relatifs à la propriété des auteurs, est une contrefaçon; et toute contrefaçon est un délit.

Art. 426. Le débit d'ouvrages contrefaits, l'introduction sur le territoire français d'ouvrages qui, après avoir été imprimés en France, ont été contrefaits chez l'étranger, sont un délit de la même espèce.

Art. 427. La peine contre le contrefacteur, ou contre l'introducteur, sera une amende de cent francs au moins et de deux mille francs au plus; et contre le débitant, une amende de vingt-cinq francs au moins et de cinq cents francs au plus.

La confiscation de l'édition contrefaite sera prononcée tant contre le contrefacteur que contre l'introductenr et le débitant.

Les planches, moules ou matrices des objets contrefaits seront aussi confisqués.

Art. 428. Tout directeur, tout entrepreneur de spectacle, toute association d'artistes, qui aura fait représenter sur son théâtre des ouvrages dramatiques au mépris des lois et réglements relatifs à la propriété des auteurs, sera puni d'une amende de cinquante francs au moins, de cinq cents francs au plus, et de la confiscation des recettes.

Art. 429. Dans les cas prévus par les quatre articles précédents, le produit des confiscations, ou les recettes confisquées, seront remis au propriétaire pour l'indemniser d'autant du préjudice qu'il a souffert; le surplus de son indemnité, ou l'entière indemnité, s'il n'y a eu ni vente d'objets confisqués ni saisie de recettes, **sera réglé par les voies ordinaires.**

DÉCRET

du 6 juillet 1810,

PORTANT DÉFENSE A TOUTES PERSONNES D'IMPRIMER ET DÉBITER LES SÉNATUS-CONSULTES, CODES, LOIS ET RÉGLEMENTS D'ADMINISTRATION PUBLIQUE AVANT LEUR PUBLICATION PAR LA VOIE DU BULLETIN DES LOIS.

ART. 1er. Il est défendu à toutes personnes d'imprimer et débiter les sénatus-consultes, codes, lois et réglements d'administration publique, avant leur insertion et publication par la voie du Bulletin au chef-lieu de département.

ART. 2. Les éditions faites en contravention de l'article précédent seront saisies à la requête de nos procureurs généraux, et la confiscation en sera prononcée par le tribunal de police correctionnelle.

ART. 3. Notre grand-juge, ministre de la justice, est chargé de l'exécution du présent décret qui sera inséré au Bulletin des lois.

DÉCRET

du 15 octobre 1812,

SUR LA SURVEILLANCE, L'ORGANISATION, L'ADMINISTRATION, LA COMPTABILITÉ, LA POLICE, ET LA DISCIPLINE DU THÉATRE-FRANÇAIS.

TITRE V. *Des pièces nouvelles et des auteurs.*

ART. 72. La part d'auteur dans le produit des recettes, le tiers prélevé pour les frais, est du huitième pour une pièce en cinq ou en quatre actes, du douzième pour une pièce en trois actes, et du seizième pour une pièce en un et deux actes. Cependant, les auteurs et les comédiens peuvent faire toute autre convention de gré à gré.

Art. 73. L'auteur jouit de ses entrées du moment où sa pièce est mise en répétition, et les conserve trois ans après la première représentation pour un ouvrage en cinq et en quatre actes, deux ans pour un ouvrage en trois actes, un an pour une pièce en un et deux actes. L'auteur de deux pièces en cinq ou en quatre actes, ou de trois pièces en trois actes, ou de quatre pièces en un acte, restées au théâtre , a ses entrées sa vie durant.

LOI

du 3 août 1844,

CONCERNANT LES VEUVES ET LES ENFANTS DES AUTEURS DRAMATIQUES.

ARTICLE UNIQUE. La veuve et les enfants des auteurs d'ouvrages dramatiques auront , à l'avenir, le droit d'en autoriser la représentation et d'en conférer la jouissance pendant vingt ans, conformément aux dispositions des articles 39 et 40 du décret impérial du 5 février 1810.

SECTION II. — TEXTES RELATIFS AUX DESSINS ET MARQUES DE FABRIQUES ET AUX ENSEIGNES.

ARRÊTÉ

du 23 nivose an IX,

RELATIF A LA MARQUE DES OUVRAGES DE QUINCAILLERIE ET DE COUTELLERIE.

Art. 1er. Les fabricants de quincaillerie et de coutellerie de la république sont autorisés à frapper leurs ouvrages d'une marque particulière, assez distincte des autres marques pour ne pouvoir être confondue avec elles : la propriété de cette marque ne sera assurée qu'à ceux qui l'auront fait empreindre sur des tables communes, déposées à cet effet dans une des salles du chef-lieu de la sous-préfecture. Il leur sera délivré un titre qui en constatera le dépôt.

ARRÊTÉ
du 7 germinal an x,

RELATIF A LA MANUFACTURE DES GASQUETS, A ORLÉANS.

ART. 1er. La manufacture de *gasquets*, à Orléans, est autorisée à prendre le titre de *manufacture nationale de bonneterie orientale*.

ART. 2. Les propriétaires de cette manufacture sont autorisés à mettre sur leurs envois à l'étranger, une cartouche conforme au dessin par eux déposé.

ART. 3. Les contrefacteurs de cette marque seront poursuivis conformément aux lois contre la contrefaçon des marques.

DÉCRET
du 22 germinal an xi,

RELATIF AUX MANUFACTURES, FABRIQUES ET ATELIERS.

TITRE IV. — *Des marques particulières.*

ART. 16. La contrefaçon des marques particulières que tout manufacturier ou artisan a le droit d'appliquer sur les objets de sa fabrication, donnera lieu, 1° à des dommages-intérêts envers celui dont la marque aura été contrefaite ; 2° à l'application des peines prononcées contre le faux en écritures privées.

ART. 17. La marque sera considérée comme contrefaite, quand on y aura inséré ces mots : *façon de*.......
et à la suite le nom d'un autre fabricant ou d'une autre ville (abrogé par la loi du 4 août 1824).

ART. 18. Nul ne pourra former action en contrefaçon de sa marque, s'il ne l'a préalablement fait connaître d'une manière légale, par le dépôt d'un modèle au greffe du tribunal de commerce d'où relève le chef-lieu de la manufacture ou de l'atelier.

LOI

du 18 mars 1806,

PORTANT ÉTABLISSEMENT D'UN CONSEIL DE PRUD'HOMMES A LYON.

SECTION II. — *Des contraventions aux lois et réglements.*

ART. 10. Le conseil des prud'hommes sera spécialement chargé de constater, d'après les plaintes qui pourraient lui être adressées, les contraventions aux lois et réglements nouveaux ou remis en vigueur.

ART. 11. Les procès-verbaux dressés par les prud'hommes pour constater ces contraventions, seront renvoyés aux tribunaux compétents, ainsi que les objets saisis.

ART. 13. Les prud'hommes, dans les cas ci-dessus, et sur la réquisition verbale ou écrite des parties, pourront, au nombre de deux au moins, assistés d'un officier public, dont un fabricant et un chef d'atelier, faire des visites chez les fabricants, chefs d'ateliers, ouvriers et compagnons.

SECT. III. — *De la conservation de la propriété des dessins.*

ART. 14. Le conseil de prud'hommes est chargé des mesures conservatrices de la propriété des dessins.

ART. 15. Tout fabricant qui voudra pouvoir revendiquer par la suite, devant le tribunal de commerce, la propriété d'un dessin de son invention, sera tenu d'en déposer, aux archives du conseil des prud'hommes, un échantillon plié sous enveloppe, revêtu de ses cachet et signature, sur lequel sera également apposé le cachet du conseil des prud'hommes.

ART. 16. Les dépôts de dessins seront inscrits sur un registre tenu *ad hoc* par le conseil des prud'hommes, lequel délivrera aux fabricants un certificat rappelant le numéro d'ordre du paquet déposé, et constatant la date du dépôt.

ART. 17. En cas de contestation entre deux ou plusieurs fabricants sur la propriété d'un dessin, le conseil des prud'hommes procédera à l'ouverture des paquets qui lui auront été déposés par les parties; il fournira un certificat indiquant le nom du fabricant qui aura la priorité de date.

ART. 18. En déposant son échantillon, le fabricant déclarera s'il entend se réserver la propriété exclusive pendant une, trois ou cinq années, ou à perpétuité; il sera tenu note de cette déclaration.

A l'expiration du délai fixé par ladite déclaration, si la réserve est temporaire, tout paquet d'échantillon déposé sous cachet dans les archives du conseil, devra être transmis au conservatoire des arts de la ville de Lyon, et les échantillons y contenus être joints à la collection du conservatoire.

ART. 19. En déposant son échantillon, le fabricant acquittera entre les mains du receveur de la commune une indemnité qui sera réglée par le conseil des prud'hommes, et ne pourra excéder un franc pour chacune des années pendant lesquelles il voudra conserver la propriété exclusive de son dessin, et sera de dix francs pour la propriété perpétuelle.

DÉCRET

du 21 septembre 1807.

CONTENANT RÉGLEMENT POUR L'ESTAMPILLE IMPÉRIALE, ET LES CONDI-
TIONS AUXQUELLES LES DRAPS DESTINÉS POUR LE LEVANT SERONT
ASSUJETTIS POUR EN ÊTRE REVÊTUS.

Art. 24. Le fabricant ou négociant qui serait convaincu d'avoir contrefait ou falsifié l'estampille impériale, de l'avoir dérobée ou transportée sur une pièce
différente de celle vérifiée, sera puni conformément à
l'art. 5 de la loi du 22 germinal an XI.

DÉCRET

du 16 juin 1809,

CONTENANT RÉGLEMENT SUR LES CONSEILS DE PRUD'HOMMES.

TITRE II.

SECTION 1re. — *Des attributions des conseils de prud'hommes.*

Art. 4. Les conseils de prud'hommes seront chargés
de veiller à la conservation et à l'observation des mesures conservatrices de la propriété des marques empreintes aux différents produits de fabrique.

Art. 5. Tout marchand fabricant qui voudra pouvoir revendiquer devant les tribunaux la propriété de sa
marque, sera tenu de l'établir d'une manière assez distincte des autres marques, pour qu'elles ne puissent être
confondues et prises l'une pour l'autre.

Art. 6. Les conseils de prud'hommes réunis sont arbitres de la suffisance ou insuffisance de différence entre
les marques déjà adoptées et les nouvelles qui seraient
proposées, ou même entre celles déjà existantes ; et, en
cas de contestation, elle sera portée au tribunal de com-

merce, qui prononcera après avoir vu l'avis du conseil des prud'hommes.

Art. 7. Nul ne sera admis à intenter action en contrefaçon de sa marque, s'il n'a déposé un modèle de cette marque au secrétariat du conseil des prud'hommes.

Art. 8. Il sera dressé procès-verbal de ce dépôt sur un registre en papier timbré, ouvert à cet effet, et qui sera coté et paraphé par le conseil des prud'hommes. Une expédition de ce procès-verbal sera remise au fabricant pour lui servir de titre contre les contrefacteurs.

Art. 9. S'il était nécessaire, comme dans les ouvrages de quincaillerie et coutellerie, de faire empreindre la marque sur des tables particulières, celui à qui elle appartient paiera une somme de dix francs entre les mains du receveur de la commune. Cette somme, ainsi que toutes les autres qui auraient été comptées pour le même objet, seront mises en réserve, et destinées à faire l'acquisition des tables et à les entretenir.

Art. 10. Les conseils de prud'hommes ne connaîtront que comme arbitres, des contestations entre fabricants ou marchands, pour les marques, comme il est dit à l'art. 6 (1).

_____

(1) 7-10 février 1810. — *Avis du Conseil d'État sur la nouvelle rédaction du décret du 22 juin 1809, portant réglement sur les conseils de prud'hommes.*

TITRE II.

SECTION 1re. — *Des attributions des conseils de prud'hommes.*

Art. 4. Les conseils de prud'hommes seront chargés de veiller à l'exécution des mesures conservatrices de la propriété des marques empreintes aux différents produits de la fabrique.

Art. 5. Tout marchand fabricant qui voudra pouvoir revendiquer devant les tribunaux la propriété de sa marque, sera tenu d'en adopter une assez distincte des autres marques, pour qu'elles ne puissent être confondues et prises l'une pour l'autre.

Art. 6. Les conseils de prud'hommes réunis sont arbitres de la suffisance

CODE PÉNAL.

du 28 février 1810.

Art. 142. Ceux qui auront contrefait les marques destinées à être apposées, au nom du gouvernement, sur les diverses espèces de denrées ou de marchandises, ou qui auraient fait usage de ces fausses marques; ceux qui auront contrefait le sceau, timbre ou marque d'une autorité quelconque ou d'un établissement particulier de banque ou de commerce, ou qui auront fait usage de sceaux, timbres ou marques contrefaits, seront punis de la réclusion.

Art. 143. Sera puni de la dégradation civique, quiconque, s'étant induement procuré les vrais sceaux, timbres ou marques ayant lieu à des destinations exprimées en l'art. 142, en aura fait une application ou usage préjudiciable aux droits ou intérêts de l'Etat, d'une au-

---

ou insuffisance de différence entre les marques déjà adoptées et les nouvelles qui seraient proposées, ou même entre celles déjà existantes; et en cas de contestation, elle sera portée au tribunal de commerce, qui prononcera après avoir vu l'avis du conseil de prud'hommes.

Art. 7. Indépendamment du dépôt ordonné par l'art. 18 de la loi du 22 germinal an XI, au greffe du tribunal de commerce, nul ne sera admis à intenter action en contrefaçon de sa marque, s'il n'a en outre déposé un modèle de cette marque au secrétariat du conseil de prud'hommes.

Art. 8. Il sera dressé procès-verbal de ce dépôt sur un registre en papier timbré, ouvert à cet effet, et qui sera coté et paraphé par le conseil de prud'hommes. Une expédition de ce procès-verbal sera remise au fabricant pour lui servir de titre contre les contrefacteurs.

Art. 9. S'il était nécessaire, comme dans les ouvrages de quincaillerie et de coutellerie, de faire empreindre la marque sur des tables particulières, celui à qui elle appartient paiera une somme de six francs entre les mains du receveur de la commune. Cette somme, ainsi que toutes les autres qui seraient comptées pour le même objet, seront mises en réserve, et destinées à faire l'acquisition des tables et à les entretenir.

. . . .

Art. 12. Les conseils de prud'hommes ne connaîtront que comme arbitres des contestations entre fabricants ou marchands pour les marques, comme il est dit art. 6.

torité quelconque, ou même d'un établissement particulier.

Art. 423. Quiconque aura trompé l'acheteur sur le
titre des matières d'or ou d'argent, sur la qualité d'une
pierre fausse vendue pour fine, sur la nature de toutes
marchandises; quiconque, par usage de faux poids ou
de fausses mesures, aura trompé sur la quantité de
choses vendues, sera puni de l'emprisonnement pendant
trois mois au moins, et un an au plus, et d'une amende
qui ne pourra excéder le quart des restitutions et dommages-intérêts, ni être au dessous de cinquante francs.
—Les objets du délit, ou leur valeur, s'ils appartiennent encore au vendeur, seront confisqués : les faux
poids et les fausses mesures seront aussi confisqués, et de
plus, seront brisés.

DÉCRET

du 25 juillet 1810.

QUI FIXE LA LISIÈRE DES DRAPS FABRIQUÉS A LOUVIERS.

Art. 1er. Les dispositions de l'arrêt du conseil d'État
du 5 décembre 1782, portant réglement pour la fabri-
tion des étoffes de laines dans la généralité de Rouen,
sont remises en vigueur en ce qui concerne la ville de
Louviers. Les fabricants de cette ville jouiront, en conséquence, de l'autorisation exclusive d'avoir à leurs
draps une lisière jaune et bleue.

Art. 2. Il est défendu aux fabricants de draps des
autres villes de notre empire, d'employer la lisière dont
il est question dans l'article précédent. Toute contravention à cette disposition sera punie, pour la première
fois, d'une amende de 3,000 fr.; en cas de récidive, elle
sera de 6,000.

DÉCRET

du 5 septembre 1810.

RELATIF A LA CONTREFAÇON DES MARQUES DE QUINCAILLERIE
ET DE COUTELLERIE.

TITRE PREMIER.

Art. 1ᵉʳ. Il est défendu de contrefaire les marques que, par un arrêté du 23 nivose an IX, les fabricants de quincaillerie et de coutellerie sont autorisés à mettre sur leurs ouvrages. Tout contrevenant à cette disposition sera puni, pour la première fois, d'une amende de 300 francs, dont le montant sera versé dans la caisse des hospices de la commune. En cas de récidive, cette amende sera double, et il sera condamné à un emprisonnement de six mois.

Art. 2. Les objets contrefaits seront saisis et confisqués au profit du propriétaire de la marque; le tout sans préjudice des dommages-intérêts qu'il y aura lieu de lui adjuger.

Art. 3. Nul ne sera admis à intenter action en contrefaçon de sa marque, s'il n'a fait empreindre cette marque sur les tables communes établies à cet effet, et déposées au tribunal de commerce, selon l'article 18 de la loi du 22 germinal an XI.

Art. 4. Dans les villes ou il y a des conseils de prud'hommes, les tables seront déposées, en outre, au secrétariat de ces conseils, selon l'art. 7 du décret du 7 février 1810.

Art. 5. Il sera dressé procès-verbal des dépôts sur un registre en papier timbré, ouvert à cet effet, et qui sera coté et paraphé. Une expédition de ce procès-verbal sera remise au propriétaire de la marque, pour lui servir de titre contre les contrefacteurs.

Art. 6. Tout particulier qui voudra s'assurer la propriété de sa marque, est tenu, conformément à l'art. 9, section Ire du titre 2 de notre décret du 11 juin 1809, de verser une somme de 6 fr. entre les mains du receveur de la commune. Cette somme, ainsi que toutes les autres qui seraient comptées pour le même objet, seront mises à la disposition des prud'hommes ou du maire, et destinées à faire l'acquisition des tables, et à les entretenir. Le préfet en surveillera la comptabilité.

Art. 7. Il sera payé 3 francs pour l'expédition du procès-verbal de dépôt : tout greffier du tribunal de commerce, tout secrétaire du conseil de prud'hommes, qui aurait exigé une somme plus considérable, sera poursuivi comme concussionnaire.

TITRE II.

Art. 8. La saisie des ouvrages, dont la marque aurait été contrefaite, aura lieu sur la simple réquisition du propriétaire de cette marque. Les officiers de police seront tenus de l'effectuer sur la présentation du procès-verbal de dépôt; ils renverront ensuite les parties devant le conseil de prud'hommes, s'il y en a un dans la commune; s'il n'y en a point, le juge de paix prendra connaissance de l'affaire.

Art. 9. Le conseil de prud'hommes, ou le juge de paix, entendra d'abord les parties et leurs témoins; il prononcera ensuite son jugement, qui sera mis à exécution sans appel ou à la charge de l'appel avec ou sans caution, conformément aux dispositions du décret du 3 août, présente année.

Art. 10. Dans le cas où la dénonciation pour contrefaçon ne serait point fondée, celui qui l'aura faite sera condamné à des dommages-intérêts proportionnés au trouble et au préjudice qu'il aurait causés.

Art. 11. Tout jugement emportant condamnation, rendu en matière de contrefaçon d'une marque, sera imprimé et affiché aux frais du contrefacteur. Les parties ne pourront, en aucun cas, transiger sur l'affiche et la publication.

DÉCRET

du 1ᵉʳ avril 1811,

TENDANT A PRÉVENIR OU A RÉPRIMER LA FRAUDE DANS LA FABRICATION DES SAVONS.

Art. 1ᵉʳ. Tout fabricant de savon dans l'étendue des terres de notre domination, sera tenu d'apposer sur chaque brique de savon, sortant de sa fabrique, une marque déposée au tribunal de commerce et au secrétariat du conseil des prud'hommes.

Art. 2. Cette marque sera différente pour le savon fabriqué à l'huile d'olive, pour celui fabriqué à l'huile de graines, et pour celui fabriqué au suif ou à la graisse.

Art. 3. Tout savon non marqué, ou tout savon marqué comme savon à l'huile, quoiqu'il soit à la graisse, ou marqué d'une fausse marque, sera saisi dans les magasins des fabriques ou chez les marchands, à la diligence des prud'hommes, de tout officier de police judiciaire et municipale, ou à la réquisition de toute partie intéressée; et la confiscation en sera prononcée par les autorités compétentes, moitié au profit des hospices, moitié au profit des officiers de police ou des parties requérantes, sans préjudice d'une amende qui ne pourra excéder 3,000 fr., et qui sera double en cas de ré-

cidive, ou d'autres peines portées par les lois et réglements.

Art. 4. Tout fabricant convaincu, par la décompo-
sition, d'avoir fraudé dans la fabrication du savon, par
l'introduction d'une quantité surabondante d'eau ou de
substances propres à en altérer la qualité, sera poursuivi et son savon confisqué, comme il est dit à l'article
précédent, sans préjudice des dommages-intérêts, s'il y
a lieu.

Art. 5. Les prud'hommes des villes où il y a des fabriques de savon auront, sur les magasins où le savon
fabriqué se dépose, ou dans les lieux de débit, le droit
d'inspection pour l'exécution des articles précédents, indépendamment de la juridiction qui leur est attribuée
par les lois et réglements.

Art. 6. Le présent décret n'est applicable qu'aux savons destinés aux blanchisseries, teintures et dégrais-
sage, et non à la fabrication des savons de luxe et de
toilette.

DÉCRET

du 18 septembre 1811,

QUI DÉTERMINE LA MARQUE DES SAVONS.

Art. 1er. La marque pour le savon fabriqué à l'huile
d'olive sera de forme concave ovale, et portera dans
le milieu en lettres rentrées, ces mots : *Huile d'olive.*

Celle pour le savon fabriqué à l'huile de graines sera
de forme concave carrée, et portera dans le milieu, aussi
en lettres rentrées, ces mots : *Huile de graines.*

La marque pour le savon au suif ou à la graisse sera
de forme concave triangulaire, et devra porter également

19

dans le milieu, aussi en lettres rentrées, ces mots : *Suif* ou *Graisse*.

A la suite de chaque marque, qui devra être en caractères assez gros pour être aperçus sans difficulté, sera le nom du fabricant et de la ville où il fait sa résidence.

Art. 2. A compter du 1er avril prochain, il ne pourra plus être vendu par les fabricants, de savons destinés aux blanchisseries, teintures et dégraissages, s'ils ne sont revêtus de la marque ci-dessus, sous peine de 100 fr. d'amende, et du double en cas de récidive.

Art. 3. Les contraventions à l'article ci-dessus seront portées devant nos cours et tribunaux comme matière de police.

DÉCRET

du 22 décembre 1812,

QUI ÉTABLIT UNE MARQUE PARTICULIÈRE POUR LES SAVONS A L'HUILE FABRIQUÉS A MARSEILLE.

Art. 1er. La forme des marques prescrites par notre décret du 18 septembre 1811 continuera d'être employée dans toutes les fabriques de savons de notre empire. Ces fabriques les mettront, en conséquence, sur tous les savons qui sortiront de leurs ateliers.

Art. 2. A compter de ce jour, la ville de Marseille aura une marque particulière pour ses savons à l'huile d'olive. Cette marque présentera un *pentagone*, dans le milieu duquel seront en lettres rentrées ces mots : *Huile d'olive*, et à la suite le nom du fabricant et celui de la ville de *Marseille*.

Art. 3. Tout particulier établi dans une ville autre que celle de *Marseille*, qui versera dans le commerce des savons revêtus de la marque accordée par l'article précédent, sera puni, pour la première fois, d'une amende de 1,000 fr.; en cas de récidive cette amende sera double; les savons seront en outre confisqués.

Le montant de cette confiscation et de l'amende sera versé dans la masse des hospices du lieu où les savons auront été vendus; et, dans les cas où il n'y aurait point d'établissement de ce genre, dans celle des hospices de la commune voisine.

Art. 4. La saisie des savons revêtus de la marque appartenant à la ville de *Marseille*, aura lieu sur la réquisition des autorités constituées de cette ville, ou de ceux de ses fabricants qui seraient munis de patente. Les contestations auxquelles elle donnera lieu seront portées devant nos cours et tribunaux comme matière de police.

Art. 5. Dans le cas où la plainte en usurpation de la marque ne serait point fondée, celui qui l'aura faite sera condamné à des dommages-intérêts proportionnés au trouble et au préjudice qu'il aura causés.

Art. 6. S'il était fabriqué, à *Marseille*, du savon avec de l'huile de graines, du suif ou de la graisse, alors la marque sera la même que celle qui est prescrite pour les savons de cette nature par notre décret du 18 septembre 1811, notre intention étant qu'on applique exclusivement aux briques de savon à l'huile d'olive, fabriquées à *Marseille*, celle dont la forme présente un *pentagone*.

Art. 7. Il n'est point dérogé aux dispositions énoncées au titre 4 de la loi du 22 germinal an 11, lesquelles dispositions seront affichées de nouveau dans les villes de fabriques, à la diligence de notre ministre des manufactures et du commerce.

DÉCRET

du 22 décembre 1812,

TITRE PREMIER.

Dispositions générales.

Art. 1er. Toutes les manufactures de draps de notre
empire sont admises à participer à la faveur qui a été
accordée à celles de *Louviers*. Elles pourront, en conséquence, obtenir l'autorisation de mettre à leurs produits une lisière qui sera particulière à chacune d'elles.

Art. 2. Les fabriques qui désireront obtenir une lisière
exclusive, sont tenues d'en adopter une tellement distincte qu'on ne puisse la confondre avec celles que d'autres villes auraient déjà obtenues, dont, par conséquent,
elles auraient la possession exclusive. Ces lisières seront
accordées d'après le vœu qu'émettront les Chambres de
commerce ou les Chambres consultatives de manufactures, qui joindront à leurs délibérations un modèle de
celle qui aura paru devoir être choisie de préférence.

La demande sera d'abord communiquée au préfet, qui
examinera si elle est de nature à être accueillie; il la
transmettra ensuite, avec son avis, à notre ministre des
manufactures et du commerce, pour, sur son rapport,
être statué par nous en conseil d'État.

Art. 3. La lisière ayant pour objet d'indiquer quelle
est la manufacture qui a confectionné les produits, il est
ordonné aux fabricants de la ville à laquelle il en aura
été accordé une, de la mettre aux draps qu'ils seront
dans le cas d'établir. Ceux qui ne se conformeront pas

à cette disposition seront punis conformément à l'art.479 du Code pénal. L'amende sera double en cas de récidive, le montant des amendes sera versé dans la caisse des hospices de la commune.

Art. 4. Lorsqu'une ville aura obtenu une lisière exclusive, les fabricants des autres villes auront un délai de six mois pour achever celles des pièces qu'ils auront commencées avec cette lisière. A l'expiration de ce délai, il leur est défendu de l'employer; tout contrevenant à cette défense sera poursuivi conformément à ce qui est dit pour les marques particulières (art. 16 de la loi du 22 germinal an XI).

Art. 5. Les poursuites pour raison de contrefaçon d'une lisière ne pourront être dirigées contre les débitants, à moins que, pris en contravention, ils ne se refusent à donner les renseignements nécessaires pour découvrir l'auteur du délit; elles n'auront lieu que contre les manufacturiers, pour les draps seulement qu'ils fabriqueront après le délai de six mois déterminé par l'article précédent.

Art. 6. Les décrets qui auront accordé à une fabrique une lisière exclusive seront insérés dans le Bulletin des lois. Cette insertion n'ayant point eu lieu pour notre décret du 25 juillet 1810, nous ordonnons qu'elle soit faite.

Art. 7. Notre ministre des manufactures et du commerce nous fera, avant le mois de janvier prochain, un rapport sur les moyens d'exécuter les mesures indiquées dans la première partie de l'avis de notre conseil d'État du 20 septembre 1811, par nous approuvé le 30 du même mois.

TITRE II.

De la saisie des draps qui porteraient la lisière d'une autre fabrique, et du mode de procéder contre ceux qui auraient usurpé cette lisière.

Art. 8. La saisie des draps dont la lisière aura été contrefaite, aura lieu sur la réquisition d'un ou de plusieurs fabricants de la ville à laquelle cette lisière appartient. — Les officiers de police sont, en conséquence, tenus de l'effectuer sur la présentation de la patente de ces fabricants : ils renverront ensuite les parties devant le conseil de prud'hommes, s'il y en a un dans la commune, comme arbitres, aux termes de l'article 12 du décret du 20 février 1810; et, pour la prononciation de la peine, devant nos cours et tribunaux.

Si les parties n'ont pas été conciliées sur leurs intérêts civils, les mêmes cours et les mêmes tribunaux prononceront.

Art. 9. Dans le cas où la plainte en contrefaçon d'une lisière ne serait pas fondée, celui qui l'aura présentée sera condamné à des dommages-intérêts, proportionnés au trouble et au préjudice qu'il aura causés.

Art. 10. Tout jugement emportant condamnation sera imprimé et affiché aux frais du contrefacteur de la lisière. Les parties ne pourront, en aucun cas, transiger sur l'affiche et la publication.

LOI

du 24 août 1824,

RELATIVE AUX ALTÉRATIONS OU SUPPOSITIONS DE NOMS SUR LES PRODUITS FABRIQUÉS.

Art. 1er. Quiconque aura, soit apposé, soit fait apparaître par addition, retranchement, ou par une altération quelconque, sur des objets fabriqués, le nom d'un fabricant autre que celui qui en est l'auteur, ou la raison commerciale d'une fabrique autre que celle où lesdits objets auront été fabriqués, ou enfin le nom d'un lieu autre que celui de la fabrication, sera puni des peines portées en l'art. 423 du Code pénal, sans préjudice des dommages-intérêts, s'il y a lieu.

Tout marchand, commissionnaire ou débitant quelconque sera passible des effets de la poursuite, lorsqu'il aura sciemment exposé en vente ou mis en circulation les objets marqués de noms supposés ou altérés.

Art. 2. L'infraction ci-dessus mentionnée cessera, en conséquence, et nonobstant l'art. 17 de la loi du 12 avril 1803 (22 germinal an XI), d'être assimilée à la contrefaçon des marques particulières, prévue par les articles 142 et 143 du Code pénal.

ORDONNANCE DU ROI

du 17-29 août 1825,

PORTANT RÈGLEMENT SUR LE DÉPÔT DES DESSINS DE FABRIQUES.

Charles, etc., sur le rapport de notre ministre secrétaire d'État au département de l'intérieur;

Sur le compte qui nous a été rendu des réclamations élevées par plusieurs manufacturiers, dont les fabriques sont situées hors du ressort d'un conseil de prud'hommes, pour qu'il leur fût indiqué un lieu de dépôt légal des dessins de leur invention, afin d'avoir la faculté d'en revendiquer par la suite la propriété devant le tribunal de commerce;

Vu la loi du 18 mars 1806, titre 2, sect. 3, — la loi du 12 avril 1803 (22 germ. an XI, art. 18);

Notre conseil d'État entendu, nous avons ordonné et ordonnons ce qui suit :

Art. 1er. Le dépôt des échantillons de dessins qui doit être fait, conformément à l'art. 15 de la loi du 18 mars 1806, aux archives des conseils de prud'hommes, pour les fabriques situées dans le ressort de ces conseils, sera reçu, pour toutes les fabriques situées hors du ressort d'un conseil de prud'hommes, au greffe de tribunal de commerce, ou au greffe du tribunal de première instance dans les arrondissements où les tribunaux civils exerceront la juridiction des tribunaux de commerce.

Art. 2. Ce dépôt se fera dans les formes prescrites pour le même dépôt aux archives des conseils de prud'-hommes, par les art. 15, 16 et 18, sect. 3, tit. 2, de la loi du 18 mars 1806.

Il sera reçu gratuitement, sauf le droit du greffier pour la délivrance du certificat constatant ledit dépôt.

SECTION IIIᵉ ET DERNIÈRE. — TÉXTE CONCERNANT LES BREVETS D'INVENTION.

LOI

du 5 juillet 1844,

SUR LES BREVETS D'INVENTION.

TITRE 1er.

Dispositions générales.

Art. 1er. Toute nouvelle découverte ou invention, dans tous les genres d'industrie, confère à son auteur, sous les conditions et pour le temps ci-après déterminés, le droit exclusif d'exploiter à son profit la dite découverte ou invention.

Ce droit est constaté par des titres délivrés par le gouvernement, sous le nom de brevets d'invention.

Art. 2. Seront considérées comme inventions ou découvertes nouvelles :

L'invention de nouveaux produits industriels ;

L'invention de nouveaux moyens ou l'application nouvelle de moyens connus, pour l'obtention d'un résultat ou d'un produit industriel.

Art. 3. Ne sont pas susceptibles d'être brevetés :

1° Les compositions pharmaceutiques ou remèdes de toute espèce, lesdits objets demeurant soumis aux lois et réglements spéciaux sur la matière, et notamment au décret du 18 août 1810, relatif aux remèdes secrets ;

2° Les plans et combinaisons de crédit ou de finances.

Art. 4. La durée des brevets sera de cinq, dix ou quinze années.

Chaque brevet donnera lieu au paiement d'une taxe qui est fixée ainsi qu'il suit, savoir :

Cinq cents francs pour un brevet de cinq ans ;

Mille francs pour un brevet de dix ans ;

Quinze cents francs pour un brevet de quinze ans ;

Cette taxe sera payée par annuités de cent francs, sous peine de déchéance si le breveté laisse écouler un terme sans l'acquitter.

TITRE II.

Des formalités relatives à la délivrance des brevets.

SECTION 1re.

Des demandes de brevets.

Art. 5. Quiconque voudra prendre un brevet d'invention devra déposer, sous cachet, au secrétariat de la préfecture, dans le département où il est domicilié, ou dans tout autre département en y élisant domicile :

1° Sa demande au ministre de l'agriculture et du commerce ;

2° Une description de la découverte, invention ou application faisant l'objet du brevet demandé ;

3° Les dessins ou échantillons qui seraient nécessaires pour l'intelligence de la description ;

Et 4° un bordereau des pièces déposées.

Art. 6. La demande sera limitée à un seul objet principal, avec les objets de détail qui le constituent, et les applications qui auront été indiquées.

Elle mentionnera la durée que les demandeurs entendent assigner à leur brevet dans les limites fixées par l'art 4, et ne contiendra ni restrictions, ni conditions, ni réserves.

Elle indiquera un titre renfermant la désignation sommaire et précise de l'objet de l'invention.

La description ne pourra être écrite en langue étrangère. Elle devra être sans altération ni surcharges. Les mots rayés comme nuls seront comptés et constatés, les pages et les renvois paraphés. Elle ne devra contenir aucune dénomination de poids ou de mesures autres que celles qui sont portées au tableau annexé à la loi du 4 juillet 1837.

Les dessins seront tracés à l'encre et d'après une échelle métrique.

Un duplicata de la description et des dessins sera joint à la demande.

Toutes les pièces seront signées par le demandeur ou par un mandataire dont le pouvoir restera annexé à la demande.

Art. 7. Aucun dépôt ne sera reçu que sur la production d'un récépissé constatant le versement d'une somme de cent francs à valoir sur le montant de la taxe du brevet.

Un procès-verbal, dressé sans frais par le secrétaire

général de la préfecture, sur un registre à ce destiné, et signé par le demandeur, constatera chaque dépôt, en énonçant le jour et l'heure de la remise des pièces.

Une expédition dudit procès-verbal sera remise au déposant, moyennant le remboursement des frais de timbre.

Art. 8. La durée du brevet courra du jour du dépôt prescrit par l'art. 5.

SECTION II.

De la délivrance des brevets.

Art. 9. Aussitôt après l'enregistrement des demandes, et dans les cinq jours de la date du dépôt, les préfets transmettront les pièces, sous le cachet de l'inventeur, au ministre de l'agriculture et du commerce, en y joignant une copie certifiée du procès-verbal de dépôt, le récépissé constatant le versement de la taxe, et, s'il y a lieu, le pouvoir mentionné dans l'art. 6.

Art. 10. A l'arrivée des pièces au ministère de l'agriculture et du commerce, il sera procédé à l'ouverture, à l'enregistrement des demandes et à l'expédition des brevets, dans l'ordre de la réception desdites demandes.

Art. 11. Les brevets dont la demande aura été régulièrement formée, seront délivrés, sans examen préalable, aux risques et périls des demandeurs, et sans garantie, soit de la réalité, de la nouveauté ou du mérite de l'invention, soit de la fidélité ou de l'exactitude de la description.

Un arrêté du ministre, constatant la régularité de la demande, sera délivré au demandeur, et constituera le brevet d'invention.

A cet arrêté sera joint le duplicata certifié de la description et des dessins, mentionné dans l'art. 6, après que la conformité avec l'expédition originale en aura été reconnue et établie au besoin.

La première expédition des brevets sera délivrée sans frais.

Toute expédition ultérieure, demandée par le breveté ou ses ayant-cause, donnera lieu au paiement d'une taxe de vingt-cinq francs.

Les frais de dessin, s'il y a lieu, demeureront à la charge de l'impétrant.

Art. 12. Toute demande dans laquelle n'auraient pas été observées les formalités prescrites par les nᵒˢ 2 et 3 de l'art. 5, et par l'art. 6, sera rejetée. La moitié de la somme versée restera acquise au trésor, mais il sera tenu compte de la totalité de cette somme au demandeur s'il reproduit sa demande dans un délai de trois mois, à compter de la date de la notification du rejet de sa requête.

Art. 13. Lorsque, par application de l'art. 3, il n'y aura pas lieu à délivrer un brevet, la taxe sera restituée.

Art. 14. Une ordonnance royale, insérée au *Bulletin des lois*, proclamera, tous les trois mois, les brevets délivrés.

Art. 15. La durée des brevets ne pourra être prolongée que par une loi.

SECTION III.

Des certificats d'addition.

Art. 16. Le breveté ou les ayant-droit au brevet auront, pendant toute la durée du brevet, le droit d'apporter à l'invention des changements, perfectionnements ou additions, en remplissant, pour le dépôt de la demande, les formalités déterminées par les art. 5, 6 et 7.

Ces changements, perfectionnements ou additions seront constatés par des certificats délivrés dans la même forme que le brevet principal, et qui produiront, à partir des dates respectives des demandes et de leur expédition, les mêmes effets que ledit brevet principal, avec lequel ils prendront fin.

Chaque demande de certificat d'addition donnera lieu au paiement d'une taxe de vingt francs.

Les certificats d'addition, pris par un des ayant-droit, profiteront à tous les autres.

Art. 17. Tout breveté qui, pour un changement, perfectionnement ou addition, voudra prendre un brevet principal de cinq, dix ou quinze années, au lieu d'un certificat d'addition expirant avec le brevet primitif, devra remplir les formalités prescrites par les art. 5, 6 et 7, et acquitter la taxe mentionnée dans l'art. 4.

Art. 18. Nul autre que le breveté ou ses ayant-droit, agissant comme il est dit ci-dessus, ne pourra, pendant une année, prendre valablement un brevet pour un changement, perfectionnement ou addition à l'invention qui fait l'objet du brevet primitif.

Néanmoins, toute personne qui voudra prendre un brevet pour changement, addition ou perfectionnement à une découverte déjà brevetée, pourra, dans le cours de ladite année, former une demande qui sera transmise, et restera déposée sous cachet, au ministère de l'agriculture et du commerce.

L'année expirée, le cachet sera brisé et le brevet délivré.

Toutefois, le breveté principal aura la préférence

pour les changements , perfectionnements et additions pour lesquels il aurait lui-même, pendant l'année, demandé un certificat d'addition ou un brevet.

Art. 19. Quiconque aura pris un brevet pour une découverte, invention ou application se rattachant à l'objet d'un autre brevet, n'aura aucun droit d'exploiter l'invention déjà brevetée, et réciproquement le titulaire du brevet primitif ne pourra exploiter l'invention objet du nouveau brevet.

SECTION IV.

De la transmission et de la cession des brevets.

Art. 20. Tout breveté pourra céder la totalité ou partie de la propriété de son brevet.

La cession totale ou partielle d'un brevet, soit à titre gratuit, soit à titre onéreux, ne pourra être faite que par acte notarié, et après le paiement de la totalité de la taxe déterminée par l'art. 4.

Aucune cession ne sera valable, à l'égard des tiers, qu'après avoir été enregistrée au secrétariat de la préfecture du département dans lequel l'acte aura été passé.

L'enregistrement des cessions et de tous autres actes emportant mutation sera fait, sur la production et le dépôt d'un extrait authentique de l'acte de cession ou de mutation.

Une expédition de chaque procès-verbal d'enregistrement, accompagnée de l'extrait de l'acte ci-dessus mentionné, sera transmise, par les préfets, au ministre de l'agriculture et du commerce, dans les cinq jours de la date du procès-verbal.

Art. 21. Il sera tenu, au ministère de l'agriculture et du commerce, un registre sur lequel seront inscrites les mutations intervenues sur chaque brevet; et, tous les trois mois, une ordonnance royale proclamera, dans la forme déterminée par l'art. 14, les mutations enregistrées pendant le trimestre expiré.

Art. 22. Les cessionnaires d'un brevet, et ceux qui auront acquis d'un breveté ou de ses ayant-droit la faculté d'exploiter la découverte ou l'invention, profiteront de plein droit des certificats d'addition qui seront ultérieurement délivrés au breveté ou à ses ayant-droit. Réciproquement, le breveté ou ses ayant-droit profiteront des certificats d'addition qui seront ultérieurement délivrés aux cessionnaires.

Tous ceux qui auront droit de profiter des certificats d'addition, pourront en lever une expédition au ministère de l'agriculture et du commerce, moyennant un droit de vingt francs.

SECTION V.

De la communication et de la publication des descriptions et dessins de brevets.

Art. 23. Les descriptions, dessins, échantillons et modèles des brevets délivrés, resteront, jusqu'à l'expiration des brevets, déposés au ministère de l'agriculture et du commerce, où ils seront communiqués, sans frais, à toute réquisition.

Toute personne pourra obtenir, à ses frais, copie des dites descriptions et dessins, suivant les formes qui seront déterminées dans le réglement rendu en exécution de l'art. 50.

Art. 24. Après le paiement de la deuxième annuité, les descriptions et dessins seront publiés, soit textuellement, soit par extrait.

Il sera en outre publié, au commencement de chaque

année, un catalogue contenant les titres des brevets dé-livrés dans le courant de l'année précédente.

Art. 25. Le recueil des descriptions et dessins et le catalogue publiés en exécution de l'article précé-dent, seront déposés au ministère de l'agriculture et du commerce, et au secrétariat de la préfecture de chaque département, où ils pourront être consultés sans frais.

Art 26. A l'expiration des brevets, les originaux des descriptions et dessins seront déposés au Conserva-toire royal des arts et métiers.

TITRE III.

Des droits des étrangers.

Art. 27. Les étrangers pourront obtenir en France des brevets d'invention.

Art. 28. Les formalités et conditions déterminées par la présente loi seront applicables aux brevets de-mandés ou délivrés en exécution de l'article précédent.

Art. 29. L'auteur d'une invention ou découverte déjà brevetée à l'étranger pourra obtenir un brevet en France; mais la durée de ce brevet ne pourra excéder celle des brevets antérieurement pris à l'étranger.

TITRE IV.

Des nullités et déchéances, et des actions y relatives.

SECTION 1re.

Des nullités et déchéances.

Art. 30. Seront nuls, et de nul effet, les brevets délivrés dans les cas suivants, savoir :

1° Si la découverte, invention ou application n'est pas nouvelle;

2° Si la découverte, invention ou application n'est pas, aux termes de l'art. 3, susceptible d'être brevetée ;

3° Si les brevets portent sur des principes, méthodes, systèmes, découvertes et conceptions théoriques ou purement scientifiques, dont on n'a pas indiqué les applications industrielles ;

4° Si la découverte, invention ou application est reconnue contraire à l'ordre ou à la sûreté publique, aux bonnes mœurs ou aux lois du royaume, sans préjudice, dans ce cas et dans celui du paragraphe précédent, des peines qui pourraient être encourues pour la fabrication ou le débit d'objets prohibés ;

5° Si le titre sous lequel le brevet a été demandé indique frauduleusement un objet autre que le véritable objet de l'invention ;

6° Si la description jointe au brevet n'est pas suffisante pour l'exécution de l'invention, ou si elle n'indique pas, d'une manière complète et loyale, les véritables moyens de l'inventeur ;

7° Si le brevet a été obtenu contrairement aux dispositions de l'art. 18.

Seront également nuls, et de nul effet, les certificats comprenant des changements, perfectionnements ou additions qui ne se rattacheraient pas au brevet principal.

Art. 31. Ne sera pas réputée nouvelle toute découverte, invention ou application qui, en France ou à l'étranger, et antérieurement à la date du dépôt de la demande, aura reçu une publicité suffisante pour pouvoir être exécutée.

Art. 32. Sera déchu de tous ses droits :

1° Le breveté qui n'aura pas acquitté son annuité avant le commencement de chacune des années de la durée de son brevet ;

20

2° Le breveté qui n'aura pas mis en exploitation sa découverte ou invention en France, dans le délai de deux ans, à dater du jour de la signature du brevet, ou qui aura cessé de l'exploiter pendant deux années consécutives, à moins que, dans l'un ou dans l'autre cas, il ne justifie des causes de son inaction ;

3₀ Le breveté qui aura introduit en France des objets fabriqués en pays étranger et semblables à ceux qui sont garantis par son brevet.

Sont exceptés des dispositions du présent paragraphe, les modèles de machines dont le ministre de l'agriculture et du commerce pourra autoriser l'introduction dans le cas prévu par l'art. 29.

Art. 33. Quiconque, dans des enseignes, annonces, prospectus, affiches, marques ou estampilles, prendra la qualité de breveté sans posséder un brevet délivré conformément aux lois, ou après l'expiration d'un brevet antérieur, ou qui, étant breveté, mentionnera sa qualité de breveté ou son brevet sans y ajouter ces mots, *sans garantie du gouvernement*, sera puni d'une amende de cinquante francs à mille francs.

En cas de récidive, l'amende pourra être portée au double.

SECTION II.

Des actions en nullité et en déchéance.

Art. 34. L'action en nullité et l'action en déchéance pourront être exercées par toute personne y ayant intérêt.

Ces actions, ainsi que toutes contestations relatives à la propriété des brevets, seront portées devant les tribunaux civils de première instance.

Art. 35. Si la demande est dirigée en même temps

contre le titulaire du brevet et contre un ou plusieurs cessionnaires partiels, elle sera portée devant le tribunal du domicile du titulaire du brevet.

Art. 36. L'affaire sera instruite et jugée dans la forme prescrite, pour les matières sommaires, par les art. 405 et suiv. du Code de procédure civile. Elle sera communiquée au procureur du roi.

Art. 37. Dans toute instance tendant à faire prononcer la nullité ou la déchéance d'un brevet, le ministère public pourra se rendre partie intervenante et prendre des réquisitions pour faire prononcer la nullité ou la déchéance absolue du brevet.

Il pourra même se pourvoir directement par action principale pour faire prononcer la nullité, dans les cas prévus aux n°s 2°, 4° et 5° de l'art. 30.

Art. 38. Dans les cas prévus par l'art. 37, tous les ayant-droit au brevet dont les titres auront été enregistrés au ministère de l'agriculture et du commerce, conformément à l'art 21, devront être mis en cause.

Art. 39. Lorsque la nullité ou la déchéance absolue d'un brevet aura été prononcée par jugement ou arrêt ayant acquis force de chose jugée, il en sera donné avis au ministre de l'agriculture et du commerce, et la nullité ou la déchéance sera publiée dans la forme déterminée par l'art. 14 pour la proclamation des brevets.

TITRE V.

De la contrefaçon, des poursuites et des peines.

Art. 40. Toute atteinte portée aux droits du breveté, soit par la fabrication de produits, soit par l'emploi de moyens faisant l'objet de son brevet, constitue le délit de contrefaçon.

Ce délit sera puni d'une amende de cent à deux mille francs.

Art. 41. Ceux qui auront sciemment recélé, vendu ou exposé en vente, ou introduit sur le territoire français, un ou plusieurs objets contrefaits, seront punis des mêmes peines que les contrefacteurs.

Art. 42. Les peines établies par la présente loi ne pourront être cumulées.

La peine la plus forte sera seule prononcée pour tous les faits antérieurs au premier acte de poursuite.

Art. 43. Dans le cas de récidive, il sera prononcé, outre l'amende portée aux art. 40 et 41, un emprisonnement d'un mois à six mois.

Il y a récidive, lorsqu'il a été rendu contre le prévenu, dans les cinq années antérieures, une première condamnation pour un des délits prévus par la présente loi.

Un emprisonnement d'un mois à six mois pourra aussi être prononcé, si le contrefacteur est un ouvrier ou un employé ayant travaillé dans les ateliers ou dans l'établissement du breveté, ou si le contrefacteur, s'étant associé avec un ouvrier ou un employé du breveté, a eu connaissance, par ce dernier, des procédés décrits au brevet.

Dans ce dernier cas, l'ouvrier ou l'employé pourra être poursuivi comme complice.

Art. 44. L'art. 463 du Code pénal pourra être appliqué aux délits prévus par les dispositions qui précédent.

Art. 45. L'action correctionnelle, pour l'application des peines ci-dessus, ne pourra être exercée par le ministère public que sur la plainte de la partie lésée.

Art. 46. Le tribunal correctionnel, saisi d'une action pour délit de contrefaçon, statuera sur les exceptions qui seraient tirées par le prévenu, soit de la nullité ou de la déchéance du brevet, soit des questions relatives à la propriété dudit brevet.

Art. 47. Les propriétaires de brevets pourront, en vertu d'une ordonnance du président du tribunal de première instance, faire procéder, par tous huissiers, à la désignation et description détaillées, avec ou sans saisie, des objets prétendus contrefaits.

L'ordonnance sera rendue sur simple requête, et sur la représentation du brevet ; elle contiendra, s'il y a lieu, la nomination d'un expert pour aider l'huissier dans sa description.

Lorsqu'il y aura lieu à la saisie, ladite ordonnance pourra imposer au requérant un cautionnement qu'il sera tenu de consigner avant d'y faire procéder.

Le cautionnement sera toujours imposé à l'étranger breveté qui requerra la saisie.

Il sera laissé copie au détenteur des objets décrits ou saisis, tant de l'ordonnance que de l'acte constatant le dépôt du cautionnement, le cas échéant ; le tout, à peine de nullité et de dommages-intérêts contre l'huissier.

Art. 48. A défaut par le requérant de s'être pourvu, soit par la voie civile, soit par la voie correctionnelle, dans le délai de huitaine, outre un jour par trois myriamètres de distance, entre le lieu où se trouvent les objets saisis ou décrits, et le domicile du contrefacteur, recéleur, introducteur ou débitant, la saisie ou description sera nulle de plein droit, sans préjudice des dommages-intérêts qui pourront être réclamés, s'il y a lieu, dans la forme prescrite par l'art. 36.

Art. 49. La confiscation des objets reconnus contrefaits, et, le cas échéant, celle des instruments ou ustensiles destinés spécialement à leur fabrication, seront, même en cas d'acquittement, prononcées contre le contrefacteur, le recéleur, l'introducteur ou le débitant.

Les objets confisqués seront remis au propriétaire du brevet, sans préjudice de plus amples dommages-intérêts et de l'affiche du jugement, s'il y a lieu.

TITRE VI.

Dispositions particulières et transitoires.

Art. 50. Des ordonnances royales, portant réglement d'administration publique, arrêteront les dispositions nécessaires pour l'exécution de la présente loi, qui n'aura effet que trois mois après sa promulgation.

Art. 51. Des ordonnances rendues dans la même forme pourront régler l'application de la présente loi dans les colonies, avec les modifications qui seront jugées nécessaires.

Art. 52. Seront abrogées, à compter du jour où la présente loi sera devenue exécutoire, les lois des 7 janvier et 25 mai 1791, celle du 20 septembre 1792, l'arrêté du 17 vendémiaire an VII, l'arrêté du 5 vendémiaire an IX, les décrets des 25 novembre 1802 et 25 janvier 1807, et toutes dispositions antérieures à la présente loi, relatives aux brevets d'invention, d'importation et de perfectionnement.

Art. 53. Les brevets d'invention, d'importation et de perfectionnement actuellement en exercice, délivrés conformément aux lois antérieures à la présente, ou prorogés par ordonnance royale, conserveront leur effet pendant tout le temps qui aura été assigné à leur durée.

Art. 54. Les procédures commencées avant la promulgation de la présente loi seront mises à fin, conformément aux lois antérieures.

Toute action, soit en contrefaçon , soit en nullité ou déchéance de brevet, non encore intentée, sera suivie conformément aux dispositions de la présente loi, alors même qu'il s'agirait de brevets delivrés antérieurement.

FIN.

ERRATA.

Page 24, 24e et 25e lignes, au lieu de *intelligente*, lisez *inintelligente*.

Page 39, 24e ligne, au lieu de *travail*, lisez *travail fabrile*.

Page 147, à la 12e ligne, au lieu de *considération*, lisez *condition*.

Page 257, ligne 10e, au lieu de *corpor*, lisez *corporelle*.

TABLE DES MATIÈRES.

CHAPITRE DEUXIÈME.

OBJET DE PRIVILÉGE.

SECTION PREMIÈRE. — *Règles communes aux ouvrages de littérature, de sciences, d'arts et d'industrie.*

SECTION DEUXIÈME. — *Ouvrages de littérature, de sciences et d'art, pouvant faire l'objet d'un privilége.*

CHAPITRE TROISIÈME.

NATURE JURIDIQUE DES DROITS D'AUTEUR ET D'INVENTEUR.

CHAPITRE QUATRIÈME.

SUJET ET DURÉE DU PRIVILÉGE.

SECTION PREMIÈRE. — *Sujet et durée du privilége des auteurs.*

§ 1er. — Des auteurs.

FIN DE LA TABLE DES MATIÈRES.

www.ingramcontent.com/pod-product-compliance
Lightning Source LLC
Chambersburg PA
CBHW060356200326
41518CB00009B/1163